Christel Rupp

Gemüse aus dem Garten

4

Grundlagen für die Gemüse-Kultur 11

Die einzelnen Gemüse-Arten 57

Grundlagen für die Gemüse-Kultur

Schöne Gemüsebeete liegen im Trend, und bei der Gestaltung kann man mit Farben und Formen nach Herzenslust experimentieren. Für viel Spaß und die dafür nötige Unbefangenheit sorgt eine einfache Tatsache: Anders als im übrigen Garten gelten alle Entscheidungen hier bloß für kurze Zeit. Nur eines ist wirklich wichtig: Alles, was im Beet wächst, muss richtig gut schmecken.

12 Gesundes Gemüse ganz nach Plan

Welches Gemüse in welcher Menge?

Wie groß ein Gemüsegarten sein soll, ist nicht nur eine Frage der Grundstücksgröße. Unbedingt prüfen sollte man vor der Anlage, welche Gemüse-Arten darin wachsen sollen, wie viel Zeit man im Garten verbringen kann (oder will) und wie hoch der Bedarf tatsächlich ist.

Für den Anbau von Salat, Petersilie und Tomaten zum Naschen genügen wenige Quadratmeter und die Arbeit lässt sich leicht

▼ **So schön kann ein Gemüsegarten sein! Die Abgrenzung durch hohe Hecken sorgt auch in rauen Lagen für ein günstiges Kleinklima.**

am Feierabend bewältigen. Kommen noch Möhren, Erbsen und andere Frühgemüse oder Ernten für den Herbst und Winter hinzu, steigen Platzbedarf und der Pflegeaufwand schnell um ein Mehrfaches an.

Am besten erstellen Sie zunächst ganz unbefangen eine Wunschliste und setzen dann erst die nötigen Prioritäten. Nicht alles muss immer sofort passieren und in vielen Fällen kann man sich Hintertürchen offen lassen. Zu umfangreich kalkulierte Beete sind meist kein Problem, denn die vorübergehend nicht genutzte Fläche kann man jederzeit mit einer Gründüngung bestellen. Ganz anders, wenn Sie feststellen, der Platz reicht hinten und vorne nicht und schon im

April sind alle Beete restlos belegt. Die Erweiterung eines bereits vorhandenen Gemüsegartens scheitert zumeist an der Grundstücksgröße. Und eine befriedigende Umgestaltung erfordert oft viel mehr Aufwand als die Neuanlage. Das gilt vor allem dann, wenn ein Stück Rasen oder bereits gepflasterte Wege „renaturiert" und der Boden wieder gemüsefähig gemacht werden muss. Kalkulieren Sie deshalb lieber von Anfang an großzügig.

Einen Gemüsegarten anlegen

Wählen Sie für die Anlage der Gemüsebeete einen möglichst sonnigen Platz im Garten aus. Allzu viele Kompromisse sollten Sie dabei nicht eingehen, denn bis auf

Zwischen den Beeten genügen 30 cm, zur Not reichen auch in den Beeten einzeln verlegte Trittplatten. Die Ernte und ein kleiner Kontrollgang sollten jedoch auch bei feuchtem Wetter jederzeit möglich sein.

Die Wasserversorgung sichern

Wichtig ist genug Platz für eine oder mehrere Wassertonnen, damit man die Gießkannen im Sommer nicht allzu weit tragen muss. Grundsätzlich eignet sich zum Gießen auch Leitungswasser, selbst sehr kalkhaltiges Wasser ist für die meisten Gemüse-Arten kein Problem.

Jungpflanzen und die empfindlichen, wärmeliebenden Fruchtgemüse gießt man aber besser mit abgestandenem, der Umgebungstemperatur entsprechend erwärmtem, weichem Regenwasser. Dieses Wasser eignet sich außerdem ideal zum Ansetzen von Pflanzenjauchen oder zum Anfeuchten des Komposts.

▲ Eine zwanglose Mischkultur ist auch bei wenig Platz möglich. Hauptsache, man sorgt für genügend Abwechslung zwischen den einzelnen Gemüse-Arten.

wenige Ausnahmen brauchen alle Nutzpflanzen sehr viel Licht. Das gilt gerade für die Arten, die nur im Kurztag, also vom Frühjahr bis zum Frühsommer und dann wieder ab August bis zum Herbst oder Winter, angebaut werden.

Wind mögen die meisten Gemüse-Arten überhaupt nicht. Doch dieses Problem lässt sich durch die Anlage einer Hecke, durch das Aufstellen von Flechtzäunen oder – für eine Saison – durch die Aussaat von Zucker-Mais oder hoch rankenden Feuer-Bohnen aus der Welt schaffen. Auch höhere Lagen sind meist kein Hindernis, allerdings ist die Vegetationszeit dort deutlich kürzer und die Anschaffung eines Gewächshauses, Frühbeets oder eines stabilen Folientunnels für die Vorkultur zahlt sich hier in den meisten Fällen aus.

Wie groß muss der Garten sein?

Je mehr Gemüse man zukaufen wird, desto kleiner kann der Gemüsegarten ausfallen. Aber nicht vergessen: Je weniger Beete, desto schwieriger ist es, die Regeln der Fruchtfolge einzuhalten. Um Schädlinge und Krankheiten in den Griff zu bekommen, ist ein regelmäßiger Beetwechsel unbedingt erforderlich und es genügt meist nicht, wenn man im selben Beet im nächsten Jahr einfach eine Reihe weiter rückt.

Als Faustregel gilt: Für die weitgehende Selbstversorgung brauchen Sie 35 m² Anbaufläche pro Person, bei einem gut geplanten gestaffelten Anbau und einer konsequenten Mischkultur genügen bereits 25 m². Hinzu kommt die Wegfläche für einen Hauptweg mit mindestens 50 cm Breite.

▶ Wassertonnen stellt man möglichst nahe bei den Beeten auf, damit man die Kannen nicht so weit tragen muss.

◄ Kletternde Gemüse wie Zucchini, Kürbisse oder Feuer-Bohnen erobern Rankgerüste bis in 3 m Höhe. Neben einer reichen Ernte bieten die Pflanzen auch Schutz vor unerwünschten Einblicken.

Buchs scheinen die Schädlinge wegen des strengen Dufts weniger zu mögen. Eine schnelle und schneckensichere Lösung ist dicht an dicht gepflanzter oder gesäter Schnittlauch und die weiß blühenden oder gefüllten Auslesen sind nicht nur willkommene Würze, sondern haben auch dem Auge viel zu bieten.

Schmückende Rankhilfen und schöne Töpfe

Mit Rankhilfen aus Eisen und selbst geflochtenen Klettergerüsten aus Weide oder Haselruten kann man die begrenzte Beetfläche nach oben erweitern und schafft damit gleichzeitig attraktive Blickpunkte. Dort entfalten Kletter-Zucchini, Kürbisse, Gurken, Feuer-Bohnen, Erbsen und Kapuzinerkresse im Sommer ein buntes Eigenleben. Stellen Sie die Spaliere aber immer so auf, dass die anderen Gemüse nicht zu sehr beschattet werden.

Einen ebenso hübschen Blickfang bilden ein paar geschickt platzierte, große Tontöpfe mit Paprika, und Peperoni, Borretsch und Gewürz-Tagetes, Auberginen oder Andenbeeren. Gartenkresse und Kerbel gedeihen sogar in flachen Schalen, ein alter Sandsteintrog ist ideal für die Wasserkultur von Brunnenkresse und Scharfem Pfeilkraut. ■

Platzsparende Beeteinteilung

Wer mit Platz wirklich geizen muss, sollte auf die üblichen, 1,20 m breiten Beete verzichten. Teilen Sie die Fläche besser in kleinere, quadratische oder rechteckige Parzellen ein. Das ermöglicht eine flexible Fruchtfolge; den Rücken strapazierende Arbeiten wie Jäten und Hacken fallen viel leichter und Erntelücken können durch vorgezogene Setzlinge rasch wieder gefüllt werden.

Besonders hübsche Vorbilder sind französische Küchengärten. Die strengen Muster sollte man aber nicht einfach übernehmen, sondern ruhig ein wenig auflockern. Natürlich bepflanzte Beete im Stil des englischen Cottage Gardens mit einer bunten Mischung aus verschiedenen Gemüse-Arten und bunten Sommerblumen passen besser in moderne Nutzgärten.

Eine Beetumrandung aus mehrjährigen Kräutern wie Thymian, Ysop, Heiligenkraut oder Monats-Erdbeeren ist ebenso attraktiv wie pflegeleicht, allerdings finden Schnecken am Fuß der Sträucher ein ideales Tagesversteck.

Ein bisschen Anbautechnik

Vlies, Loch- oder Schlitzfolie und feinmaschiges Gemüsenetz gehören zur Grundausstattung im Gemüsegarten. Sie schützen junge Sämlinge und frisch gepflanzte Setzlinge im Frühjahr und Herbst vor eiskalten Winden, plötzlichen Frosteinbrüchen oder Dauerregen und verhindern einen Befall durch Gemüsefliegen, Raupen und andere Schädlinge. Auch bei wenig empfindlichen Kopfsalaten oder Kohlrabi ermöglicht der Anbau unter Vlies und Folie eine um mindestens 14 Tage frühere Ernte und

eine intensivere Nutzung der vorhandenen Beetfläche. Im Hochsommer dienen Netz und Vlies zum Beschatten hitzeempfindlicher Gemüse-Arten und garantieren die gleichmäßige Keimung von Feldsalat, Endivie und Spinat. Im Winter sichert die Beetbedeckung die laufende Ernte von Petersilie und Porree, Rosenkohl oder Grünkohl und Zichoriensalat.

Legen Sie Lochfolie, Vlies und Netze, die länger auf dem Beet bleiben sollen, nicht direkt auf

das Gemüse, sondern besser über einen Rahmen aus Metall- oder Kunststoffbügeln. Befestigen Sie dann die Ränder des Rahmens mit Sandsäckchen, Steinen oder Kunststoffsteckern aus dem Gartencenter. ■

▼ Leichte Folientunnel ermöglichen eine frühe Aussaat für eine baldige Ernte. Sie schützen die Kulturen auch vor Gemüsefliegen und anderen Schädlingen.

▲ Vlies, Netz und Folie gehören zur Grundausstattung. Unter einer Abdeckung reifen Salat und Gemüse schneller und sind vor schlechtem Wetter und Schädlingen gut geschützt. Die Ränder von Vlies, Netz oder Folie gut mit Erde abdecken.

▲ Schwarze Mulchfolie unterdrückt aufkeimende Unkräuter und erwärmt den Boden. Nach dem Verlegen der Folie auf dem Beet schneidet man sie im passenden Pflanzabstand kreuzförmig ein und setzt die Pflanzen ein.

Frühbeete für Salat und Sommergemüse

■ Ein unbeheiztes Frühbeet (kalter Kasten) bereitet kaum mehr Arbeit als der Anbau unter Vlies und Folie; es ermöglicht den Gemüse-Anbau beinahe rund ums Jahr. Ab Februar nutzt man das Beet für die ersten Salate, Kohlrabi und Radieschen und zieht darin die ersten Setzlinge für das Freiland vor. Im Sommer wachsen darin Wärme liebende Gemüse wie Auberginen, Paprika und Basilikum, und im Herbst verlängert es die Saison für Endivie, Spinat und wenige andere, nicht völlig frostfeste Spätgemüse.

Dafür erfordert ein Frühbeet mehr Aufmerksamkeit. Bei kühlem, regnerischem Wetter bleiben die Fenster geschlossen oder werden nur einen Spalt breit geöffnet. Scheint die Sonne, heißt es lüften, lüften und nochmals lüften und eventuell schattieren, denn bei einem Hitzestau oder tropisch feuchter Atmosphäre sind Ausfälle durch Blattverbrennungen und Pilzkrankheiten vorprogrammiert. Frühbeetkästen aus Plexiglasplatten (Doppelstegplatten) sind einfacher zu handhaben und werden auch mit Thermostat gesteuerten Fensterhebern angeboten. Ein

◀ Salat und Gemüse im Frühbeet sind 14 bis 21 Tage früher erntereif als Freilandkulturen. Gegenüber dem Folientunnel beträgt der Vorsprung nur 8 bis 10 Tage.

Hügel- und Hochbeet

PRAXISTIPP

▨ Anzucht im Frühbeet

Reservieren Sie einen Teil des Frühbeets als Anzuchtbeet für Gemüse, die erst ab April oder Mai ins Freiland dürfen. Dazu gehören Porree, Brokkoli und Sommer-Wirsing und Bleich- oder Knollen-Sellerie. Profis tauschen vorher die obere Bodenschicht aus und ersetzen sie durch eine Mischung aus reifem Kompost mit Sand, etwas Steinmehl und Rindenhumus. Legen Sie bereits 14 Tage vor der Aussaat die Fenster auf, damit sich die Erde ausreichend erwärmen kann. ▪

Frühbeet mit Holzrahmen und genörpeltem oder einfachem Glas fügt sich viel besser in den Garten ein, wegen der schlechteren Isolation ist die Gefahr der Überhitzung oder Auskühlung aber größer. Der am besten belichtete Standort im Garten ist für den Bau eines Frühbeets genau richtig, als ideal erweist sich eine Ost-West-Ausrichtung. Sie garantiert gerade bei niedrigem Sonnenstand im Herbst und Frühjahr die längste Einstrahlungszeit und die beste Lichtausnutzung. ▪

▪ Gärtnern ohne Bücken, Höchsterträge auf kleinster Fläche und eine Gemüse-Ernte, die bereits im März beginnt und bis November andauert – ein Hochbeet macht es möglich. Die vielen Vorteile rechtfertigen die Mühe, die Bau und Unterhaltung mit sich bringen.

Die finanzielle Investition ist überschaubar: Für den Aufbau des Kastens benötigt man etwa 20 cm breite und 4 bis 5 cm dicke Bretter, jeweils in der gewünschten Länge und Breite des Beets, sowie vier Eckpfosten. Zwei bis vier zusätzliche Stützpfosten verleihen dem Ganzen die nötige Stabilität. Verwenden Sie möglichst Lärchen- oder Douglasienholz. Mit der Zeit vergrauen die Bretter, dadurch fällt der Kasten weniger auf. Eine überlegenswerte Alternative ist die Gestaltung mit bunten Lasuren, passend zur Gartenbank, dem Rankobelisk für die Stangen-Bohnen oder anderen Gestaltungselementen.

Der beste Zeitpunkt für den Bau eines Hochbeets ist der Herbst, wenn die meisten regulären Gartenarbeiten erledigt sind. Dann hat sich das Beet bis zum Saisonstart im Frühjahr ausreichend abgesetzt und die Verrottungsprozesse haben sich weitgehend harmonisiert.

Zu viel des Guten?

Hochbeet-Spezialisten empfehlen die Zugabe von Pferdemist in die untere Kompostschicht. Einsteiger verzichten jedoch besser darauf. Der Mist beschleunigt die anfangs sehr rasch verlaufenden Umsetzungsprozesse zusätzlich. Dabei wird in kurzer Zeit nicht nur viel Hitze, sondern auch reichlich Stickstoff freigesetzt. Dies fördert zwar das Wachstum der nährstoffbedürftigen Arten wie Kohl, Tomaten, Gurken und Kürbisse. Auf die Qualität von Blattgemüse wie Spinat, Mangold, Salat und Wurzelgemüse wie Rote Bete und Kohlrabi wirkt sich das überreiche Angebot aber negativ aus. Die Gemüse lagern gesundheitlich bedenkliche Nitratmengen ein und werden anfälliger für Schädlinge und Krankheiten.

◀ Ein Kleingewächshaus für den Gemüse-Anbau lohnt sich nur bei ausreichend Platz und sehr intensivem Anbau. Der Vorteil: Durch den verlängerten Anbauzeitraum von April bis zum Frosteinbruch liefern Fruchtgemüse deutlich mehr Ertrag. Achtung: 3 m Grenzabstand sind Vorschrift. In einigen Ländern ist eine Baugenehmigung erforderlich.

◀ Schicht für Schicht wird das Hochbeet aufgebaut. Die Maße betragen etwa 1,30 Höhe, 1,20 Breite, 2 m Länge). Zunächst wird der Boden unter dem Beet 20 cm tief gelockert, das erste Brett schließt mit der Erdoberfläche ab. Engmaschiger Draht (Kaninchendraht) hält Wühlmause und Mäuse ab. Erst dann wird geschichtet:

1. Zunächst dickere, dann dünne Äste und Zweige.
2. Rasensoden, Laub und Stroh vermischt.
3. Frische, grob zerkleinerte Grün- und Küchenabfälle.
4. Halbverrotteter Gartenkompost.
5. Reifkompost vermischt mit normaler Gartenerde.

Aus diesem Grund sollten Sie im ersten Jahr auf den Anbau weniger nährstoffbedürftige Arten grundsätzlich verzichten. Ab dem zweiten Jahr ist eine vielseitigere Mischkultur uneingeschränkt möglich. Auch dann liegt die Temperatur im Boden noch um etwa 8 °C höher als im normalen Beet und das ermöglicht entsprechend frühere Aussaaten und Ernten.

Das Hochbeet in Schwung halten

Da der Kasteninhalt im Laufe der Zeit zusammensackt, füllt man jährlich eine Mischung aus Kompost und Gartenerde (1 : 1) nach. Das geschieht am besten im Februar, spätestens aber im März. Spannt man anschließend einen Vlies- oder Folientunnel über die Fläche, erhält man ein perfektes Anzuchtbeet mit allen Anbaumöglichkeiten.

Wichtig: Der Wasserbedarf ist bei allen Hochbeeten in der Startphase und später vor allem im Sommer deutlich höher. Zwischen den lockeren Schichten versickert Gieß- und Regenwasser viel schneller als in einem normalen Beet. Es nutzt deshalb auch nichts, wenn Sie (wie sonst üblich) mehrmals pro Woche kräftig wässern. Besser ist die kontinuierliche, aber sparsame Wasserversorgung am Morgen und – vor allem an heißen Tagen – nochmals am Abend. Noch sparsamer und effektiver ist die Tröpfchenbewässerung über ein Bewässerungssystem mit Tropfschläuchen.

Nach 5 bis 7 Jahren ist das Hochbeet erschöpft. Entweder nutzt man es dann einfach als besonders fruchtbares, tiefgründiges Gartenbeet oder räumt den Kasten im Winter vollständig aus

und baut die Schichten dann wieder ganz neu auf.

Hügelbeete – ideal für kleine Gärten

Ebenso sinnvoll lässt sich im Garten anfallendes Schnittgut und alle Erntereste beim Bau eines Hügelbeetes verwerten. Der Verfrühungseffekt ist geringer,

dafür fügt sich das Hügelbeet viel unauffälliger in den Garten ein. Für kleine Gärten ist es besonders interessant, weil sich durch die Hügelform die Anbaufläche gegenüber flachen Gartenbeeten um ein Drittel vergrößert. Die bessere Belichtung ermöglicht dazu den Gemüse-Anbau auch in weniger günstigen Südwest- oder sogar Westlagen. Ein Hügelbeet stellt oft die einzige Lösung für verdichtete Böden auf Neubaugrundstücken dar. Es ermöglicht dort bereits in den ersten Jahren eine Nutzung mit Wurzelgemüse wie Möhren und Pastinaken oder Mangold,

dessen Wurzelsystem ebenfalls tief in die Erde eindringt.

Die idealen Maße: Bei etwa 60 cm Höhe sollte ein Hügelbeet nicht breiter als 1,50 m sein, damit eine bequeme Bearbeitung noch möglich ist, unter einem Meter Breite werden die Seiten des Hügel zu steil. Die beste Lichtausnutzung ergibt sich bei der Anlage in Nord-Süd-Richtung.

Auch das Hügelbeet muss sich nach dem Aufbau noch mehrere Wochen lang absetzen können. Praktisch ist eine handbreite

Gießmulde auf dem Scheitel des Hügels bis kurz vor den beiden Beetenden. Damit die noch lockere Erde durch starke Regenfälle nicht abgeschwemmt wird, deckt man das ganze Beet im Winter mit schwarzer Mulchfolie ab.

Die einfachste Lösung: ein Kastenbeet

Es kann Jahre dauern, bis ein verdichteter Boden durch regelmäßige Bearbeitung und tief wurzelnde Gründüngung so locker und luftig geworden ist, dass Möhren, Rettiche und andere Wurzelgemüse darin gerade,

▼ Aufbau eines Hügelbeetes: Das Beet wird spatentief ausgehoben. Die Beeterde lagert zwischenzeitlich neben dem Beet.
In der Mitte bringt man eine etwa 60 cm breite, 40 cm hohe Lage aus grob gehäckseltem Baum- und Strauchschnitt ein.
Darauf kommt eine Schicht aus abgestochenen Rasensoden (mit den Wurzeln nach oben), strohigem Rindermist oder Laub, vermischt mit Rohkompost und frischen Ernteabfällen.
Die Beetabdeckung erfolgt mit einer 15 cm starken Schicht Reifkompost, und darüber gibt man nochmals eine gleich hohe Lage gut verrotteten Kompost, vermischt mit der Aushuberde und Hornspänen.

▼ Ein Wanderkasten ermöglicht auch auf schweren Böden den Anbau anspruchsvoller Wurzelgemüse. Den Kasten einfach auf das Beet aufsetzen, mit einer Mischung aus Kompost, Sand und Gartenerde auffüllen. Die Erdmischung vor der Saat mindestens eine Woche absetzen lassen.

dicke Rüben bilden. Auch ehemalige Waldpflanzen wie Erdbeeren liefern nur auf durchlässigen, humusreichen Böden zufriedenstellende Erträge. Bis es soweit ist, schafft ein Kastenbeet Abhilfe: Vier massive, 30 cm breite Holzbretter werden über Eck mit zugespitzten Vierkanthölzern verbunden (siehe Abbildung Seite 19). Die Länge der Bretter richtet sich nach dem gewünschten Beetformat.

Der Kasten wird etwa 10 cm tief in die Erde eingesenkt und mit einer Mischung aus Gartenerde, Reifkompost und Sand (ersatzweise zugekaufter Pflanzerde) aufgefüllt. Für ein Beet von 1,50 m Länge und 1 m Breite brauchen Sie etwa vier kleine Schubkarren oder vier Säcke mit 80 Litern Inhalt. Je nach Fruchtfolgeplan wandert der Kasten im nächsten Jahr weiter auf das nächste Beet. ■

sich die Anschaffung von zwei Ausführungen: Die schwerere Version mit breiten Zinken eignet sich für das Einarbeiten von Gründüngungsresten und zur Beetvorbeitung vor der Neueinsaat im Sommer. Der deutlich leichtere Krail mit runden, ebenfalls rechtwinklig abgebogenen Zinken ersetzt wahlweise Grabegabel, Kultivator oder Sauzahn – und wenn es bei der Einsaat einmal schnell gehen muss, sogar die Harke (bzw. den Rechen).

Auf leichten Böden ist der dreizinkige Handkultivator fast ebenso vielseitig einsetzbar. Man lockert damit Verkrustungen zwischen den Gemüsereihen. Auch hier gibt es ganz verschiedene Ausführungen: von schweren, fast pflugförmigen Zinken bis zum ganz leichten, krallenförmigen Dreizahn, mit dem man sogar zwischen den jungen Gemüsepflänzchen noch zielsicher arbeiten kann.

Die wichtigsten Gartengeräte

■ Die zu einem selbst genau passende Auswahl der Gartengeräte ist ganz entscheidend dafür, wie viel Spaß die Gartenarbeit macht.

Im Grunde genügen ein paar wenige Geräte. Weil diese einen fast ein ganzes Gärtnerleben lang begleiten, sollten Sie ruhig ein klein bisschen tiefer in die Tasche greifen und auf gute Qualität achten. Glatt geschliffene Holzstiele und Griffe, am besten aus Eschenholz, mindern Stöße und verhindern Blasen an den Händen. Geschmiedete Stahlteile, die sich leicht nachschärfen lassen, sind allemal besser als bunt lackiertes Blech. Auch das Gewicht spielt eine Rolle. Mit schwerem Spaten und einer großen Schlaghacke, wie sie früher üblich waren, kommt

man zwar rasch vorwärts, doch nicht nur der Rücken, auch die Gelenke leiden unter der meist ungewohnten Anstrengung.

Zu den vielseitigsten und gerade im Biogarten unverzichtbaren Geräten gehört der Vierzahn oder Krail. In größeren Gärten lohnt

▶ **Die wichtigsten Gartengeräte:** Schlaghacke, Ziehhacke, leichter Krail, leichter Dreizahn, Grabegabel mit Bügelgriff (kein Knauf!), Harke, Pflanzkelle.

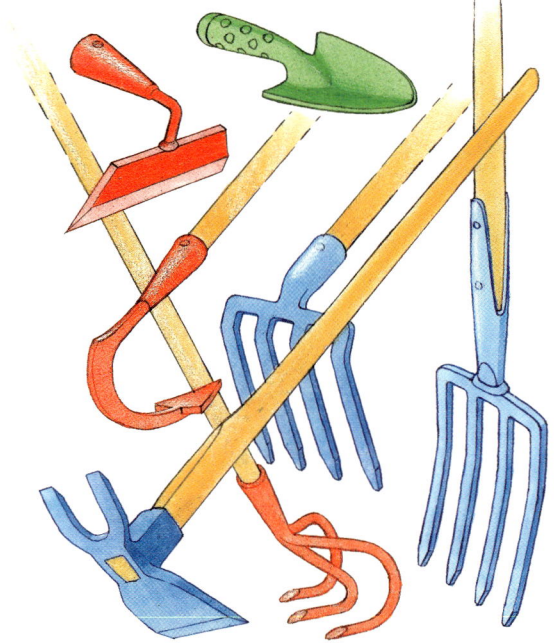

wertiges Werkzeug rasch zum Ärgernis. Billigprodukte verbiegen sich bei der geringsten Belastung, Kunststoffteile am Griff lösen sich nach wenigen Arbeitseinsätzen ab; sie gehen verloren oder müssen ständig neu aufgesteckt werden, scharfe Kanten erhöhen die Verletzungsgefahr.

Das gilt auch für die Gartenschere. Wichtig sind einfach nachschärfbare oder leicht auswechselbare Klingen und Griffe, die in Form und Größe der Hand angepasst sind. Auch hier hilft nur: Ausprobieren und vor allem Billigangebote sorgfältig prüfen.

◄ Erfahrene Gärtner wissen: An sonnigen Tagen erspart das Hacken so manchen Guss aus der Kanne.

▼ Pflanzen Sie vorgezogene Setzlinge immer so tief, dass der Wurzelballen nur ganz knapp unter der Erdoberfläche liegt.

Ob und für welche Arbeiten man Schlaghacke, Doppelhacke oder Ziehhacke bevorzugt, probiert man am besten aus und entscheidet sich dann für zwei, höchstens drei am einfachsten zu handhabende Modelle.

Die Grabegabel eignet sich ebenso zum Umgraben wie der Spaten, doch gelingt die Arbeit mit viel weniger Mühe. Außerdem eignet sich die Gabel auch zum tiefgründigen Lockern des Bodens – wichtig für alle, die auf das wendende Umgraben lieber verzichten. Besonders schonend für die Bodenlebewesen ist folgende Methode:

Stechen Sie die Gabel im Abstand von 10 cm möglichst tief in die Erde und bewegen Sie den Stiel mehrmals kräftig vor und zurück. Die Flächenleistung ist etwas geringer als beim Umgraben, aber dafür ist auch nach zwei oder mehr Beeten der Rücken noch intakt.

Kleine Handgeräte

Zwei Pflanzkellen, eine mit breitem und eine mit schmalem Blatt, sind beim Ein- und Umpflanzen von gekauften oder im Frühbeet vorgezogenen Jungpflanzen und getopften Kräutern unverzichtbar. Und gerade hier wird minder-

22 Bodenpflege und Düngung

Ein gesunder Boden ist die Basis für eine reiche Ernte. Den Idealfall, nämlich eine sandig-lehmige, mit dunklem Humus angereicherte Erde, trifft man meist nur in Gärten, in denen über viele Jahre, Gemüse angebaut wurde. Wer in einem vorhandenen Garten erstmals Gemüsebeete anlegt oder sich nach dem Hausbau den Traum vom Küchengarten erfüllt, sollte genügend Zeit einkalkulieren, bis die Beete tatsächlich „gemüsefähig" sind. Doch keine Sorge, bis es soweit ist, brauchen Sie auf Möhren, Radieschen, Salat und Tomaten aus eigenem Anbau nicht zu verzichten. Solange Sie keine Höchsterträge erwarten, kommen Sie mit weniger günstigen Bedingungen zurecht. ■

▲ Tonige Erde lässt sich gut formen (links), verschmiert aber bei Nässe. Sandiger Boden fällt dagegen in der Hand auseinander.

Bestandsaufnahme für den Boden

■ Die meisten Gemüse-Arten lieben eine leicht kalkhaltige, lockere, feinkrümelige Erde. Je höher der Humusgehalt, desto besser durchlüftet ist der Boden und um so höher ist die Speicherfähigkeit für Wasser und Nährstoffe. Solche Böden erwärmen sich im Frühjahr rasch und können entsprechend frühzeitig bearbeitet werden. Schwere, lehmige oder tonhaltige Böden bleiben lange kalt und klumpen, statt in feine Krümel zu zerfallen, wenn man sie bearbeitet. Auf Böden mit hohem Sandgehalt ist die Bearbeitung ein Kinderspiel, sogar auf das sonst übliche Umgraben kann man meist verzichten. Dafür leiden die Pflanzen oft unter Wassermangel. Gerade im Frühjahr, wenn die Pflanzendecke noch dünn und der Boden kaum durchwurzelt ist, besteht die Gefahr, dass ein großer Teil der Nährstoffe ins Grundwasser „ausgewaschen" wird, also in die für die Pflanzenwurzeln unerreichbaren, tieferen Bodenschichten gelangt.

Ganz anders verhalten sich sehr lehmige Böden. Auch in Trockenzeiten ist es für gut eingewurzelte

GÄRTNERWISSEN

■ **Die gute Erde**

Der ideale Gemüseboden ist dunkel, locker und warm. Die humusreiche Schicht reicht mindestens 20 cm tief. Nützliche Bodenlebewesen wie Algen, Pilze, Bakterien, Milben, Asseln, Tausendfüßer und Regenwürmer finden hier ideale Lebensbedingungen – und das ist die beste Voraussetzung für eine dauerhafte Fruchtbarkeit. Die wichtigsten Helfer zersetzen die Pflanzenreste in mikroskopisch kleine Bestandteile und verbauen sie bis in tiefere Bodenschichte zu stabilen Erdkrümeln. Solche Böden haben ein enormes Puffervermögen, sie können Wasser und Nährstoffe gut speichern und geben beides ebenso leicht an die Pflanzenwurzeln ab. ■

Pflanzen kein Problem, die Wasser- und Nährstoffvorräte zu mobilisieren. Je höher der Tonanteil ist, desto mehr Kraft erfordert auch die Bearbeitung. Im Frühjahr dauert es entsprechend lange, bis sich die Erde bearbeiten lässt. Junge Setzlinge fassen in der kalten, nassen Erde schlechter Fuß und empfindliche Samen wie die von Möhren oder Petersilie keimen oft nur zögerlich.

Wildkräuter bestätigen den Bodentest

Eine aufwändige Bodenuntersuchung ist meist gar nicht nötig. Eine erste Einschätzung, mit welcher Bodenart man es zu tun hat, liefert die Fingerprobe. Auch verschiedene Wildkräuter, sogenannte Zeigerpflanzen, geben Hinweise. Gänse-Fingerkraut und der hartnäckige Kriechende Hahnenfuß besiedeln schwere, tonreiche Böden, in lehmiger Erde mit mittleren Tongehalten machen sich Gänsedistel und Acker-Hahnenfuß (Butterblume) breit und sandige Böden sind bei Klatsch-Mohn, Königskerze und Hungerblümchen beliebt. Findet man Vogel-Miere, Ehrenpreis und Rote Taubnessel, ist man auf dem richtigen Weg – der Boden ist bereits gut mit wertvollem Humus versorgt.

Egal, welche Bodenart in Ihrem Garten vorherrscht, wenn Sie die drei Faktoren Kompost, Mulch und Gründüngung für eine nachhaltige Bodenfruchtbarkeit kennen und einsetzen, dauert es nicht lange, bis selbst aus schwierigen Böden brauchbares Gemüseland wird. Und sogar der Arbeitseinsatz hält sich in Grenzen!

PRAXISTIPP

■ Die wichtigsten Bodentypen

Sandboden: Leicht zu bearbeiten, gut durchwurzelbar, schnelle Erwärmung, geringe Speicherfähigkeit für Wasser und Nährstoffe, rascher Humusabbau

Lehmboden: Etwas kraftaufwändiger bei der Bearbeitung, guter Wasser- und Nährstoffspeicher, im Frühjahr lange nass, die obere Bodenschicht neigt zum Verschlämmen und trocknet im Sommer rasch aus

Tonboden: Speichert sehr viel Wasser und hält Nährstoffe fest, schwer zu bearbeiten, neigt zu Verdichtungen und Staunässe, sehr langsame Erwärmung

Bodentest – Fingerprobe

Sandige Erde fühlt sich körnig an, zerfällt zwischen den Fingern.
Lehmiger Sand lässt sich etwas formen, zerfällt aber rasch wieder.
Schwerer Lehmboden enthält fühlbare Sandanteile, im nassen Zustand klumpt die Erde stark.
Tonige Erde lässt sich ganz leicht formen, sie klebt. ■

Das richtige Nährstoff-Management

Damit Pflanzen zügig und gesund wachsen, brauchen sie ausreichend Nährstoffe. Die Menge und Zusammensetzung richtet sich nach den verschiedenen Kulturen und dem Versorgungsgrad des Bodens. Eine genaue Beurteilung, welche der wichtigsten Nährstoffe fehlen, ermöglicht nur eine Bodenuntersuchung im Labor. Liegt diese nicht vor, richten Sie sich nach folgender Faustregel: Düngen Sie kurz vor oder während der Vegetationsperiode. Splitten Sie die Düngermenge in mehrere, eher knapp bemessene Teilgaben.

Organische Düngemittel (Vorratsdünger) müssen erst von den Bodenlebewesen verarbeitet werden, bevor sie für die Pflanzen verfügbar sind und sollten daher möglichst früh ausgebracht werden. Fein vermahlenes Hornmehl oder organische Flüssigdünger werden schneller umgesetzt. Rein mineralische Dünger, häufig als „Kunstdünger" bezeichnet, wirken noch schneller. Sie lösen sich in feuchtem Boden rasch und stehen den Pflanzen sehr schnell zur Verfügung. Auch diese Düngermittel können aus natürlichen Vorkommen stammen, wie Kalisulfat aus der Zuckerrüben-Verarbeitung oder Magnesiumkarbonat aus Dolomitstein. Zu den industriellen Abfallprodukten gehören Thomaskali oder Kalksalpeter.

Eine Kombination aus organischen und mineralischen Düngeranteilen ermöglicht den Pflanzen einen schnellen Start und wirkt über mehrere Wochen. Viele Biogärtner lehnen die Mischung aber wegen der Gefahr der Überdüngung und möglichen Schäden für die Bodenlebewesen ebenso ab wie rein mineralische Nährstoffgaben. ■

1

2

3

4

5

6

7

Zeigerpflanzen

1 Die Schwarze Königskerze besiedelt trockene, sandige Böden.

2 Die Gänsedistel liebt stickstoffreiche, feuchte Gartenerde und einen sonnigen Platz.

3 Der hübsche rote Klatsch-Mohn ist im Garten gerne geduldet. Er zeigt schwach saure Erde an.

4 Kriechender Hahnenfuß kann auf lehmigen, verdichteten Böden ziemlich lästig werden.

5 Die Vogelmiere bevorzugt humusreiche Böden – ein gutes Zeichen, wenn sie im Garten auftaucht.

6 Efeublättrigen Ehrenpreis findet man auf luftigen, leicht sandigen, nährstoffreichen Lehmböden.

7 Das Hungerblümchen ist tatsächlich ein Hungerkünstler und gedeiht in sandiger, nährstoffarmer Erde.

26

Kompost als Nährstoff- und Humuslieferant

■ Kompost enthält alle notwendigen Pflanzennährstoffe in beinahe idealer Zusammensetzung. Viel wichtiger ist aber: Kein anderer Gartendünger hat im Hinblick auf den Humusaufbau im Boden eine ähnlich wichtige Funktion. Humus besteht aus allen organischen Stoffen in und auf dem Boden, die sich aus dem Zersetzungsprozess abgestorbener Pflanzen bilden. Guten Kompost erkennt man an der dunklen Farbe und dem unverkennbaren, reinen Duft nach Walderde. Riecht Kompost muffig oder gar faulig, ist der Verrotungsprozess unvollständig abgelaufen. Meist hat es während der Rottephase an Sauerstoff gemangelt, weil der Haufen viel zu nass war. Oder das Material war zu trocken: Auch dann stoppt der Rotteprozess und die Kompostlebewesen stellen ihre Tätigkeit ein. Vor allem in den ersten Wochen sollte man die Abläufe im Auge behalten und den Rotteverlauf regelmäßig kontrollieren.

Der ideale Kompostplatz

Eine eigene Kompostfabrik ist Gold wert. Was sich zunächst nach viel Arbeit anhört, beansprucht in Wirklichkeit kaum mehr Zeit als der Aufwand für die Beschaffung von Pflanzerde, Rindenmulch und organischem Gartendünger im Gartencenter. Und das Beste daran: das Endprodukt gibt es fast zum Nulltarif. Denn selbst ganz einfache Sammelbehälter aus Holz oder Metall erfüllen ihren Zweck – Hauptsache, Sie besitzen mindestens zwei, noch besser drei davon: einen zum Sammeln, einen ebenso großen zum Mischen und Aufsetzen und einen dritten, in dem der fertige Kompost gelagert wird und eventuell in Ruhe nachreifen kann. Ideal ist es, wenn dazu noch genügend Standfläche für ein Wasserfass und eine Tonne zum Ansetzen von Kräuterjauche zur Verfügung steht.

Ebenso wichtig sind gut befestigte Wege, damit Sie die Garten- und Küchenabfälle bequem entsorgen und den Rotteverlauf bei jedem Wetter kontrollieren können. Traditionell beschattet ein Holunderbusch den Kompost; wenn Sie aber Verschmutzungen durch die schwarzen Beeren fürchten (welche die Vögel überall im Garten verteilen), pflanzen Sie besser andere Laubgehölze wie Felsenbirne, Eberesche oder Haselnuss. Einen attraktiven Sichtschutz in kleinen Gärten bietet ein Rankgerüst mit Geißblatt, Clematis, einjährigen Feuerbohnen und anderen blühenden Kletterpflanzen.

Kompostieren leicht gemacht

Die Zutaten für einen vielseitig verwendbaren Gartenkompost gibt es in Hülle und Fülle: angetrockneter Rasenschnitt, Erntereste, verwelkte Stauden und Blumen, Küchenabfälle, die beim Verwerten von Obst und Gemüse entstehen. Und keine Angst, selbst Berge von Laub verwandeln sich in wenigen Monaten in humusreiche Komposterde.

▼ Den Kompostplatz sollte man möglichst großzügig bemessen, damit beim Arbeiten die nötige Bewegungsfreiheit gewährleistet ist. Faustregel: je 100 m² Nutzfläche benötigt man 3 bis 4 m² Kompostfläche.

Je vielseitiger die Kompostzutaten zusammengesetzt sind, desto günstiger verläuft die Rotte! Lassen Sie nicht zu viel Material zusammenkommen, das gilt vor allem im Herbst. Nutzen Sie die letzten wärmeren Tage und verarbeiten Sie das Kompostgut möglichst zügig. Wer nur einen einzigen freien Kompostbehälter zur Verfügung hat, muss das Sammeln, Mischen und Aufsetzen sowieso in einem Arbeitsgang erledigen. Zerkleinern Sie alle trockenen, holzigen und ebenso gröbere grüne Pflanzenteile wie Kohlstrünke oder Stängel von Puff-Bohnen mit der Gartenschere oder mit dem Spaten. Selbst schwer verrottendes Herbstlaub lässt sich kompostieren, wenn Sie die Blätter mit dem Rasenmäher etwas zerkleinern. Die Mikroorganismen haben dadurch viel mehr Angriffsfläche und die Abbauprozesse kommen schneller in Gang. Gehölzschnitt von Hecken und Sträuchern wird vor der Kompostierung am besten gehäckselt. Kleine Mengen können Sie auch mit der Gartenschere in etwa 15 cm lange Stücke schneiden.

Material sammeln

Als Faustregel für das Mischungsverhältnis beim Aufsetzen gilt: Mindestens ein Drittel trockenes Material auf zwei Drittel feuchte Gartenreste! Faule oder verschimmelte Pflanzenreste und die meisten Unkräuter (nur vor der Samenbildung!) dürfen Sie dabei ruhig mit verarbeiten, Lassen Sie Wurzelunkräuter wie Giersch, Kriechenden Hahnenfuß und Quecke nach dem Ausreißen auf dem Beet möglichst gut eintrocknen oder

PRAXISTIPP

■ **Kompost-Kontrolle**

Die richtige Feuchtigkeit hat der Komposthaufen, wenn sich das Material in der Hand kühl und feucht anfühlt. Drückt man richtig kräftig, dürfen ein paar Tropfen Wasser austreten. Lässt sich die Kompostprobe wie ein nasser Schwamm ausdrücken, ist das Material viel zu nass und der Haufen erreicht niemals die richtige „Betriebstemperatur". Wichtig: Schützen Sie offene Kompostbehälter immer mit einer dicken Schicht Stroh oder Kompostvlies vor Regen und zu viel Sonne! ■

▼ **Gartenkompost bringt man am besten bei der Beetvorbereitung im Frühjahr und Frühsommer aus. 2 bis 3 Liter je m² reichen für die meisten Gemüse-Arten aus, nur die Starkzehrer brauchen mehr.**

bereiten Sie daraus eine Pflanzenjauche. Die stickstoff- und kalireiche Pflanzenbrühe eignet sich nämlich ganz prima zum Anfeuchten von Laub und verholztem Häckselmaterial.

Die beste Garantie für eine hochwertige Kompostqualität ist die regelmäßige Kontrolle der Rotte. Stimmt die Mischung, verlaufen die einzelnen Phasen problemlos. Bei einem hohen Laubanteil kommt dieser Prozess manchmal ins Stocken, denn die Blätter brauchen ausreichend Feuchtigkeit, verdichten aber umgekehrt bei anhaltender Nässe leicht. Weißer Pilzbefall deutet darauf hin, dass der Kompost zu trocken ist und bewässert werden muss. Riecht das aufgesetzte Material faulig, ist der Haufen zu nass, die Pflanzenreste faulen, anstatt zu verrotten. In vielen Fällen genügt es, wenn Sie den Kompost mit der Mistgabel oder einem speziellen Kompoststab gründlich auflockern.

Bringt das keinen Erfolg, hilft nur das nochmalige Umsetzen mit gleichzeitigem, gründlichem Durchmischen.

Wann ist der Kompost reif?

Kompost ist reif, wenn er eine gleichmäßig dunkle Farbe angenommen hat, angenehm würzig duftet und außer ein paar Eierschalenresten oder Holzstückchen keine groben Bestandteile mehr zu erkennen sind. In diesem Stadium kann Kompost als Mittel zur Düngung und Bodenverbesserung sehr vielseitig eingesetzt werden. Das Sieben ist nicht unbedingt notwendig, gröbere Holzstückchen, Steine und anderes noch nicht verrottetes Material kann man bei kleineren Mengen auch von Hand aussortieren. Für selbst gemischte Erden oder wenn der Kompost direkt ins Pflanzloch junger Gemüse gegeben werden soll, lohnt sich die Anschaffung eines Kompostsiebs auf jeden Fall.

Bester Zeitpunkt zum Ausbringen des Reifkomposts ist kurz vor oder während der Vegetationsperiode, also vom Frühjahr bis zum Sommer. Im Herbst können die Nährstoffe von den Pflanzen nicht mehr vollständig verwertet werden und versickern zum großen Teil im Grundwasser.

Thermokomposter

In einem Schnellkomposter oder wärmegedämmten Thermo-Komposter verrotten die Pflanzenreste im Eiltempo. Der Nachteil: Bei geschlossener Kompostierung werden Fehler meist erst viel zu spät bemerkt. Eine Kontrolle ist kaum möglich und das "Nachbessern" macht erheblich mehr Arbeit. Die Vorteile beruhen auf dem geringen Platzbedarf und es kommt kaum zu einer Geruchsbelästigung. Wie beim Kompostieren in offenen Behältern braucht auch der Schnellkomposter Bodenkontakt!

Kompostieren auf dem Beet

Aber was tun, wenn so viel kompostierbares Material anfällt, dass der Haufen überquillt? Die einfachste Methode, den Sammelbehälter zu entlasten, ist die Flächenkompostierung. Außerdem sparen Sie dabei enorm viel Muskelkraft: Das mehrmalige Umset-

zen des Komposts entfällt ebenso wie das Umgraben der Beete, und im nächsten Frühjahr sind die ersten Saaten bereits mit Dünger und Humus versorgt. Die Flächenkompostierung funktioniert auch im Sommer, empfiehlt sich aber nur, wenn ein Schneckenzaun die Beete vor den unerwünschten Zuwanderern schützt.

▼ Bei der Flächenkompostierung erspart man sich den Umweg über den Kompostplatz. Kompostierbares Material wird in mehreren Schichten aufgebracht. Decken Sie die 5 bis 10 cm dicke Schicht aus klein gehackten Ernteresten und Gartenabfällen mit einer dünnen Lage Gartenerde oder Reifkompost ab. Im Winter kommt darüber zusätzlich eine isolierende Schicht aus gehäckseltem Stroh.

KASTEN

■ Wie viel Kompost für welches Gemüse?

3 bis 4 Liter pro m²: Auberginen, Gurke, Kartoffeln, Kopfkohl-Arten, Kürbis, Sellerie, Tomaten

2 bis 3 Liter pro m²: Lauch, Knoblauch, Knollen-Fenchel, Mangold, Paprika, Rettiche, Rote Bete, Salat, Spinat, Stangen-Bohnen, Zucchini, Zwiebel

1 bis 2 Liter pro m²: Bohnen, Erbsen, Karotten, Kräuter, Pastinaken, Wurzel-Petersilie
Ausgebracht wird der Kompost bei der Vorbereitung im Frühjahr.

◀ Kleintiere und Mikroorganismen erweisen sich als fleißige Kompostarbeiter.

1 Graue Hutpilze sind ein Zeichen dafür, dass die Umbauphase begonnen hat. Sie erscheinen ab der dritten Woche nach dem Aufsetzen

2 Asseln sind auf gleichmäßig feuchte Umgebung angewiesen. Sie fressen Pflanzenreste und bilden daraus Ton-Humus-Komplexe

3 Tausendfüßer zerkleinern und vermengen ebenfalls organische und mineralische Bestandteile im Kompost

4 Rote Mistwürmer erscheinen relativ spät. Sie sind ganz wesentlich am Humusaufbau beteiligt. Verschwinden sie, ist der Kompost pflanzenverträglich und dient als Frischkompost zum Mulchen

5 Regenwürmer trifft man nur in voll ausgereiftem Kompost, der bereits in die Vererdung übergeht. Der Nährstoffgehalt sinkt und damit auch die Düngewirkung

◄ Am Kompostplatz geht der zierliche Zaunkönig auf Jagd nach Mücken und anderen Insekten.

nicht mehr als 3 bis 5 cm aufbringen. Kompostbeschleuniger enthalten Kompostbakterien und Pilzkulturen in konzentrierter Form. Denselben Zweck erfüllt eine Schaufel fertiger Reifkompost. Ungünstig ablaufende Rotteprozesse aufgrund falscher Zusammensetzung lassen sich damit nicht korrigieren.

Kompost und Naturschutz

Schon ein kleiner Kompostplatz am Zaun bietet Nahrung und Lebensraum für unzählige nützliche Gartentiere. Spitzmäuse, Amseln, Meisen und Zaunkönig fangen dort Insekten, Würmer und Asseln. In einem Laub- oder Asthaufen finden Igel einen warmen, trockenen Schlaf- und Überwinterungsplatz und gehen dafür vom Frühjahr bis Herbst im nächtlichen Garten auf Schneckenjagd. ■

Verteilen Sie dafür zerkleinerte Grünabfälle wie Erntereste, Putzabfälle von Gemüse und Unkräuter auf dem Beet. Geben Sie darüber eine Lage aus halbfertigem Rohkompost und decken Sie alles mit trockenem Häckselmaterial ab. Auf leicht sandigen Böden dürfen die einzelnen Schichten gut 10 cm dick sein, auf schweren Böden

sich die Erde leicht erwärmt hat, unterstützt eine Vorsaat mit Puff-Bohnen oder Senf die nach dem Kälteschlaf langsam ansteigende Aktivität der Bodenlebewesen. Sie schützt die Erde vor Dauerregen und den noch rasch wechselnden Temperaturen.

Für eine Unter- und Zwischensaat zu den Gemüse-Arten, die das Beet sehr lange belegen eignen sich vor allem niedrige Gründüngungspflanzen wie Klee, Spinat, dicht gesäte Linsen oder Studentenblumen (*Tagetes*). Sie bedecken den Boden, unterdrücken Wildkräuter, bis sich die Reihen geschlossen haben, und verhindern, dass der Boden verschlämmt oder austrocknet.

Die Nachsaaten machen sich im Spätsommer nützlich, sobald die ersten Beete abgeerntet sind. Die Pflanzen frieren im Winter ab und bleiben als schützende Mulchdecke auf dem Beet. Frostharter Winter-Roggen oder Winter-Erbsen bleiben auch im Winter grün und dringen mit ihren Wurzeln bis in tiefe Bodenschichten vor. Auf leichten Böden verhindert die

Gründüngung ernährt den Boden

■ Eine Gründüngung mit rasch wachsenden Pflanzen wie Gelb-Senf, Buchweizen oder eine Samenmischung aus verschiedenen blühenden Arten gehört zu den einfachsten und arbeitssparendsten Methoden zur Bodenverbesserung und Düngung. Nicht zuletzt stellt die Gründüngung eine ausgezeichnete Vorfrucht dar, bevor Wärme liebende Fruchtgemüse-

Arten aufs Beet kommen. Gründüngung ist die beste Methode, um die Fruchtbarkeit auf Beeten zu erhalten, die über einen längeren Zeitraum nicht bestellt werden können.

Eine Gründüngung kann fast zu jeder Jahreszeit ausgesät werden: Sobald der Boden im Frühling ausreichend abgetrocknet ist und

falten sollen. Nach der Blüte schneidet man die Pflanzen mit der Sense, Sichel oder dem Rasenmäher zurück oder hackt sie ab. Die oberirdischen Pflanzenteile ergeben einen nährstoffreichen Kompost, sie eignen sich aber auch sehr gut zum Mulchen der Beete. Die Wurzeln bleiben im Boden und verrotten.

Bei genügend Fläche kann man sich den Umweg über den Kompost auch sparen. Arbeitet man jedoch größere Mengen an Grünschnitt in den Boden ein, ist erst einmal für 4 bis 6 Wochen Anbaupause, denn die Abbauprozesse wirken keimhemmend auf die Samen und verhindern auch, dass Jungpflanzen rasch Fuß fassen.

Als Starthilfe für einen neu angelegten Gemüsegarten lohnt sich die Einsaat Stickstoff sammelnder Leguminosen wie Steinklee, Lu-

Wintergründüngung wirkungsvoll, dass die im Frühjahr dringend benötigten Mineralien und Spurenelemente ins Grundwasser sickern – und sie erspart das Umgraben.

Völlig unkompliziert sind einjährige, nicht frostharte Einsaaten zur Gründüngung. Blühende Arten wie die hübsche, hellviolette Phazelia, orangefarbene Tagetes und Ringelblumen oder der purpurrote Inkarnat-Klee sind eine Attraktion im Gemüsebeet und es stört kein bisschen, dass sie das Beet für mindestens 6 Wochen belegen, wenn sie ihre volle Wirkung ent-

▲ **Buchweizen gehört zu den Blitzkeimern im Beet und eignet sich vor allem als schnelle Gründüngung im Sommer.**

▶ **Wie alle Lippenblütler (Leguminosen) sammeln Erbsen Stickstoff aus der Luft und lagern diesen in ihre Wurzelknöllchen ein. Die Pflanzen sollte man daher abhacken und nicht ausreißen, damit die Nährstoffe im Boden bleiben.**

GÄRTNERWISSEN

■ **Die Vorteile der Gründüngung**
  + tiefe Bodenlockerung durch die Pflanzenwurzeln
  + Belebung des Bodenlebens und nachhaltige Humusbildung
  + Nährstoffe werden in der Wurzelzone gebunden (gespeichert)
  + zusätzliche Stickstoffbindung durch Leguminosen-Arten
  + nachhaltige Verbesserung der Bodenstruktur
  + Unterdrückung von unerwünschten Wildkräutern

Gründüngungspflanzen für das Gemüsebeet

Pflanzenname	Eigenschaften	Saattermin (Monat)	Saattiefe in cm
Acker-Bohnen	Gut für schwere, nasse Böden, Stickstoff-Anreicherung, gute Vorkultur vor Tomaten und Gurken, auch als Windschutz, essbare Samen (Dicke Bohnen)	II – VIII	5 – 8
Gelb-Senf	Blitzkeimer, sehr rasche Entwicklung, besonders für Zwischensaaten und Spätsaaten nicht winterhart. Aussaat nicht vor Kohl-Arten (Kohlhernie!)	III – IX	2
Phazelia	Schnellwachsend, auch für trockene Böden guter Pollen- und Nektarspender (Bienenweide), sehr hübsche, blaue Blüten	III – VIII	1 – 2
Buchweizen	Blitzkeimer, nicht mit anderen Gemüse-Arten verwandt, wärmeliebend, frostempfindlich, auch für sandige und saure (anmoorige) Böden	V – VIII	2
Sonnenblumen	Über 2 m tief reichendes Wurzelsystem, dekorativ, gute Insektenfutterpflanze, hohe Mineralstofflieferung, verträgt Trockenheit	IV – VIII	3 – 4
Inkarnat-Klee	Guter Stickstoffsammler, starke Bodendurchwurzelung, wärmeliebend, purpurrote Blütenstände	V – VII	1 – 2
Winter-Erbsen	Frostharte Mark-Erbsen, auch zum Verzehr, Ernte ab Mai, guter Stickstoffsammler	Mitte X	2
	Spezielle Samenmischungen		
Studentenblumen, Ringelblumen, Gaillardien und Rudbeckien	Gegen schädliche Wurzelälchen (Nematoden), vorbeugend und zur Sanierung, für mittlere bis leichte, auch trockene Böden	V – VII	1 – 2
Hülsenfrucht-Mischung	Gute Vorkultur vor Pflanzen, die viel Stickstoff benötigen (Starkzehrer), für jeden Boden	V – IX	3 – 5

pinen oder Saatwicken. Der frostfeste Weiße oder Gelbe Steinklee blüht erst im zweiten Jahr nach der Saat, dringt mit dem dichten Wurzelsystem aber besonders tief in den Boden ein und eignet sich deshalb ideal zur Sanierung eines Neubaugrundstücks mit verdichteter, schwerer Erde.

Doppelt nützlich – essbare Gründüngungspflanzen

Wer die Pflanzendecke zur Selbstversorgung nutzen will, sät im Frühjahr Reihen von Spinat und im Sommer und Herbst Feldsalat zwischen die anderen Gemüsekulturen. Alles, was nicht für die Küche gebraucht wird, schneidet man einfach kurz über den Boden ab und lässt die Reste zwischen den Reihen als schnell verrottende Mulchschicht liegen. Sehr apart sind die schnell keimenden Linsen. Zwar lohnt es sich nicht, darauf zu warten, bis die Hülsen mit flachen Samen ausreifen. Denn die Ernte ist mühsam und fällt alles andere als üppig aus. Sehr gut schmecken aber die jungen, zarten Blätter als ungewöhnliche Beigabe zu gemischten Frühlingssalaten.

Ebenfalls essbar sind die kressescharfen Blüten und Blätter der Kapuzinerkresse. Sie hat noch einen nützlichen Nebeneffekt: Kohlweißlinge fliegen buchstäblich auf den senfartigen Duft und legen lieber dort als am Kohl ihre Eier ab. Im Gemüsegarten verwendet man nur die nicht rankenden

Sorten, denn rankende Kapuziner-kresse erobert im Laufe des Sommers mühelos die Nachbarbeete und überwuchert sogar die Rankstäbe von Gurken und Tomaten.

Nachschlag nach Bedarf – umweltgerecht düngen

Organische Düngemittel wie Kompost, langsam verrottendes Mulchmaterial und Gründüngung sind Alleskönner im Hinblick auf Nährstoff-Versorgung, Humusaufbau und Bodengesundheit. Nicht ganz so universell sind käufliche organische Dünger wie getrockneter Hühnermist oder Rinderdung, Horndünger, und pflanzliche Dünger wie Rhizinusschrot oder Melasse. Organische Düngemittel wirken langsam, da die Nährstoffe in komplexer, gebundener Form vorliegen und erst nach dem Aufschluss durch die Bodenlebewesen von den Pflanzenwurzeln aufgenommen werden können. Dieser Prozess ist abhängig vom Humusgehalt, von der Bodentemperatur, der Feuchtigkeit und auch der Art und Häufigkeit der Bodenbearbeitung. Meist funktioniert das Zusammenspiel aller Faktoren ganz gut und Mangelerscheinungen sind selbst bei rein organischer Düngung sehr selten. Biologisch aktive Böden enthalten genügend Reserven und können beachtliche Mengen an Nährstoffen mobilisieren. ■

Ersetzen, was fehlt

■ Wenn Frühkulturen wie Spinat, Acker-Bohnen, Kresse, Radieschen und Kohlrabi auf sonst ausgesprochen fruchtbaren Gartenböden nicht richtig in die Gänge kommen, sind die Temperaturen oft einfach noch zu niedrig, und die Nährstoffnachlieferung kam noch nicht in Schwung. Erst Ende April, wenn die Frühlingssonne immer kräftiger scheint und die Temperaturen nachts deutlich weniger absinken, werden der bei der Beetvorbereitung eingearbeitete Kompost oder die Reste der überwinternden Gründüngung rasch genug mineralisiert. Deshalb kann es gerade zu dieser Zeit nötig sein, dass man die Nährstoffnachlieferung durch leicht zersetzbare organische Stickstoffdünger wie Pflanzenjauche oder fein gemahlenes Hornmehl unterstützt.

Ein kurzfristiges, leichtes Defizit an Magnesium oder Kalium stellt dagegen kein Problem dar, eine zusätzlich Magnesium- oder Kalidüngung ist meist nicht nötig. Wie auch beim Stickstoff löst sich dieses kleine Problem von selbst. Während der Hauptwachstumszeit der Pflanzen, also von Mai bis September, sind auch die Bodenlebewesen hoch aktiv und sichern die Nährstoffnachlieferung.

Den Nährstoffkreislauf ankurbeln

Steht genügend Gartenkompost zur Verfügung, müssen nur die fehlenden Nährstoffe ergänzt werden. Doch wie findet man heraus, welche das sind?

Wer es ganz genau wissen will, lässt im Abstand von 3 bis 5 Jahren eine Bodenuntersuchung durchführen. Dabei entnimmt man, am besten im Herbst, an verschiedenen Stellen des Gartens etwas Erde und schickt sie in ein Speziallabor. Zurück kommt eine ausführliche Nährstoffanalyse, inklusive Düngeempfehlung. Der Aufwand lohnt aber nur, wenn der Garten intensiv genutzt wird. Meist fehlt es bei einer guten Kompostversorgung nur an Stickstoff, während es in neu angelegten Gemüsebeeten hin und wieder an Kalium mangelt. In biologisch gepflegten Böden ist Kalium meist in ausreichender Menge vorhanden. Dagegen reichert sich Phosphor oft im Übermaß an. Weil viele handelsübliche Mehrnährstoffdünger und Universaldünger wie Blaukorn ebenfalls einen hohen Phosphatanteil enthalten, ist bei der Verwendung Vorsicht geboten. Bei Phosphor-Überschuss wird die Aufnahme von Spurenelementen wie Kupfer und Eisen aus dem Boden blockiert.

33

34

Günstiger und einfacher zu handhaben sind organische Mehrnährstoffdünger, deren Zusammensetzung auf die Ansprüche der Gemüsepflanzen abgestimmt ist. So hat organischer Tomatendünger einen höheren Kaliumgehalt, weil Kalium die Abreife und den Geschmack von Fruchtgemüse positiv beeinflusst. Gehen Sie mit allen sehr rasch löslichen Düngern sparsam um. Orientieren Sie sich immer am konkreten Bedarf. Überdüngte Pflanzen sind anfälliger für Mehltau und Blattläuse und auch andere Schädlinge und Krankheiten haben mit den weichen, wasserreichen Blättern, Wurzeln, Knollen und Früchten leichtes Spiel. Spinat, Porree, Rote Bete und Salat lagern vermehrt Nitrat ein.

Die grüne Kraft – Pflanzenjauchen

Die Herstellung der Pflanzensäfte ist denkbar einfach. Die meisten Zutaten wachsen im Garten, Brennnessel, Löwenzahn, Beinwell, Rainfarn und Kamille kann man aber auch bei einem Spaziergang am Feldrain sammeln oder getrocknet kaufen.

Pflanzenjauchen riechen nicht gut, diesen Nachteil muss man von vorne herein bedenken. Zwar kann man den Geruch durch die Zugabe von Gesteinsmehl und Algenkalk bei der Herstellung etwas eindämmen, außerdem werden alle pflanzlichen Flüssigdünger nur stark verdünnt angewandt, aber ganz abstellen lässt sich das Problem nicht. Dafür haben die selbst hergestellten Pflanzensäfte eine ganz Reihe von Vorzügen: Sie enthalten alle wichtige Nährstoffe und Spurenelemente in leicht löslicher Form und sie sind einfach zu dosieren.

Fast ebenso wichtig wie die Nährstoffzufuhr ist der Zusatznutzen, und dabei hat jedes Kraut sein Spezialgebiet.

Brennnesseljauche ist universell einsetzbar, hilft aber vor allem, wenn die Pflanzen wegen Eisenmangel aufgehellte, vergilbende Blätter haben. Dazu verbessert der vergorene Brennnesselsaft die Photosynthese und steigert die Aktivität der Bodenlebewesen.

Beinwellblätter enthalten reichlich pflanzliches Eiweiß und Kalium. Sie ergeben ein hervorragendes Nährstoffkonzentrat für Tomaten und andere Fruchtgemüse, alle Kohl-Arten sowie Sellerie.

Ackerschachtelhalm stärkt durch den hohen Kieselsäuregehalt die Zellwände der Pflanzengewebe und beugt dadurch Pilzerkrankungen wirksam vor.

Der Stickstoffgehalt pflanzlicher Flüssigdünger ist eher gering. Eine zu starke Wachstumsförderung wie oft bei käuflichen Flüssigdüngern, ist nicht zu befürchten. Deutlich höher liegt der Stickstoffgehalt bei Kompostauszügen. Sie eignen sich deshalb vor allem für Starkzehrer und den „schnellen Kick" bei Wachstumsstockungen. Stark verdünnte Pflanzenauszüge kann man als Blattdünger über die Pflanzen spritzen und damit auch die Bildung von Blattgrün (Chlorophyll) anregen.

Wirkungszeit organischer Stickstoffdünger

	Anfangswirkung	Wirkungsdauer
Hornspäne	langsam	16 bis 24 Wochen
Horngrieß	mittel	10 bis 16 Wochen
Hornmehl	rasch	5 bis 12 Wochen
Rhizinusschrot und Lupinenschrot	rasch	2 bis 6 Wochen
Maltaflor	rasch	1 bis 4 Wochen
Pflanzenjauche	rasch	2 bis 3 Wochen

PRAXISTIPP

Rezept Pflanzenjauche

1 kg frische Pflanzen (vor der Blüten- oder Samenbildung gepflückt) oder 100 bis 200 g getrocknetes Kraut in ein Gefäß mit Deckel geben, mit 10 Liter Wasser übergießen, 7 bis 14 Tage gären lassen. Zur Geruchsminderung mit Steinmehl und/oder Algenkalk bestäuben. Einmal täglich umrühren. Der Dünger ist fertig, wenn die Jauche nicht mehr schäumt. Jauche durch ein feines Tuch abseihen, vor Gebrauch im Verhältnis 1 : 10 bis 1 : 50 (als Blattdünger) mit Wasser verdünnen.

Herstellung von Komposttee

Einen alten Leinensack gefüllt mit halbreifem Kompost (etwa 5 Liter) über Nacht in einen mit Wasser gefüllten 15-Liter-Eimer hängen oder 5 Liter Kompost mit 10 Liter Wasser vermischen und abwarten, bis sich die festen Teile abgesetzt haben. Unverdünnt einmal pro Woche (1/2 Liter je Pflanze) an nährstoffbedürftige Gemüse gießen. ■

Rein organisch gedüngte Gemüse enthalten bis zu 28 Prozent mehr Eiweiß, bis zu 10 Prozent mehr Kalzium und etwas 17 Prozent mehr Eisen als vorwiegend mineralisch gedüngte Pflanzen.

Das Geheimnis der Biogärtner

Nähre den Boden und nicht die Pflanzen, lautet ein wichtiger Grundsatz im biologischen Anbau. Diese Aufgabe erfüllen Gesteinsmehle und Algenkalk aufs Beste.

Algenkalk wird aus den Ablagerungen der Korallalgen (Rotalgen) gewonnen. Kohlensaurer Naturkalk und Magnesiumkarbonat stehen dabei in einem nahezu idealen Verhältnis, dazu enthält der fein vermahlene Kalk Silikate und viele Spurenelemente wie Bor oder Jod. Algenkalk steigert die Wirksamkeit der Kompostgaben, neutralisiert Säuren und aktiviert das Bodenleben. Erreger von Pilzkrankheiten werden durch regelmäßiges Kalken in ihrer Sporenbildung gehemmt.

Schon bei der Beetvorbereitung stäubt man über den Boden eine Menge von 200 bis 300 g pro 100 m², die man leicht einarbeitet. Zur Vorbeugung gegen Pilzerkrankungen kann Algenkalk auch direkt über die Blätter der Gemüsepflanzen gestäubt werden. Man darf aber nicht zu viel oder zu oft stäuben, sonst bekommen die Pflanzen nicht mehr genügend Licht und Luft und ersticken.

Gesteinsmehle sind keine Düngemittel im eigentlichen Sinn, sondern werden als Bodenhilfsstoffe bezeichnet. Sie stammen aus verschiedenen Gebieten und unterscheiden sich je nach Herkunft auch in ihrer Wirkung. Hauptbestandteile sind Kieselsäure (bis zu 80 %) und Aluminiumoxid (8 bis 35 %). Außerdem enthalten sie Kalium-, Kalzium- und Magnesiumverbindungen sowie verschiedene Spurenelemente wie Eisen und Zink.

▶ Mit Steinmehl überstäubte Blätter sind widerstandsfähig gegen Pilze und Blattlausbefall. Aber bitte nicht übertreiben, damit die Pflanzen nicht ersticken.

36

■ Eigenschaften von Gesteinsmehlen

Gesteinsmehl (Dolomit): Reich an Kalzium und Magnesium, für leichte Sandböden.
Granitmehl: Enthält Silizium (Kieselsäure) und Quarz, für alle Böden.
Urgesteinsmehl (Basaltmehl aus Vulkangestein): Hoher Anteil von Kieselsäure, dazu Eisen und Magnesium, für normale und schwere, ausgelaugte Böden, aktiviert die Phosphorvorräte im Boden.
Tonminerale (Bentonit, Montmotillonit): sehr quellfähig, für trockene, nährstoffarme Böden.
Dosierung: 100 bis 300 g pro m² werden im Frühjahr oder Herbst ausgebracht. ■

Im Boden fördern Gesteinsmehle den Humusaufbau und die Bildung stabiler Erdkrümel. Pflanzen, die reichlich Kieselsäure in ihre Blätter aufnehmen, sind widerstandsfähiger gegen Pilzkrankheiten und Schädlingsbefall. Im ökologischen Gemüse-Anbau wird vorwiegend fein vermahlenes Vulkangestein oder Basaltmehl eingesetzt. Tonminerale wie Bentonit binden Gerüche im Kompost. Weil das feine Pulver sehr quellfähig ist, wirkt es im Boden wie ein Puffer. Tonminerale speichern Feuchtigkeit und freigesetzte Nährstoffe und geben sie nach und nach wieder an die Pflanzen ab. ■

Mulchen für einen gesunden Boden

Eine Pflanzendecke schützt und nährt

Unbedeckte Erde kommt in der Natur nur selten vor, und überall dort, wo der Boden ohne schützende Pflanzendecke auskommen muss, ist das Ergebnis oft verheerend: Wind und Regen tragen Schicht für Schicht ab, bis der blanke Fels zum Vorschein kommt. Im Garten verläuft die Erosion meist unbemerkt, aber selbst zwischen den Gemüsereihen trocknet die Erde vor allem im Sommer rasch aus, die Feuchtigkeit verdunstet auch aus tieferen Schichten, die Pflanzen leiden unter Wasser- und Nährstoffmangel und die Bodenlebewesen stellen ihre Arbeit ein. In der Folge wird der Boden hart und rissig, er verschlämmt oder verkrustet nach jedem Regenguss.

Eine Mulchschicht verhindert alle diese Auswirkungen äußerst effektiv, kann aber noch viel mehr bewirken. Eine Decke aus Pflanzenresten wie Stroh, Grasschnitt, Unkraut- und Ernteresten und anderen Materialien liefert den Regenwürmern und anderen Bodenorganismen reichlich Nahrung, vermindert Temperaturschwankungen und unterdrückt aufkeimende Unkräuter. Weil sich das Hacken und Jäten dadurch erübrigt, werden die empfindlichen Feinwurzeln der Kulturpflanzen geschont. Durch die viel gleichmäßigere Feuchtigkeit entwickeln sich die Gemüsepflanzen harmonischer und sie sind widerstandsfähiger gegenüber Krankheiten und Schädlingen. Vor allem Tomaten, Gurken, Paprika, Sellerie, Möhren und Rettiche wachsen auf gemulchten Beeten deutlich besser.

Mulchen im Frühjahr und im Sommer

Im Frühjahr fehlt es vor allem in kleinen Gärten meist an Mulchmaterial. Kein Problem, denn auf den frisch eingesäten Beeten oder zwischen den jungen Setzlingen ist eine Mulchschicht aus grob gesiebtem Rohkompost genau richtig, weil die Nährstoffe rasch freigesetzt werden. Unverträglichkeiten durch frische, vermodernde Pflanzenreste sind dabei nicht zu befürchten. Wichtig: Markieren Sie vor dem Ausbringen die Saatreihen mit Sand!

Während der Vegetationszeit stehen in größeren, vielseitig angelegten Gärten meist genügend Pflanzenreste zum Mulchen zur Verfügung. Es ist aber sinnvoller, jeweils dünne Schichten von

■ „Ein Biogarten ohne Mulch ist genau so unvollständig, wie einer ohne Regenwürmer, Blumen oder Beinwell" (Ruth Stout, 1980, in: Mulch – Gärtnern ohne Arbeit) ■

◄ Strohmulch ist praktisch. Der Boden verschlämmt auch in längeren Regenperioden nicht und Schnecken kriechen nur ungern darüber. Der Nachteil: Stroh entzieht dem Boden beim Verrotten Stickstoff.

wenn man das feuchte Gras nur in sehr dünnen Schichten aufbringt oder vorher auf dem Rasen gut antrocknen lässt. Das Schnittgut wird dann mit dem Fangkorb des Rasenmähers erst in einem zweiten Arbeitsgang aufgesammelt.

Ein paar Ballen gehäckseltes Weizen-, Gersten oder Haferstroh vom nahe gelegenen Bauernhof schaffen Abhilfe, wenn es an anderem Mulchmaterial fehlt. Am besten fragen Sie bei Biohöfen nach, allzu viel Aufwand ist aber sicherlich nicht angebracht. Auch bei Stroh von konventionell wirtschaftenden Betrieben ist eine Anreicherung mit Pflanzenschutzmitteln im Boden oder gar im Gemüse nicht zwangsläufig zu befürchten, da immer Wartezeiten zwischen Anwendung und Ernte eingehalten werden müssen. Wichtiger ist: Stroh verbraucht beim Abbau Stickstoff, entzieht dem Boden beim Verrotten also Nährstoffe. Zum Ausgleich vermischt man das Stroh beim Ausbringen mit frischem Rasenschnitt, Hornspänen oder Kompost. Auch ein gelegent-

höchstens 5 bis 8 cm Stärke aufzubringen und dafür öfter mal nachzulegen. Je nach Wetter, Temperatur und Bodenzustand laufen die Verrottungsprozesse nämlich schneller oder langsamer ab.

Mulchmaterial sammeln

Als Material eignet sich (wie beim Kompostieren) alles, was im Garten anfällt. Nur eingeschränkt verwenden sollten Sie bereits abgeblühte Unkräuter kurz vor der

Samenbildung, Triebe und Wurzeln ausgerissener Winden und anderer Wurzelunkräuter. Am besten bewährt hat sich eine Mischung möglichst verschiedener Materialien. Nur zu lang sollten die Pflanzenreste nicht sein. Kurz geschnittenes oder grob zerhackte Grünschnitt- und Ernte-Überbleibsel lassen sich besser verteilen und werden von den Bodenlebewesen besser verarbeitet. Aber auch reiner Rasenschnitt ist kein Problem,

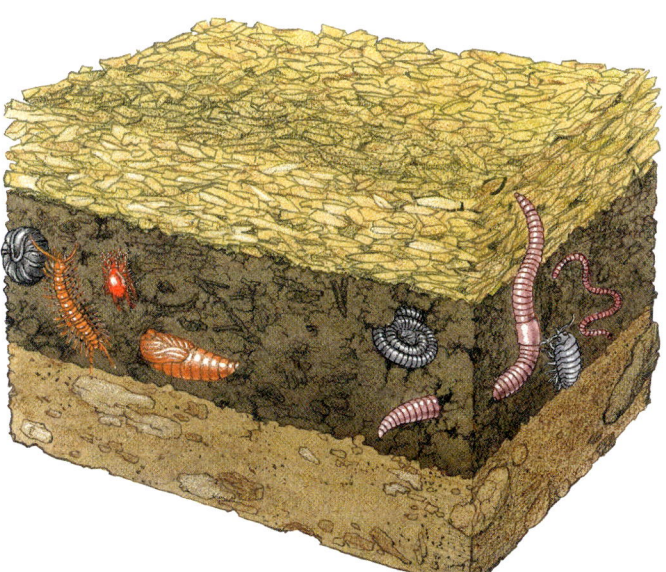

◄ Eine dicke Mulchschicht hält den Boden feucht und locker, verhindert Unkrautwuchs und puffert Temperaturschwankungen. Darunter bleiben die Bodenlebewesen auch bei Hitze oder Kälte aktiv.

■ Mehr Schnecken durch Mulch?

Unter einer Mulchschicht können Schnecken bei Kälte und Trockenheit länger überleben als im nackten Boden. Je nach Zusammensetzung finden sie in dem Abdeckmaterial auch Nahrung. Die Bekämpfung ist aber nicht schwieriger oder aufwändiger als in ungemulchten Beeten. Und auch blanke Erde hat noch keine Schnecke von den jungen Salatsetzlingen fern gehalten. ■

licher Guss mit verdünnter Pflanzenjauche sorgt für den nötigen Ausgleich.

Mulchen mit Gefühl

Bei lehmigen oder tonigen Böden dürfen Sie nicht zu dick auftragen. Eine 2 bis 3 cm dicke Mulchschicht genügt! Bei länger anhaltendem Regen beginnt die untere

Schicht zu faulen, bei trockenem Wetter verdichten sich die Materialien vor allem bei einem hohen Anteil an Gras- oder Rasenschnitt („Matratzenbildung"), die Verrottung stoppt.

Ein Wintermantel für das Gemüsebeet

Ein lockerer, gut durchlüfteter Boden kann die Winterniederschläge besser aufnehmen, verschlämmt nicht so leicht und erwärmt sich im Frühjahr rasch. Überall dort, wo eine überwinternde Gründüngung nicht in Frage kommt, lockert man die Beete möglichst tief mit dem Kultivator oder Sauzahn. Eine 10 cm dicke Schicht aus Laub und allen Grünschnitt- und Ernteresten, die beim herbstlichen Aufräumen so anfallen, verhindert anschließend, dass der Boden bis in tiefere Schichten durchfriert und das Bodenleben völlig zum Erliegen kommt. Noch ein Vorteil: Das Umgraben entfällt, und im Frühjahr, nach dem Abräumen der

■ Düngen vor dem Umgraben

Auf schweren Böden bringen Sie vor dem Umgraben 75 g / m² Thomaskali mit Magnesium aus. Beim Wenden gelangt der Dünger in den späteren Wurzelbereich. ■

stark geschrumpften Pflanzenreste, kommt eine lockere, leicht bearbeitbare Erde zum Vorschein. Unzählige Regenwurmgänge und Wurmhäufchen beweisen, dass die unterirdischen Helfer im Winter nicht untätig waren.

Auf schweren Gartenböden sollte die Schicht deutlich dünner sein und 5 bis 8 cm Dicke nicht überschreiten. (Das gilt auch für das Mulchen im Sommer). Auf lehmigen Böden empfiehlt es sich außerdem, das Mulchmaterial vor dem Ausbringen mit Kompostbeschleuniger zu vermischen. ■

◀ Auf schwerer, lehmiger oder tonhaltiger Erde kann man auf das spatentiefe Umgraben meist nicht verzichten. Der Vorteil: Fröste können dann tief eindringen und bis zum Frühjahr zerfallen die groben Schollen in feine Krümel. Aber: Eine einmalige Aktion nützt nicht viel, denn die mühsam erreichte „Frostgare" geht bei ungeschützten, humusarmen Böden wieder verloren. Für eine dauerhafte Lockerung sorgt eine Kompostgabe im Frühjahr und die Einsaat einer Gründüngung während der Wachstumszeit.

Säen und pflanzen

Mit wenigen Ausnahmen werden alle Gemüse aus Samen gezogen. Je besser die Qualität des Saatgutes ist, desto höher sind die Erfolgschancen beim Anbau. Einen ebenso großen Einfluss auf den Erntespaß hat die Wahl der richtigen Sorte. Sie entscheidet nicht nur über Aussehen und Qualität, sondern bestimmt oft auch die Ansprüche der Pflanzen. Und nicht immer sind Profi-Sorten hierbei die erste Wahl. Im Garten herrschen ganz andere Bedingungen als im Erwerbsanbau und kaum ein Hobbygärtner wird Wert darauf legen, dass alle Salatköpfe exakt gleich groß und schwer sind oder alle Tomaten an einer Rispe zum selben Zeitpunkt abreifen. Viel wichtiger ist der Geschmack und ein möglichst langer Erntezeitraum. Wer junge Salate, Kohl- und andere Gemüsesetzlinge beim Gärtner kauft, kann sich viel Zeit und Mühe ersparen. Allerdings muss man meist auf Spezialitäten und Neuheiten verzichten.■

▲ Wer die Anzucht ans Fensterbrett verlegt, spart Platz im Beet. Tipp: Die Aussaat ganz nach Bedarf staffeln und immer nur soviel nachziehen, wie im selben Zeitraum abgeerntet wird.

PRAXISTIPP

■ **Pflanzen statt säen**
Manche Gemüse-Arten werden vegetativ (über Knollen, Wurzelausläufer, Brutzwiebeln usw.) vermehrt:
Kartoffeln, Schalotten, Meerrettich, Spargel, Erdmandel, Knollenziest, Topinambur. ■

Eine wenig Sortenkunde

■ Samenfeste Sorten entwickeln sich weniger einheitlich, dafür behalten sie ihre Sorteneigenschaften auch dann, wenn man die Pflanzen zur Samenreife kommen lässt und davon eigenes Saatgut gewinnen möchte. Bei den gebräuchlichen Sorten lohnt sich dies kaum, wohl aber, wenn man

Raritäten aus Großmutters Garten anbaut, von denen Saatgut nur unter Schwierigkeiten zu bekommen ist. Bei Hybridsaatgut handelt es sich dagegen um „Einmalsorten", das Saatgut muss also immer wieder neu gekauft werden. Wird eine Hybridsorte trotzdem weiter vermehrt, erweist sie sich als

◀ Ein kleiner Vorrat an Samenpäckchen erleichtert die ter-
mingerechte Aussaat. Wichtig:
Bewahren Sie Saatgut immer
kühl, dunkel und trocken auf.

Aber selbst wenn Sie mit der Sa-
menvermehrung gar nichts am Hut
haben, ist der Anbau samenfes-
ter Sorten eine Überlegung wert.
Gerade die biologischen und bio-
logisch-dynamischen Züchter verzichten grundsätzlich auf den Einsatz gentechnischer Methoden.
Sie konzentrieren sich verstärkt
auf die Züchtung von Gemüse, das
sich durch besondere Vitalität, Robustheit und Anpassungsfähigkeit
an den Standort auszeichnet. Samenfeste Sorten leiden bei Wasser-
oder Nährstoffmangel weniger unter Stress und erholen sich danach
meist sehr rasch. ■

GÄRTNERWISSEN

■ Resistent oder wider-
standsfähig?

Je nach Stärke der Widerstandsfähigkeit unterscheidet man
Gemüse-Sorten in drei verschiedene Kategorien:
Eine resistente Sorte ist vollständig immun gegen eine oder
mehrere bestimmte Krankheiten oder Schädlinge.
Eine widerstandsfähige Sorte
besitzt keine genetische Resistenz oder Toleranz, es kommt
aber nur selten oder nur in
geringem Ausmaß zu einem
Krankheitsbefall. Widerstandsfähige Sorten zeichnen sich
meist durch ein festeres und
härteres Pflanzengewebe oder
eine allgemein hohe Wuchs-
freudigkeit und Robustheit aus.
Als tolerant bezeichnet man Sorten, die zwar nicht vollständig
immun gegen eine bestimmte
Krankheit oder einen speziellen
Schädling sind, ein Befall beeinflusst den Ertrag und die Qualität aber nur wenig. ■

wenig beständig. Beim Nachbau
verliert sie ihre typischen Sorteneigenschaften und spaltet in ganz
verschiedene Formen auf. Hybridsorten erkennt man leicht am Zu-
satz F1 zum Sortennamen.

Saatgut kaufen und aufbewahren

■ Kaufen Sie am besten nur Saatgut in Keimschutzpackungen. Die
Samen sind dabei zusätzlich in
kleine, metallbeschichtete Tütchen eingeschweißt und damit
vor Feuchtigkeit und starken Temperaturschwankungen viel besser
geschützt als in den bunten Pa-
piertüten. Achten Sie beim Kauf
unbedingt auf das Haltbarkeitsda-
tum auf der Rückseite der Samentütchen. Kaufen Sie keine Samen,
die nur noch wenige Monate oder
gar Wochen haltbar sind, denn bei
den meisten Gemüse-Arten lässt
die Keimfähigkeit schon nach wenigen Jahren erheblich nach.

Lagern Sie die Samenpäckchen an
einem möglichst kühlen, trockenen, dunklen und vor Mäusen sicheren Ort. Optimal sind Temperaturen zwischen 0 und 10 °C. Beim
Zusammentreffen von Wärme und
Feuchtigkeit ist es mit der Keim-
ruhe nämlich vorbei, außerdem
können sich Pilze und Bakterien
ausbreiten und die Samen schädigen. Einmal angebrochene Samentütchen bewahren Sie am besten
in einem Glas mit Schraubver-
schluss oder in einer dicht schlie-
ßenden Blechdose auf. Holzkisten,
Pappkartons und Plastiktüten bieten keinen sicheren Schutz! Eine

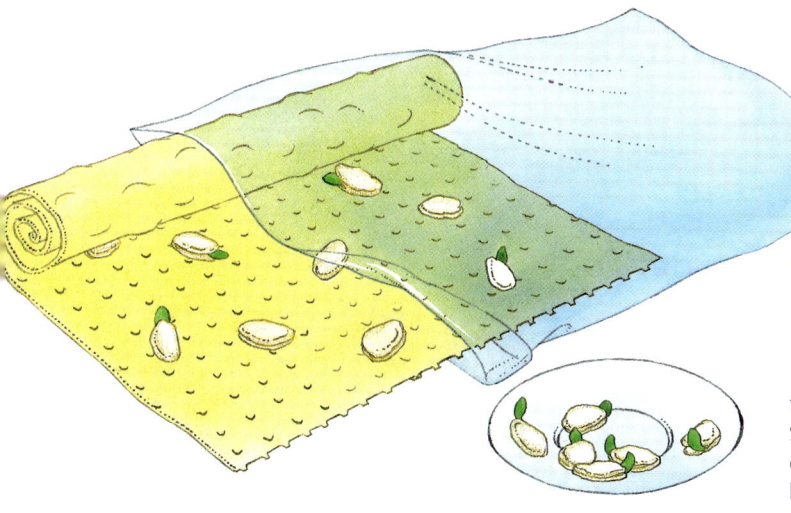

◀ Die Keimprobe gibt Aufschluss, ob die Samenanlage noch genügend Kraft zum Auskeimen und Wachsen hat.

tig auf, zählen Sie die gekeimten Samen und entscheiden Sie danach, ob sich die Aussaat noch lohnt.

Haben mindestens zwei Drittel aller Samen einen kräftigen Keimling, liegt die Keimfähigkeit zwischen 75 und 100 Prozent. Das Saatgut kann ohne Einschränkungen verwendet werden. Hat höchstens die Hälfte der Samen gekeimt und liegt die Keimfähigkeit gerade einmal bei 50 Prozent, müssen Sie die Samen später doppelt so dicht aussäen. Bei einer geringeren Keimfähigkeit sollten Sie das Saatgut wegwerfen. Die Aussaat lohnt nicht mehr, weil die Samen so viel an Vitalität verloren haben, dass sich auch die daraus noch wachsenden Pflänzchen nur zögernd entwickeln. ∎

PRAXISTIPP

▪ So lange bleibt Gemüse-Saatgut keimfähig

Höchstens 12 Monate: Knoblauch, Porree, Pastinaken, Schnittlauch, Schwarzwurzel, Zwiebeln

1 bis 2 Jahre: Möhren, Pastinaken

2 bis 3 Jahre: Fenchel, Sellerie, Spinat, Zucker-Mais

4 bis 5 Jahre: Bohnen, Erbsen, Feldsalat, Mangold, Rote Bete, Paprika, Radieschen, Rettiche, Salat

Länger als 5 Jahre: Auberginen, Garten-Melde, Gurken, Kohlrabi und andere Kohl-Arten, Kürbis, Melonen, Tomaten, Zucchini ▪

Lagerung im Kühlschrank oder in der Tiefkühltruhe kommt nur für ungeöffnete Keimschutzpackungen in Frage. Dort halten sich die Samen dann aber etwa 10 Jahre.

Die Keimkraft prüfen

Bei Zweifeln an der Keimfähigkeit lohnt sich eine Keimprobe: Zählen Sie mindestens 20, besser 50 Samen ab (bei Erbsen, Bohnen und Kürbissamen genügen zehn Samen), die Sie einzeln mit ausreichendem Zwischenraum auf feuchtes Küchenpapier legen. Rollen Sie das Papier vorsichtig auf und packen Sie es in eine Kunststofftüte mit einigen Luftlöchern. Bewahren Sie diese Tüte bei Zimmertemperatur (20 bis 25 °C) für wenige Tage bis zu 3 Wochen auf – je nach der Keimdauer der einzelnen Gemüse-Arten. Rollen Sie danach das Küchenpapier vorsich-

Die Beete vorbereiten

▪ Bevor Sie mit dem Pflanzen und Säen beginnen, müssen Sie den Boden sorgfältig vorbereiten. In tief gelockerter, feinkrümeliger Erde fassen Pflanzenwurzeln und keimende Samen schnell Fuß, die Unkräuter sind als Konkurrenz erst einmal ausgeschaltet und ganz

nebenbei lassen sich Schnecken, Engerlinge, Erdflöhe und Wurzelläuse deutlich reduzieren.

Starten Sie im Frühjahr mit der Bodenbearbeitung erst dann, wenn die Erde ausreichend abgetrocknet ist. Befreien Sie die Beete

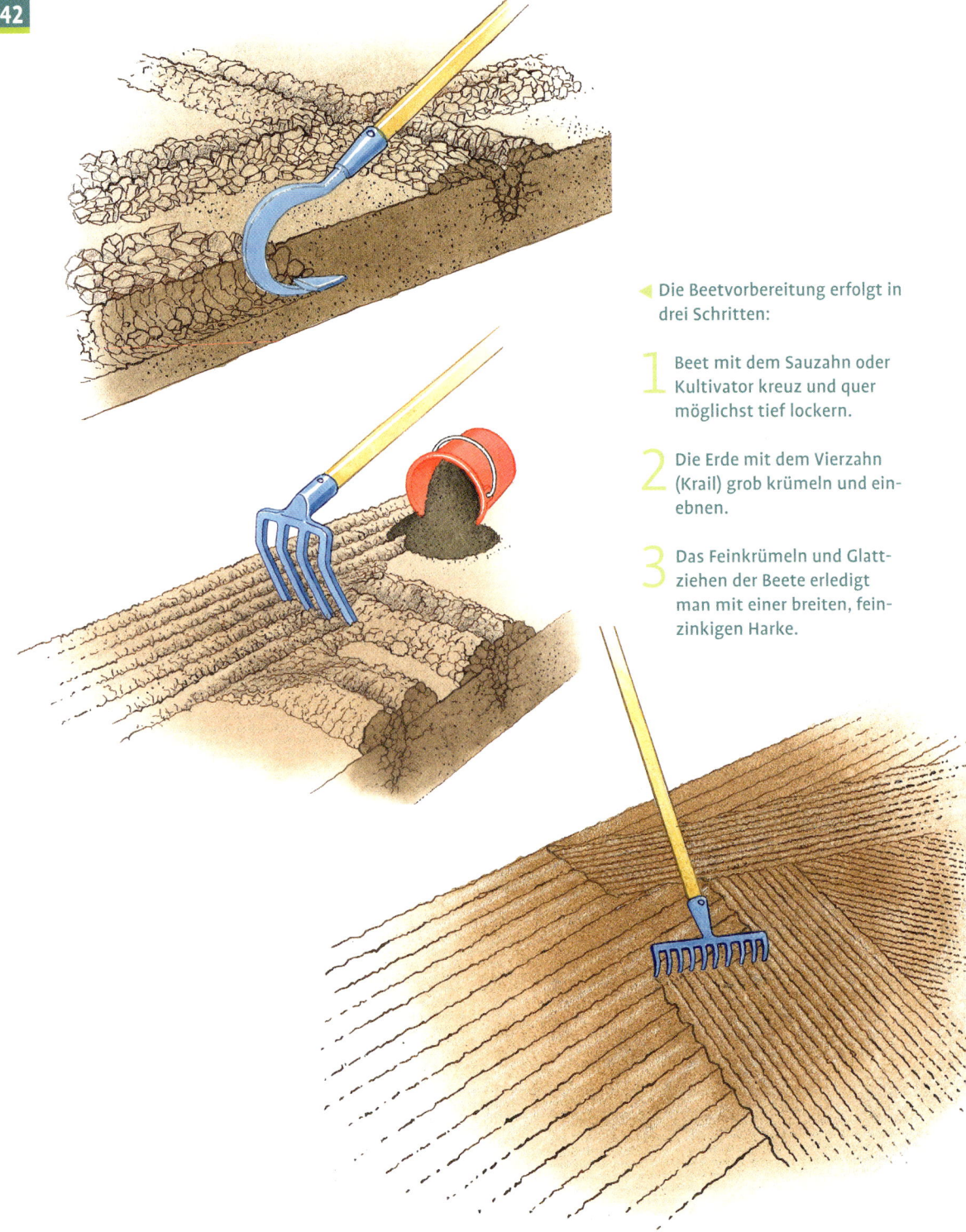

◄ Die Beetvorbereitung erfolgt in drei Schritten:

1 Beet mit dem Sauzahn oder Kultivator kreuz und quer möglichst tief lockern.

2 Die Erde mit dem Vierzahn (Krail) grob krümeln und einebnen.

3 Das Feinkrümeln und Glattziehen der Beete erledigt man mit einer breiten, feinzinkigen Harke.

frühzeitig von winterlichen Laub-, Mulch- oder Gründüngungsresten, damit die Sonne den Boden schnell erwärmen kann. Sobald der Boden nicht mehr an den Stiefeln kleben bleibt, wird jedes Beet mit dem mehrzinkigen Kultivator kreuz und quer möglichst tief gelockert. Bei schweren Böden bewältigen Sie diese Arbeit am besten mit dem einzinkigen Sauzahn. Die verbleibenden Schollen und Erdklumpen werden anschließend mit dem Krail kräftig durchgehackt und dabei gekrümelt. Die Feinarbeit erledigt man in einem Arbeitsgang beim Einebnen der Erde mit der Harke. Für die Bodenlockerung zwischen überwinternden Gemüse-Arten und winterharten Kräutern am Beetrand eignet sich eine leichte Doppelhacke. Achten Sie darauf, dass Sie die gerade austreibenden Zwiebeln von Schnittlauch und Knoblauch nicht verletzen und versorgen Sie anschließend alle Beete

mit Kompost, Gesteinsmehl und etwas Algenkalk. Anschließend muss sich die Erde im Saatbeet ausreichend absetzen, damit die Samen oder jungen Pflanzenwurzeln schnell „Bodenschluss" finden und Wasser und Nährstoffe aufnehmen können. Das dauert, je nach Bodenzustand, etwa 7 bis 10 Tage. Damit der Boden bis zur

Aussaat oder Pflanzung der ersten Salate, Kohlrabis und Radieschen nicht ungeschützt bleibt, bedeckt man die Gemüsebeete mit Vlies oder Mulchfolie. Überall dort, wo Sie erst im Mai Tomaten, Zucchini, Paprika und andere Wärme liebende Gemüse pflanzen, empfiehlt sich die Einsaat einer Gründüngung mit Senf oder Phazelia. ■

Damit die Saat aufgeht

■ Wenn in einem perfekt hergerichteten Saatbeet direkt gesätes Gemüse nur lückig aufläuft, liegt es meist daran, dass der Boden noch nicht die richtige Temperatur hat. Im Frühjahr zahlt sich Ungeduld meist nicht aus, ganz im Gegenteil: Wartet man noch 1 oder 2 Wochen ab und sät auch die weniger wärmebedürftigen Arten erst,

wenn sich die Erde noch ein wenig mehr erwärmt hat, kann man den jungen Sämlingen beim Wachsen beinahe zusehen und sie holen den vermeintlichen Rückstand rasch auf.

Zwar keimen Möhren schon ab 2 °C, die optimale Keimtemperatur liegt aber deutlich höher, nämlich bei 18 bis 22 °C. Und das gilt für die meisten Gemüse-Arten. Je näher man diesem Optimum kommt, desto schneller entwickelt sich aus dem Keimling eine kräftige Jungpflanze. Selbst bei typischen Frühgemüse-Arten wie Spinat vergehen bei einer Bodentemperatur von nur 5 °C mindestens 20 Tage, bis die ersten Blättchen sichtbar werden. Hat die Frühlingssonne die Erde auf 15 °C erwärmt, dauert dieser Vorgang gerade einmal 6 Tage.

Wer während einer sommerlichen Hitzeperiode sät, muss ebenfalls mit höheren Ausfällen rechnen. Denn es gelingt oft nicht, das Beet wirklich gleichmäßig feucht zu halten und viele Keimlinge ver-

 Gurken keimen innerhalb weniger Tage. Zuerst entfalten die Sämlinge die runden Keimblätter, erst dann erscheinen die für die Pflanzen typischen Blätter.

trocknen oder werden stark geschädigt, bevor sie den Boden durchstoßen. Warten Sie im Zweifelsfall besser ab, bis der Sommer eine kleine Pause einlegt und ein paar Tage lang mit bedecktem Himmel oder zumindest einem Wechsel zwischen Sonne und Wolken zu rechnen ist.

Die Aussaat ins Freiland
Üblich ist die Aussaat in Reihen mit einem großzügigen Abstand, so dass man dazwischen problemlos hacken, Unkraut jäten oder den Boden mulchen kann. Auch in der Reihe brauchen die Pflanzen genügend Platz für ihre Entwicklung. Gerade bei feinem Saatgut wird meist viel zu dicht gesät, dann kommt man um das mühe-

▶ Saatbänder sind praktisch bei feinen Samen: einfach auslegen, mit Erde bedecken und gut angießen.

volle Verziehen nicht herum. Auf Saatbändern sind die Samen zwischen zwei Lagen aus leicht verrottbarem Papier bereits im richtigen Abstand eingebettet. Die Bänder sind allerdings erheblich teurer als offenes Saatgut und nur für ganz wenige Arten und Sorten überhaupt erhältlich. Sie lohnen sich für kleine Beete und bei einer Aussaat in Sätzen, wenn nur eine Reihe nachgesät werden soll.

Gerade in kleinen Gemüsegärten spricht manches dafür, von der Reihensaat abzuweichen und an-

dere Methoden auszuprobieren. Bei der breitwürfigen Saat verteilt man die Samen mit Schwung auf der vorgesehenen Fläche und harkt das Beet dann einmal längs und einmal quer durch. Das klappt bestens bei feinen Schnittsalat-, Möhren- und Petersiliensamen und bei den Lichtkeimern, deren Samenkörnchen nur mit einer dünnen Schicht Erde bedeckt werden dürfen. Auch bei der Jungpflanzen-Anzucht im Freiland hat sich die breitwürfige Saat auf ein eigenes Anzuchtbeet bewährt. Der Vorteil: Durch die gleichmäßige

Verteilung bringen Sie pro Quadratmeter mehr Pflanzen unter. Wichtig ist jedoch ein möglichst unkrautfreies Beet, denn Hacken ist nicht möglich und beim Jäten von Hand muss man sehr genau hinsehen, um die auskeimenden Unkräuter von den jungen Salat- oder Gemüse-Sämlingen zu unterscheiden.

Den rasch wachsenden Bohnen, Erbsen, Gurken oder Kürbissen können nur die ebenso starkwüchsigen Winden gefährlich werden. Hier hat sich die Horstsaat bewährt. Dabei legt man mehrere Samen in kleinen Gruppen ab und wählt dabei einen größeren Abstand als bei der Einzelkornsaat. Später werden dann alle Kümmerlinge entfernt und man lässt nur die kräftigsten Jungpflanzen groß werden.

Jungpflanzen vorziehen oder kaufen?
Zur Ernteverfrühung in Lagen, in denen der Frühling erst spät Einzug hält und bei allem empfind-

licheren oder stark Wärme bedürftigen Gemüse-Arten lohnt sich die Vorkultur in kleinen Töpfen oder Multitopfplatten. Das gilt aber nur dann, wenn genügend helle Fensterplätze, ein gut isoliertes Frühbeet oder vielleicht sogar ein beheiztes Gewächshaus zur Verfügung stehen. Zu dicht oder zu dunkel stehende Setzlinge verlieren ihren kompakten Wuchs und eignen sich nicht mehr zum Auspflanzen!

Ab Mai kann man die Jungpflanzen auch im Freien vorziehen und den Platz auf den Beeten dadurch viel effektiver nutzen. Der größte Vorteil der eigenen Setzlings-Produktion ist aber: Die Auswahl an Sorten ist riesig und kann genau auf den eigenen Geschmack und die Standortvoraussetzungen abgestimmt werden. Bei gekauften

▲ Die Aussaat von Möhren erfordert Geduld. Bis die schmalen, grasartigen Keimblätter und anschließend das gefiederte Möhrenlaub erscheinen, vergehen mehrere Wochen.

▼ Sobald die ersten echten Blätter sichtbar werden, dünnt man die Reihen mit den Sämlingen von Hand aus. Zu dicht stehende Pflänzchen muss man vorsichtig herausziehen oder abkneifen.

▼ Bei der Horstsaat legt man zwei bis drei Samenkörner in weiterem Abstand ab. Diese Methode hat sich vor allem bei Bohnen und Erbsen bewährt.

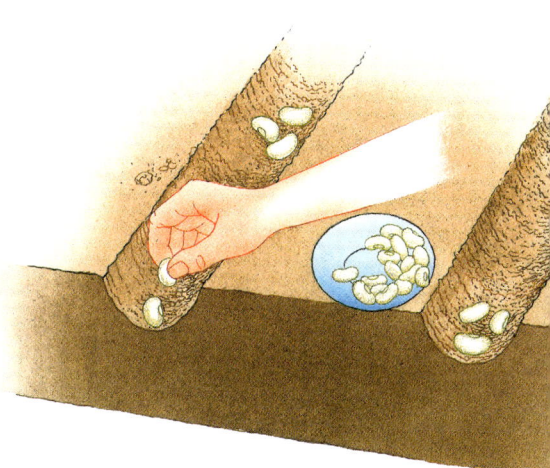

▶ Teatime: Ein Bad in warmem Kräutertee schützt empfindliche Samen beim Auflaufen vor dem Befall mit Krankheiten und Schädlingen. Nach dem Bad werden die Samen getrocknet und neu verpackt oder gleich ausgesät.

Setzlingen muss man sich dagegen meist auf die Auswahl der Gärtnerei verlassen und erfährt nicht, um welche Sorte es sich tatsächlich handelt.

Die richtige Aussaaterde

Gekaufte Aussaaterde ist frei von Fäulnispilzen und anderen im Boden vorkommenden Krankheitserregern und Unkrautsamen. Ebenso wichtig ist der niedrige Nährstoffgehalt, denn die meisten Gemüse-Arten reagieren beim Start recht empfindlich auf mineralische Salze. Auch torfreiche Erde ist ungünstig, da sich ein hoher Säurewert (pH-Wert) negativ auf das Wachstum auswirkt. Gute Aussaaterde kann man aber ebenso gut auch selbst herstellen. Bewährt hat sich eine Mischung aus

einem Drittel fein gesiebtem, gut ausgereiftem Kompost, einem Drittel Sand und einem Drittel gesiebter Gartenerde. Reiner Gartenkompost enthält zu viele Nährstoffe, pure Gartenerde ist nicht ausreichend gießfest. Wenn Sie ganz sicher gehen und Auflaufkrankheiten vermeiden möchten, packen Sie die Mischung in einen alten Kochtopf und sterilisieren die Erde im Backofen oder Einmachkessel für 30 Minuten bei 70 °C. Meist kann man darauf aber verzichten, denn in der Beeterde keimt Gemüse schließlich auch ohne Vorbehandlung.

Auflaufkrankheiten vorbeugen

Zur Vorbeugung gegen Pilzkrankheiten, aber auch gegen verschiedene Schädlinge können Sie den Samen vor der Aussaat ein heißes Bad gönnen. Dafür legt man das Saatgut für 20 Minuten in 50 °C warmes Wasser oder in Kräutertee ein, lässt sie anschließend gut trocknen oder sät sie direkt in das vorbereitete Saatbeet oder in Saatschalen.

Aussaat in Töpfen

Große Pflanzen wie Tomaten, Zucchini oder Paprika werden in kleinen Einzeltöpfen vorgezogen. Salat, Sellerie und andere Arten, die nur langsam wachsen und weniger Platz beanspruchen, sät man zunächst in flache Saatschalen und vereinzelt (pikiert) die

◀ Sägeräte eignen sich für die Aussaat in langen Reihen. Größere Geräte furchen und säen automatisch, für den richtigen Abstand sorgen spezielle Saatscheiben, die je nach Größe der Samen gewechselt werden.

▲ 1) Um die zarten Triebe und Wurzeln nicht zu beschädigen, fährt man mit einem Pikierstab seitlich unter die Wurzeln und drückt die Pflänzchen heraus. 2) Im neuen Topf bereitet man ebenfalls mit dem Pikierstab ein tiefes, aber schmales Pflanzloch vor, in dem die feinen Wurzeln Platz haben und nicht geknickt werden. Die Erde rings um die Pflänzchen vorsichtig andrücken und mit Wasser überbrausen.

▲ Kohl pflanzt man so tief, dass der Wurzelansatz 1 bis 2 cm hoch mit Erde bedeckt ist. Kopfsalat bildet leichter Köpfe, wenn man die Pflanzen möglichst hoch einpflanzt.

kräftigsten Sämlinge. Man setzt sie mit mindestens 5 cm Abstand in größere und tiefere Schalen. Oder man verwendet gleich so genannte Multitopfplatten mit 12, 18 oder noch mehr Töpfchen. Der beste Zeitpunkt für die Aussat ist gekommen, sobald sich nach den Keimblättern die ersten beiden echten Blätter gebildet haben.

Auspflanzen ins Beet

Jedes Umpflanzen bedeutet für die Pflanzen zunächst einmal Stress, deshalb sollte man dabei so schonend wie möglich vorgehen. Je kleiner der Setzling, desto schneller überwinden die Pflanzen die Wachstumsstörung. Das gilt vor allem für Mangold, Zichoriensalate, Knollen-Fenchel und andere Arten, die rasch Pfahlwurzeln bilden. Für sie gilt: Grundsätzlich wird in Einzeltöpfe oder Topfplatten pikiert und man pflanzt sie möglichst früh an Ort und Stelle

aus. Alle eingetopften Jungpflanzen, die mit intaktem Wurzelballen ausgepflanzt werden, wachsen nach dem Umpflanzen rasch weiter und entwickeln sich sehr zügig.

Dabei kommen die einzelnen Arten beim Auspflanzen unterschiedlich tief in die Erde. Als Faustregel für im Anzuchtbeet vorgezogene Setzlinge gilt: Der Wurzelhals, also der Übergang zwischen Stängel und Wurzeln, sollte 1 bis 2 cm hoch mit Erde bedeckt sein.

Getopfte Jungpflanzen pflanzt man dagegen nur so tief, dass der Wurzelballen etwa auf dem Niveau der Erdoberfläche im Beet liegt. Alle Gemüse mit flachen, rosetenartig wachsenden Blättern und Kohlrabi werden höher gepflanzt, Tomaten und junge Kopfkohlpflänzchen, die um den Wurzelhals möglichst viele feine Neben-

wurzeln bilden sollen, setzt man eher tiefer. Damit Porree dicke, weiße Stangen bildet, pflanzt man die dünnen Setzlinge sogar bis zu 15 cm tief. Noch wichtiger als die Pflanztiefe ist der richtige Pflanzabstand. Eher zu viel als zu wenig lautet die Devise.

◄ Salate kann man ruhig etwas dichter pflanzen und so den Platz in kleinen Beeten besser nutzen.

wenn sie genügend neue Saugwurzeln gebildet haben. Beim Einwurzeln hilft man ihnen am besten, indem man das Beet an sonnigen Tagen mit einem grünen Gemüseschutznetz schattiert und so die Verdunstung über die Blätter reduziert. Zwar werden alle Setzlinge gleich nach dem Einpflanzen behutsam gewässert, keinesfalls aber sollten sie regelrecht „eingeschlämmt" werden.

Bei eingewachsenen Pflanzen in der Hauptwachstumszeit gilt: Bei leicht trockener Erde reichen 20 bis 30 Liter pro Quadratmeter. Am besten gießt man mit abgestandenem Regenwasser alle 3 bis 4 Tage. Bei länger anhaltender Trockenheit kann leicht die doppelte Menge nötig sein. Ein Alarmzeichen bedeutet es, wenn die Blätter auch nach Sonnenuntergang

Beete besser nutzen

Jedes Gemüse, das schon im jungen Stadium gut schmeckt, kann enger als üblich gesät oder gepflanzt werden. Sobald die ersten Blätter oder Knollen groß genug sind, dünnt man die Pflanzen beim Ernten aus. Dafür eignen sich nicht nur verschiedene Pflück- und Schnittsalate, sondern auch

Chinakohl, Mangold, Rote Bete, Spinat und Zwiebeln. Noch ein Trick: Langsam wachsende Arten und rasch wachsendes Gemüse wie Kohl und Salat kann man abwechselnd in eine Reihe oder im Quadrat auf ein Beet pflanzen. Bis die Spätentwickler ihren vollen Platz beanspruchen, sind die Salate schon längst abgeerntet. ■

Von Anfang an richtig gießen

■ Saftige Blätter und knackige Wurzeln und Knollen entwickeln sich nur, wenn der Boden ausreichend Wasser nachliefert. Zu reichliches Gießen in der Jugendphase kann jedoch ebenfalls Nachteile mit sich bringen: Weil die Pflanzen nur ein oberflächliches Wurzelsystem entwickeln, bleiben die Nährstoffe in den tieferen Bodenschichten ungenutzt. Außer-

dem leidet vor allem Blattgemüse schon in kürzeren Trockenperioden unter Wassermangel und ist darum während seiner gesamten Entwicklung auf regelmäßiges Gießen angewiesen.

Bei frisch gesetzten Pflanzen nützt ein kräftiger Guss aus der Kanne wenig. Wasser können die Setzlinge nämlich erst aufnehmen,

PRAXISTIPP

■ **Verdunstung absenken**
Dort wo die Beete nicht gemulcht werden und die Reihen zwischen den Pflanzen noch nicht geschlossen sind, sollte man nach jedem Wässern und ebenfalls nach stärkeren Regengüssen die Erde mit der Ziehhacke oder dem dreizinkigen Kultivator oberflächlich lockern. Dadurch werden die feinen Kapillargefäße unterbrochen, der Boden speichert mehr Wasser und die Erde verkrustet weniger rasch. ■

schlapp herabhängen und sich bis zum Morgen nicht mehr völlig erholen. Gießen Sie aber nie „flächendeckend" und über die Blätter, sondern immer direkt an die Wurzeln und möglichst nur morgens, wenn die Pflanzen noch kühl sind. Dadurch vermeiden Sie vor allem im Sommer einen Kälteschock. Nach dem abendlichen Gießen erholen sich die Pflanzen in der Nacht zwar besser, aber der Temperatur-Unterschied kann jedoch zu Wachstumsstockungen führen. Die lang anhaltende Luftfeuchtigkeit fördert den Befall mit Mehltau und anderen Pilzkrankheiten. Der feuchte Boden zieht Schnecken an. ▪

▲ **Große Gärten bieten Platz für alles, was das Herz begehrt. Sonnenblumen ergeben einen ebenso wirkungsvollen Windschutz wie hohe Zäune oder Hecken.**

Schädlinge auf Abstand halten

Die Grundregel der Fruchtfolge ist einfach: Gemüse-Arten, die zur selben Pflanzenfamilie gehören, sollten frühestens nach 3 oder 4 Jahren wieder am gleichen Platz angebaut werden, denn die meisten Schädlinge und Pflanzenkrankheiten sind hoch spezialisiert. Obwohl sich die verschiedenen Gemüsefliegen in Aussehen und Lebensweise sehr ähnlich sind, befällt die Möhrenfliege bevorzugt Möhren, Sellerie, Pastinaken oder andere Doldenblütler. Die Zwiebelfliege legt ihre Eier an Zwiebeln und Schalotten, die Raupen hinterlassen ihre Fraßgänge aber auch an anderen Liliengewächsen wie

Fruchtfolge und Mischkultur

▪ Auch wenn der Aufwand für einen richtigen Anbauplan zunächst ein wenig übertrieben erscheint, machen Sie sich zumindest ein paar Notizen, welches Gemüse Sie wann und wo ausgesät oder gepflanzt haben. Eine kleine, annähernd maßstabsgerechte Skizze ist später meist hilfreicher als Bemerkungen wie „Spinat, Beet 1, Reihe 2 und 4" ab 05. Und selbst wenn Ihnen jede „Buchhaltung" zuwider ist, werden Sie bald staunen, wie schnell man durch zusätzliche Eintragungen wie zum Beispiel Sortennamen, Wetternotizen und einige zusätzliche Bemerkungen über Dinge, die anders verliefen als geplant, zum Profi beim Gemüse-Management im eigenen Garten wird. Schon nach kurzer Zeit gelingt es, Fruchtfolge und Mischkultur und Anbaustaffelung unter einen Hut zu bringen.

Lauch oder Knoblauch. Weil viele Schädlinge im Boden überwintern, sind sie beim Saisonstart im nächsten Jahr bereits vor Ort. Das gilt auch für die Erreger von Pflanzenkrankheiten wie Bakterien, Pilze und Viren. Weiß man, welche Gemüse zu welcher Pflanzenfamilie gehören und sorgt beim Anbau für genügend zeitlichen und räumlichen Abstand, so lässt sich eine Übertragung der Erreger meistens verhindern.

Nährstoffe besser nutzen

Für das Weiterrücken mit den Hauptkulturen von Jahr zu Jahr gibt es einen weiteren Grund: Durch den Wechsel zwischen nährstoffhungrigen und weniger anspruchsvollen Gemüse-Arten werden die Nährstoffvorräte im Boden besser genutzt und die Düngung lässt sich besser auf den tatsächlichen Bedarf abstimmen. Das Planspiel zwischen Familienzugehörigkeit und Pflanzen mit hohem, mittlerem oder geringem Düngebedarf ist längst nicht so

kompliziert, wie die Theorie vermuten lässt. In der Praxis genügt es völlig, wenn Sie zunächst nur die Hauptkulturen, die das Beet über einen sehr langen Zeitraum besetzen, und den unterschiedlichen Nährstoffbedarf durch gezielte Düngergaben ausgleichen.

Vorfrucht – Gemüse-Arten mit kurzer Anbauzeit für den Frühjahrsanbau:
Radieschen, Kopfsalat, Schnitt- oder Pflücksalat, Früh-Kohlrabi und Spinat.
Hauptfrucht – Gemüse-Arten mit langer Anbauzeit:
Gurken, Tomaten, Sellerie, Zucker-Mais, Möhren, Schwarzwurzel, Pastinaken, Petersilie.

Nachfrucht – Gemüse-Arten für den Anbau im Spätsommer und Herbst:
Endivien, Chinakohl, Grünkohl, Rosenkohl, Winter-Wirsing, Feldsalat, Porree, Knoblauch.

▲ Schädling oder Nützling? Die Raupe des Schwalbenschwanzes frisst ausschließlich Möhrenblätter, Dill und andere Doldenblütler.

PRAXISTIPP

■ **Sicherheitsabstand**
Je abwechslungsreicher die Gemüse-Auswahl ausfällt, desto weniger fallen Verstöße gegen Fruchtfolge- und Mischkulturregeln ins Gewicht. Unbedingt einhalten sollte man den Anbauabstand aber bei Gemüse-Arten, die das Beet über mehrere Monate belegen und bei Arten, die mit sich selbst unverträglich sind. Also Erbsen, Frühkartoffeln, Gurken, Kohl, Möhren, Petersilie, Zwiebeln erst nach 4 Jahren wieder an dieselbe Stelle säen. ■

GÄRTNERWISSEN

■ **Pflanzenfamilien**
Doldenblütler: Fenchel, Möhren, Pastinaken, Sellerie, Dill, Kerbel, Kerbelrübe, Kümmel, Liebstöckel, Petersilie
Liliengewächse: China-Lauch, Knoblauch, Schalotten, Schnittlauch, Spargel, Zwiebeln
Nachtschattengewächse: Andenbeere, Auberginen, Kartoffel, Paprika, Tomaten
Kreuzblütler: Herbst- und Mairüben, Kohl, Kohlrabi, Kresse, Löffelkraut, Meerrettich, Radieschen, Rettich, Stielmus
Gänsefußgewächse: Mangold, Rote Rübe, Spinat
Schmetterlingsblütler: Bohnen, Erbsen, Linsen
Korbblütler: Artischocken, Cardy, Chicorée, Endivie, Löwenzahn, Kopf-, Pflück- und Schnittsalat, Radicchio, Schnitt-Zichorie, Schwarzwurzel, Topinambur
Baldriangewächse: Feldsalat ■

Die besten Mischkulturpartner (nach Nährstoffbedarf und Anbauzeit)

	Mischkulturpartner
Starkzehrer	Chinakohl + Sellerie, Kartoffeln
	Weitere Kohl-Arten (außer Kohlrabi) + Sellerie, Tomaten
	Kürbis + Zucker-Mais
Mittelzehrer	Auberginen + Paprika
	Gurken + Knollen-Fenchel, Rote Bete, Salat, Zwiebeln
	Knollen-Fenchel + Gurken, Salat, Zwiebeln
	Kohlrabi + Salat, Spinat, Stangen-Bohnen,
	Mairüben + Mangold, Salat
	Mangold + Pastinaken, Borretsch
	Möhren + Knoblauch, Porree, Zwiebeln
	Paprika + Basilikum
	Pastinaken + Salat, Zwiebeln
	Porree + Kohlrabi, Möhren, Schwarzwurzeln
	Puff-Bohnen + Rettich / Radieschen
	Rettich / Radieschen + Kohlrabi, Salat, Spinat
	Rote Bete + Knoblauch, Zucchini, Zwiebeln
	Salat + Knollen-Fenchel, Möhren, Rettiche / Radieschen, Rote Bete, Schwarzwurzeln, Zwiebeln
	Schwarzwurzeln + Salat, Porree, Zwiebeln
	Spinat + Kohlrabi, Rettiche / Radieschen
	Stangen-Bohnen + Kohlrabi, Rote Bete, Salat
	Zucchini + Rote Bete, Zwiebeln
	Zwiebeln + Gurken, Möhren, Rote Bete, Salat, Schwarzwurzeln, Zucchini
Schwachzehrer	Busch-Bohnen + Feldsalat, Koriander, Pflück- und Schnittsalat*
	Erbsen + Dill, Gewürz-Fenchel, Ringelblumen, Pflück- und Schnittsalat*
	Feldsalat + Busch-Bohnen
	*Als Unter- oder Randpflanzung bei der Aussaat
Nicht neben-einander anbauen:	Tomaten + Kartoffeln
	Erbsen + Bohnen
	Bohnen + Zwiebeln
	Petersilie + Salat
	Kohlrabi + Rote Bete

Mischkultur

Die Mischkultur verfolgt eine andere Strategie. Über Wurzelausscheidungen und Duftstoffe fördern sich die verschiedenen Pflanzen gegenseitig im Wachstum und schützen sich vor Krankheiten und Schädlingsbefall. Möglich ist dabei auch die gegenteilige Wirkung, aber – wie die verschiedensten Mischkulturtabellen zeigen – gibt es nur ganz wenige, echte „Feindschaften" auf dem Beet. Die meisten Gemüse-Arten kommen ausgesprochen gut miteinander zurecht oder verhalten sich zumindest neutral gegenüber ihren Beetpartnern.

Eine vielseitige Mischkultur verhilft auch zu mehr Gelassenheit im Umgang mit Stark-, Mittel- und Schwachzehrern. Wer Fenchel partout nicht mag und lieber Brokkoli ins Beet mit den Mittelzehrern pflanzt, kann den höheren Nährstoffbedarf des Sprossenkohls durch gezielte Flüssigdüngergaben während der Hauptwachstumsphase ausgleichen. Umgekehrt nehmen es Erbsen trotz ihres geringen Nährstoffbedarfs nicht übel, wenn man sie in das Beet mit den Mittelzehrern sät und mit Knollen-Fenchel oder Möhren kombiniert. Und Feldsalat erweist sich als Universaltalent, weil er unter allen fast allen Bedingungen gedeiht und mit keiner anderen Gemüse-Art verwandt ist.

Kombiniert man Fruchtfolge mit Mischkultur und sorgt darüber hinaus für ein natürliches Gleichgewicht zwischen Nützlingen und Schädlingen im ganzen Garten, ist eine Bekämpfung mit biolo-gischen oder chemischen Mitteln in den meisten Jahren überflüssig.

Probieren geht über studieren

Ein wenig Experimentierfreude kann nicht schaden, das gilt ganz besonders bei der Mischkultur. Selbst so traditionsreiche Partnerschaften wie Möhren und Zwiebeln basieren auf Erfahrungswerten und wurden selten wissenschaftlich überprüft. Außerdem schwanken die Ergebnisse je nach Standort und die positiven oder negativen Auswirkungen machen sich nicht in jedem Anbaujahr eindeutig bemerkbar. Und was tun, wenn man ganz neue Sorten oder alte Gemüse-

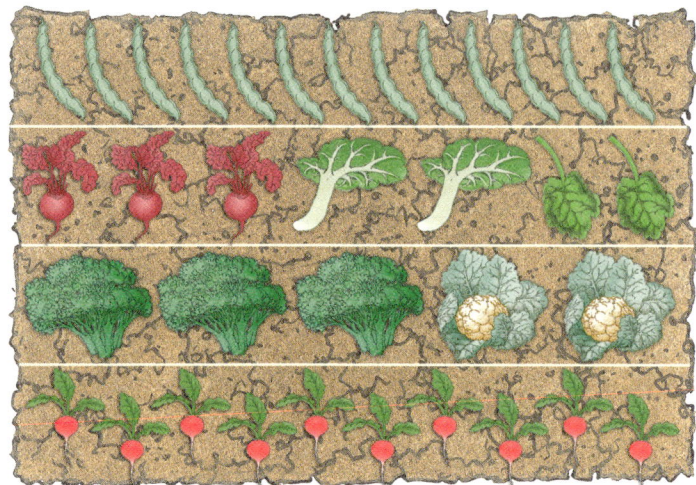

1

3

2

4

◀ Eine vierjährige Fruchtfolge ist sogar bei einer intensiven Mischkultur leicht zu verwirklichen. Jedes Jahr rückt man die Kulturen einfach um ein Beet weiter.

Beet 1: Die Hauptrolle spielen hier Brokkoli, Rote Bete und Busch-Bohnen. Am Rand bleibt Platz für eine oder zwei Reihen mit Radieschen. Anstelle von Rote Bete können Sie auch Spinat oder Mangold säen. Die Busch-Bohnen werden bereits im Frühjahr gesät, danach pflanzt man Wirsing oder Chinakohl.

Beet 2: Zwei Reihen mit Erbsen oder Zuckerschoten werden ergänzt durch verschiedene Salate: Kopf- und Pflücksalat, Endivie, Zuckerhut, Romana-Salat, Radicchio.

Beet 3: Von Mitte Mai bis in den Herbst belegen Fruchtgemüse-Arten das Beet: Tomaten, Paprika, eine Zucchini-Pflanze, vielleicht sogar Auberginen und Kürbisse. Der Beetrand lässt sich für Feldsalat, Kopfsalat, Basilikum und andere Sommerkräuter nutzen.

Beet 4: Möhren, Zwiebeln und rotstieliger Mangold bilden eine bewährte Mischkultur. Busch-Bohnen in der Mittelreihe sät man erst, wenn bei den Bohnen in Beet 1 der Ertrag nachlässt.

Arten, die bei uns schon sehr lange nicht mehr angebaut wurden, in die Mischkultur integrieren will? Ganz einfach: Eine grobe Orientierung ermöglicht in vielen Fällen die nahe Verwandtschaft. Wer zum Beispiel weiß, dass Rukola zur Familie der Kreuzblütler gehört, kann absehen, dass sich das italienische Würzkraut mit Kresse oder China-

kohl ebenso wenig verträgt wie Rettiche oder Radieschen.

Die Tabelle auf Seite 51 nennt bewährte Mischkulturpartner. Weitere Tipps finden sich bei der Beschreibung der einzelnen Gemüse-Arten. Asia-Kohl, Pak Choi oder Komatsuma verhalten sich ähnlich wie Chinakohl. ▪

März bis Juli

1
2
3
4

August bis Oktober

1
2
3
4

▲ Wie dieses Beispiel zeigt, ermöglicht eine gut geplante Mischkultur eine laufende Ernte vom Frühjahr bis zum Spätherbst. Im Idealfall bereiten die Frühkulturen auch noch den Boden für den Sommeranbau vor.

oben:

Reihe 1: Säen Sie ab Ende März Pal-, Zucker- oder Markerbsen. Als Alternative bieten sich Puffbohnen an.

Reihe 2: Spinat und Rote Gartenmelde gehören ebenfalls zu den Frühsaaten. Damit die Blattgemüse rechtzeitig das Beet räumen, sollten sie bis spätestens Mitte April ausgesät werden.

Reihe 3: Rote und weiße Küchenzwiebel können wahlweise gesät oder als Steckzwiebeln gepflanzt werden. Als Alternative bieten sich rote oder weiße Frühlingszwiebeln (Lauchzwiebeln) an.

Reihe 4: Möhren und Dill werden in einer Reihe ausgesät. Weil beide nur langsam empfehlen sich raschwüchsige Radieschen als Markiersaat.

unten:

Reihe 1: Schossfeste Kohlrabisorten und Radicchio lösen die Erbsen ab. Eine Düngung zur Pflanzung ist nicht notwendig. Ende August erhalten nur die Kohlrabi eine zusätzliche Nährstoffgabe

Reihe 2: Säen Sie im Hochsommer nach der Ernte von Spinat und Melde eine Gründüngung aus Ringelblumen und Tagetes in die Reihen. Das sieht hübsch aus und verhindert, dass sich Schädlinge wie Wurzelnematoden ansiedeln.

Reihe 3: Ab Ende Juli. sobald die Zwiebel ihren Platz räumen, nutzt man die Reihen für die Einsaat von Feldsalat. Wichtig: zuvor alle Unkräuter sorgfältig entfernen.

Reihe 4: Bunte Herbst-Salate wie Endivie, Eichblattsalat und andere robuste und rasch wachsende Pflücksalate sichern die Salat-Ernte bis mindestens Oktober.

Nützlinge fördern

55

Auch Wildkräuter tragen zur natürlichen Vielfalt bei und viele nützliche Insekten lassen sich nur dann dauerhaft im Garten ansiedeln, wenn man nicht jedes Unkraut sofort ausreißt. Ein wenig Laissez-faire entlang der Wege oder am Kompostplatz löst so manches Schädlingsproblem. Der anpassungsfähige Löwenzahn, der als „Platzhalter" immer dort auftaucht, wo die Ernte oder eine nicht gelungene Aussaat Lücken hinterlassen haben, lockt im Frühjahr Bienen, Nachtfalter, Marienkäfer und andere kleine Helfer in den Garten. Die Acker-Kratzdistel bietet über hundert Insekten-Arten Nektar und Pollen, darunter auch den hübschen Schwebfliegen, deren Larven während ihrer Entwicklungszeit unzählige Blattläuse vertilgen. Die halbreifen Samen der Vogel-Miere sind auch für viele

Insekten vertilgende Vogelarten einfach unwiderstehlich.

Unter den Beerensträuchern, am Zaun oder einer bewusst angelegten Brachfläche neben dem Kompost sollte man solche Pflanzen ruhig zur Blüte kommen lassen. Für Wildpflanzenfans springt dabei im Frühjahr außerdem so manche würzige Salatzutat heraus.

Auf den Gemüsebeeten sollte man man Unkräuter schon wegen des Konkurrenzdrucks nur vereinzelt dulden. Das gilt vor allem für Ausläufer bildende Arten wie Acker-Winde und Kriechenden Hahnenfuß, aber auch für das Franzosenkraut, auf dem häufig Spinnmilben nisten und Kreuzblütler wie Acker-Senf, die Kohlkrankheiten übertragen können. ■

▲ Doldenblütler wie Fenchel locken unzählige Nützlinge an und sorgen für ein gesundes biologisches Gleichgewicht im Garten.

▼ Eine einzige Marienkäfer-Larve frisst pro Tag bis zu 300 Blattläuse.

Die einzelnen Gemüse-Arten

Welche Gemüse in den Beeten die Hauptrolle spielen, ist reine Geschmackssache. Die Qual der Wahl kann einem niemand abnehmen, denn all die köstlichen und gesunden Arten und Sorten machen Lust auf mehr. Fast immer stellt man dabei fest: Der Platz reicht nicht aus! Deshalb sollte man vor dem Einkauf der Samentütchen und Salatpflänzchen genau prüfen, wie viel von welchem Gemüse in einem bestimmten Zeitraum verzehrt und verarbeitet werden kann. Denn es ist immer wieder erstaunlich, wie reich und vielfältig die Ernte ausfällt.

58 Blattgemüse

Blattgemüse gehört zu den Schnellentwicklern. Die Kultur ist einfach und das umfangreiche Sortenangebot sorgt für reichlich Abwechslung auf dem Beet und in der Küche. Spinat und Mangold findet man in vielen Gärten. Eine ebenso hübsche wie schmackhafte Alternative sind Melde oder Eiskraut, Stielmus und die pikanten Asia-Salate. Die Nährstoffansprüche der meisten Arten sind eher gering, dafür muss die Beetvorbereitung sorgfältig erfolgen. Nur in lockerer, krümeliger Erde keimen die Samen wirklich gleichmäßig und nur wenn der Boden genügend Feuchtigkeit speichern kann, werden die Blätter zart und schmecken aromatisch-mild. ■

▲ Römischer Salat und Kraussalat schießen auch bei Hitze nicht. Sie werden ab Juni gepflanzt oder gesät.

Salate rund ums Jahr

■ Lange Zeit ging man davon aus, dass es sich beim wild wachsenden Kompass-Lattich (*Lactuca serriola*) um die Urform des heute angebauten Kopfsalats (*Lactuca sativa*) handelt. Allerdings weist vieles darauf hin, dass Blattgemüse, die statt loser Büschel, feste, dicht gewickelte Köpfe bilden, erst beim Anbau in den Klostergärten des Mittelalters durch spontane Mutationen und Auslese entstanden sind.

Im heutigen, enorm vielfältigen Salatsortiment gibt es vier verschiedene Typen:

Kopfsalat (Butterkopfsalat) mit weichen, zarten Blättern und je nach Sorte mehr oder weniger fest geschlossenen Köpfen.

Bataviasalat (Eissalat, Krachsalat) mit knackigen, festen Blättern und kugelrunden, sehr dicht geschlossenen Köpfen.

Pflücksalat mit offenen Blattrosetten, je nach Sorte krausen, eichblattförmigen oder glatten Blättern und einem bis zu 50 cm hohen Stängel. Inzwischen gibt es gerade in dieser Gruppe viele tagneutrale Sorten, die sich auch für die Kultur im Sommer eignen. Zur selben Gruppe gehört Schnittsalat, der nur Blattbüschel bildet und bereits sehr jung geschnitten oder gepflückt wird.

Römischer Salat (Romana-, Binde- oder Kochsalat) mit hohen, eiförmigen, leicht gedrehten Köpfen

GÄRTNERWISSEN

■ Woher kommt das Wort „Salat"?

Der Name „Salat" kommt vom römischen Wort „salare" und bedeutet „gesalzen". Früher war Salat im Sommer Mangelware, da die Köpfe im Langtag schnell schießen und Blüten bilden. Deshalb konservierte man die auch als Heilpflanzen genutzten Blätter in Salz.

Noch eine Erklärung: Im 16. Jahrhundert wurde im Klostergarten von Monte Cassino (Italien) Blattgemüse angebaut, das die Mönche mit Salz bestreut verzehrten. ■

und festen, kräftig grünen Blättern. Alle Sorten neigen kaum zum Schießen und können auch im Sommer angebaut werden. Moderne Züchtungen wachsen dichter und sind kaum noch bitter.

Säen & Pflanzen

Die ganze Fülle der Sorten kann man nur genießen, wenn man die Salate selbst anzieht. Neuzüchtungen sind gegen die häufigsten Krankheiten wie Falscher Mehltau und einige sogar gegen Blatt- und Wurzelläuse resistent. Auch ältere

▲ Mischungen verschiedener Schnitt- und Pflücksalate liefern bald viele bunte Blätter.

Sorten sind widerstandsfähig und bieten meist mehr Geschmack. An Ort und Stelle gesäte und vereinzelte Salate werden weniger von Blattläusen befallen als gepflanzte Köpfe. Und die rotblättrigen Pflücksalate sind bei den Schnecken weniger beliebt als Salate mit butterweichen, zartgrünen Köpfen.

Schnittsalate sät man grundsätzlich direkt ins Beet, am besten in Reihen mit einer Hand breit Abstand. Eine breitwürfige Saat als „Salatwiese" ist ebenfalls möglich, empfiehlt sich aber nur auf Beeten mit geringem Unkrautdruck. Pflück- und Kopfsalat benötigen den doppelten Abstand und soll-

ten auch in der Reihe auf 20 bis 30 cm vereinzelt werden.

Die Anzucht in Multitopfplatten spart Saatgut und verkürzt die Kultur auf dem Beet. Das lohnt sich besonders bei einem sehr frühen Anbau. Da alle Salate zu den Kühlkeimern gehören, kann die Vorkultur auch im Frühbeet oder ungeheizten Gewächshaus erfolgen. Für spätere Sätze ist die Direktsaat mit anschließendem Verziehen besser. Gesäte Salate neigen auch bei Hitze deutlich weniger zum Schießen und weil die Pflanzen tiefer wurzeln, können sie die Wasservorräte in den unteren Bodenschichten erschließen und müssen weniger gegossen werden.

Sorten für jede Jahreszeit

Achten Sie bei der Sortenwahl auf die Angaben zum Anbauzeitraum in der Sortenbeschreibung oder auf der Rückseite der Samenpäckchen. Neben den vielen Neuzüchtungen sollte man ruhig auch den alten Sorten ein Plätzchen im Gar-

PRAXISTIPP

■ Achtung bei resistenten Sorten

Wenn Sie bevorzugt Mehltauresistente Salate anbauen, achten Sie auf einen jährlichen Sortenwechsel. Der Pilz ist sehr anpassungsfähig und schafft es innerhalb kurzer Zeit, die angezüchtete Resistenz zu brechen. ■

◄ Typisch für den Teufelsohrensalat sind spitz zulaufende gezähnte Blätter und mit mildem, aber herzhaftem Geschmack.

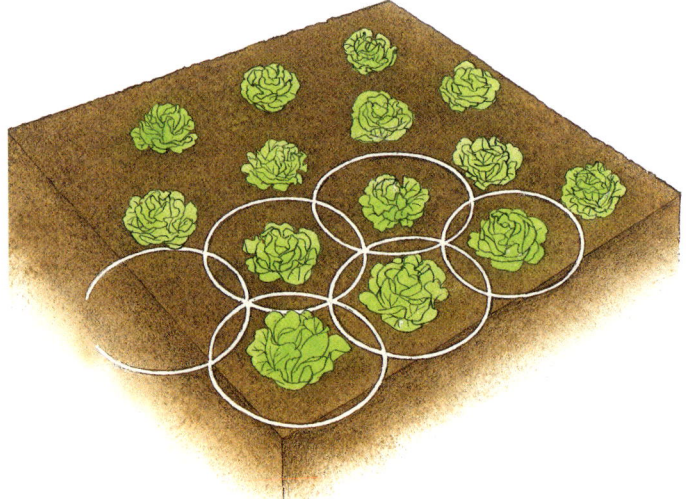

▲ Am besten nützt man den Platz im Beet, wenn man die Salate nicht in Reihen, sondern in (gedachte) Kreise mit gleichem Abstand nach allen Seiten pflanzt.

ten einräumen und so dafür sorgen, dass sie erhalten bleiben. Immer noch „anbauwürdig" und ausgezeichnet im Geschmack sind 'Merveille des quatre saisons' für den Anbau im Frühjahr und Frühsommer, 'Maikönig' mit festen, zarten Köpfen für den frühen oder

▼ Ein Salatkragen schützt junge Setzlinge vor Schnecken. Die praktischen Kunststoffkrägen sind viele Jahre einsetzbar. Ein zusätzlich erhältlicher Deckel aus lichtdurchlässigem Material erhöht den Treibhauseffekt.

späten Anbau, Sommer-Salat 'Laibacher Eis' mit knackigen, rot und grün getuschten Blättern oder 'Amerikanischer Brauner', dessen Blätter auch noch schmecken, wenn die Köpfe bereits zu schossen beginnen. Unbedingt probieren: Schnittsalat 'Ochsenzunge' mit zartbitteren, hellgrünen, weichen Blättern oder Schnittsalat 'Gelber Krauser'. 'Teufelsohrensalat', ein Pflücksalat mit spitzen, herzhaft schmeckenden Blättern; gedeiht selbst bei anhaltender Nässe oder Hitze.

■ Optimale Starthilfe

Säen Sie im Sommer Salate erst abends aus, befeuchten Sie das Beet anschließend sofort und schattieren Sie mit Vlies. Dabei kann man sich auch den kühlenden Schatten der Nachbarkulturen zu Nutze machen. Weiterer Effekt: Legt man die Salatreihen zwischen Kohlrabis, Rettiche und Radieschen, hält der Salat Erdflöhe von den Kohlgewächsen fern. ■

Pflegen & Düngen

Nach einer mittleren Kompostgabe im Frühjahr ist eine zusätzliche Düngung meist nicht nötig. In höheren Lagen oder bei anhaltend feucht-kaltem Wetter schützt man die ersten Saaten im Freiland sicherheitshalber mit einem Vlies. An warmen Frühjahrstagen sollte es abgenommen werden, damit die Salatreihen ausreichend Licht und Luft erhalten.

Schnecken sind im Frühjahr das größte Problem. Gerade die ersten Saaten und die zarten Setzlinge sind für sie jetzt besonders verlockend. Die rotblättrigen Sorten gelten dabei nur als „zweite Wahl". Das kann man sich zu Nutze machen, indem man ein paar grüne Kopfsalate als Fangpflanzen zwischen roten Pflücksalat pflanzt. Zwischen Spinat oder Gartenkresse sind die Salatpflanzen ebenfalls weniger gefährdet. Auch eine Randsaat aus Senf-Kohl (Asia-Salat) kann die nächtlichen Zuwanderer vom Salatbeet fernhalten.

Den Anbau staffeln

Erntereifer Kopfsalat sollte innerhalb einer Woche geschnitten werden. Das macht den Anbau in möglichst vielen Sätzen nötig. Deshalb sät und pflanzt man zwischen Frühjahr und Herbst etwa im Abstand von etwa 14 Tagen, aber immer nur so viele Köpfe, wie man innerhalb dieses Zeitraums verbrauchen kann. Auch bei Pflücksalat hat sich die Staffelung des Anbaus bewährt, doch der Nachschub ist auch dann gesichert, wenn man in längeren Abständen neu sät oder pflanzt. Schneidet man reife Köpfe nicht

■ Salate

Pflanzung:	Freiland März bis Ende September (letzter Pflanztermin), Frühbeet Februar bis Oktober
Keimtemperatur:	Ab 6 °C, optimal 15 bis 18 °C
Pflanzabstand:	20 bis 35 cm (je nach Kopfgröße), Schnittsalat 15 cm Reihenabstand
Fruchtfolge:	Zwei- bis vierjähriger Abstand zu Salat, Schwarzwurzeln und anderen Korbblütlern
Mischkultur:	Als Zwischenkultur und „Lückenfüller" besonders zu Möhren, Porree, Bohnen, Kohlrabi, aber auch zu allen anderen Gemüse-Arten. Nicht neben Petersilie anbauen!
Ernte:	Kopfsalat und Römischer Salat nach 10 bis 14 Wochen, Pflück- oder Schnittsalat 4 bis 6 Wochen ■

▲ Vorgänger aller Kulturformen der Zichoriensalate: die hübsche Wegwarte.

einfach ab, sondern pflückt die Blätter von innen nach außen und lässt das Herz stehen, ist eine mehrmalige Ernte über einen Zeitraum von etwa 6 Wochen möglich.

Zwar wächst auch Schnittsalat wieder nach, meist wartet man aber nicht auf den zweiten Aufwuchs, sondern nutzt die kurze Kulturdauer und sät im zeitigen Frühjahr in mehreren Sätzen immer dort aus, wo bald der Platz für andere Gemüse-Arten gebraucht wird.

Säen Sie rechtzeitig nach. Wegen der stark schwankenden Entwick-

lungszeiten garantieren regelmäßige Folgesaaten nicht immer für eine laufende Ernte. Säen Sie immer dann neu aus, sobald die vorherige Salatsaat die ersten Blätter gebildet hat.

Ernten

Salat und andere zarte Blattgemüse erntet man möglichst am frühen Vormittag, dann sind die Blätter noch kühl und knackig. Sie können im Gemüsefach des Kühlschranks ohne nennenswerten Vitaminverlust lagern. Die Zubereitung sollte möglichst am selben Tag, aber höchstens nach 3 Tagen erfolgen. ■

diese Arten wachsen zwar langsam, brauchen aber kaum Pflege und man kann sie genau dann ernten, wenn alle anderen Salate Mangelware sind.

Blatt oder Wurzel?

Vorgänger aller Zichorien-Salate ist die wild wachsende Wegwarte. Daraus entstanden drei Gruppen:

Treib-Zichorie (*Cichorium intybus* 'Witloof') bildet kräftige, lange Wurzeln, die im Spätherbst ausgegraben werden und den ganzen Winter über zum Treiben verwendet werden.

Blatt-Zichorie (*Cichorium intybus* var. *foliosum*, verschiedene Radicchio-Typen, Zuckerhut) bildet rosettenartige, runde oder längliche Köpfe. Gräbt man die Wurzeln der Blatt-Zichorie im Herbst aus und setzt sie in einen Eimer mit sandiger Erde, treiben aber auch sie in

Zichoriensalate

■ Zur Zichorien-Verwandtschaft innerhalb der Gattung *Cichorium* gehören zahlreiche interessante Salat-Sorten. Die Farbpalette reicht von dunklem Rot bis zu hellem

Grün. In den Gärten sieht man meist Endivie, viel seltener den Zuckerhutsalat, den aus Italien stammenden Radicchio oder Chicorée. Das ist erstaunlich, denn gerade

62

einem kühlen Raum einen hellen, mild schmeckenden Blattschopf. Neue Zuckerhut-Sorten entwickeln im Dunkeln sogar richtig kompakte Köpfe.

Endivie (*Cichorium endivia*) ist schon fast ein Muss in jedem Gemüsegarten. Den mit Abstand beliebtesten aller Zichorien-Salate gibt es in drei Varietäten: Glatte Endivie oder Escariol (*C. endivia var. latifolium*), Krause Endivie oder Frisée (*C. e. var. crispa*) und Sommer-Endivie (*C. e. var. endivia*). Glatte Endivie löst im Sommer die hitzeempfindlichen Blattsalate ab und gehört zu den wichtigsten Herbstkulturen.

Wurzel-Zichorie (*Cichorium intybus* var. *sativum*) treibt grüne, sehr bittere Blattschöpfe. Die Wurzeln schmecken erstaunlich zart und schmecken roh geraspelt im Salat. Die aromatischen Wurzeln werden aber hauptsächlich geröstet und gemahlen für koffeinfreie Kaffee-Ersatzgetränke verwendet.

Schmackhafte Salat-Zichorie

Auf dem Beet sehen alle Zichorien ganz ähnlich aus. Auch die roten Radicchio- oder Chicorée-Sorten bilden zunächst grüne, aufrecht stehende Sommerblätter. Erst wenn im Herbst die Temperaturen sinken, bekennen sie Farbe. Bis dahin sind sie ziemlich bitter und etwas zäh. Selbst der Zuckerhut erhielt seinen Namen nur „formhalber", wegen der spitz zulaufenden Köpfe, die knackigen Blätter enthalten keine Spur von Süße.

Krause Endivie, Frisée (*Cichorium endiva* var. *crispa*) ist anspruchsvoller im Anbau und hat zartere Blätter. Die Anbauzeit für Frisée beginnt schon im Mai, die Köpfe vertragen kaum Frost und eignen sich weniger zum Einlagern als die bekannte Winter-Endivie.

Die echte **Sommer-Endivie** bildet keine Köpfe, die Blätter werden wie Schnittsalat geerntet. Die Sommer-Endivie wird häufig auch mit dem Romana-Salat verwechselt.

Radicchio ist die italienische Bezeichnung für Salat-Zichorie. Sie wird dort auch „Radicchio Rosso" („Roter Chicorée") genannt. Die Pflanze wurde schon bei den Griechen und Römern als Gemüse verwendet. Kennzeichnend für Radicchio sind die rote bis violettrote Blattfarbe, die weißen Hauptadern der Blattspreiten sowie der zartbittere Geschmack. Herbst- und Frühjahrssorten werden noch im selben Jahr geerntet. Überwinterungstypen von Radicchio (Veroneser) bleiben auf dem Beet. Im Herbst sterben die Sommerblätter ab, im Frühjahr bilden sich neue, dunkelrote Blattrosetten.

Säen & Pflanzen

Zwar gibt es inzwischen Radicchio-Sorten, die sich auch für einen Anbau im Frühjahr eignen, üblich ist aber bei allen Zichoriensalaten die Herbstkultur. Die Aussaat erfolgt entsprechend spät, Chicorée und Radicchio sät man

◄ Schnitt-Zichorie wird wie Schnittsalat beerntet.

ab Mai und Zuckerhut, ein typischer Herbst- und Wintersalat, frühestens im Juni. Folgesätze sind in milden Lagen bis Anfang August möglich. Wichtig ist ein tief gelockertes Beet, damit sich die bis zu 1 m langen Pfahlwurzeln gut entwickeln können. Eine Vorkultur in Töpfen ist möglich, das Verpflanzen gelingt aber nur in frühem Stadium. Der Wurzelballen muss dabei intakt bleiben.

An die Beeterde stellen die Zichorien wenig Ansprüche, sie nehmen mit jedem Boden vorlieb, egal ob leicht und sandig oder eher lehmig und schwer. Bei sehr warmem Wetter kann es passieren, dass die Samen nur ungleichmäßig keimen. In diesem Fall sollte das Beet mit Vlies oder Folie schattiert werden, bis die ersten Keimblätter sichtbar werden. In kühlen, feuchten Sommern neigen die Salat-Zichorien zum Schossen, die Wurzeln stellen ihr Wachstum ein und eignen sich dann nicht mehr zum Treiben.

Großzügig säen – zweimal ernten

Wer Saatgut sparen möchte, achtet schon bei der Aussaat darauf, dass die Pflanzen später nicht zu dicht stehen. Radicchio und Chicorée brauchen 25 bis 30 cm Platz in und zwischen den Reihen. Zuckerhut, auch Fleischkraut genannt, bildet große Köpfe, ähnlich wie junger Spitzkohl oder Chinakohl, doch auch er gibt sich mit 30 bis 40 cm Abstand zufrieden. Für

▶ Radicchio und Roter Chicorée sind besonders dekorative Vertreter der Zichoriensalate.

Die besten Sorten

63

Typ	Sortenbeispiele
Glatte Endivie	'Bubikopf 2': hervorragende Selbstbleichung, auch Öko-Saatgut erhältlich) 'Géante maraichère' ('Mesbella'): guter Wuchs auch bei niedriger Temperatur 'Jeti': selbstbleichend, für Freiland und Gewächshaus
Frisée-Endivie	'Wallone': zart, feinblättrig, dicht gekraust 'St. Laurent' ('Elsa'): schnellwüchsig, widerstandsfähig gegen hohe Sommertemperaturen
Radicchio	'Livrette': für Herbsternte, weinrot mit weißen Blattadern 'Palla Rossa': runde Köpfe, Ernte ab September, auch für Frühjahrsanbau 'Roter von Verona': Veroneser Typ zum Überwintern, dunkelrote, herzförmige Blätter 'Variegata di Castellfranco': gelbgrün, im Inneren cremeweiß-rot gesprenkelte Blätter
Chicorée	'Focus F1': für das Treiben mit Deckerde geeignet 'Tardivo': samenfeste Bio-Sorte
Zuckerhut	Zuckerhut Hilmar: dicht gewickelte Köpfe, hellgrünes Blatt

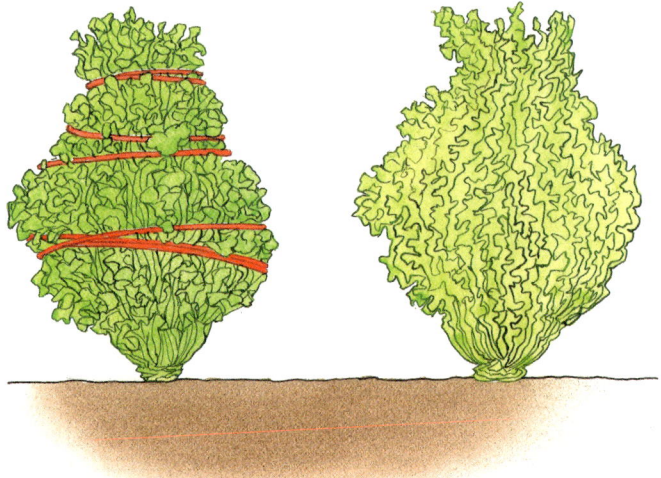

cken die zarten Blättchen nämlich sehr würzig, sind aber noch kaum bitter. Bei dieser „Vor-Ernte" werden die Reihen oder Beete allmählich bis auf wenige Pflanzen ausgedünnt, die dann bis zum Herbst weiter wachsen dürfen.

Pflegen & Düngen

Die Kulturführung der Zichoriensalate ist denkbar einfach: Ein wenig Unkrautjäten, bis die Reihen schließen, ein paar Mal die von sommerlichen Schauern leicht verkrustete Erde oberflächlich lockern und ab und zu gießen – mehr ist nicht zu tun. Da die Pflanzen sehr′ tief wurzeln, ist der zusätzliche Guss aus der Kanne nur in langen Trockenphasen oder extremen Hitzeperioden nötig. Empfindlich sind die Pflänzchen aber während der kurzen Zeit bis zum Auflaufen!

Eine organische Düngung, in Form von Kompost oder Hornspänen, gibt man zur Vorfrucht, zum Beispiel zu Früh-Kohlrabi oder anderem Frühgemüse. Während der Hauptwachstumszeit fördern zwei bis drei Gaben mit verdünnter Brennnesseljauche die Blattgesundheit und die Bildung vieler zarter Blätter. Ab August sollte nicht mehr gedüngt werden, weil dies den Vegetationsabschluss verzögert. Das gilt vor allem für Treib-Zichorie: Ein Zuviel an Stickstoff bewirkt ein starkes Blattwachstum, dadurch bilden sich nur schwache Rüben, die sich später schlecht treiben lassen. Auch den Blatt-Zichorien bekommt der Nährstoffüberschuss nicht, die weicheren Blätter vertragen weniger Kälte und lassen im Geschmack zu wünschen übrig.

▲ Auch selbstbleichende Endiviensorten schmecken milder und entwickeln zartere Köpfe, wenn Sie die äußeren Blätter 10 bis 14 Tage vor der Ernte aufnehmen und schopfartig zusammenbinden. Damit die Herzblätter nicht faulen, müssen die Köpfe dabei völlig trocken sein. Binden Sie immer nur so viel Salat auf, wie Sie später innerhalb weniger Tage verbrauchen können. Deckt man Endivie mit schwarzer Mulchfolie ab, dauert das Bleichen nur 6 bis 8 Tage.

die meisten Endivien- und Frisée-Sorten gilt: Je enger die Pflanzen stehen, desto besser bleicht das Herz – allerdings steigt damit auch die Gefahr von Pilzerkrankungen und Fäulnis bei feuchter Witterung deutlich an.

Großzügige Gärtner kommen in den Genuss einer frühen Ernte. Sie säen verschwenderisch dicht, eventuell sogar breitwürfig, statt in Reihen, und schneiden oder pflücken Sie die ganz jungen Zichorienpflänzchen, wenn sie ungefähr 8 cm hoch sind. Dann schme-

■ Viel Vitamine, reichlich Mineralstoffe

Anders als die übrigen Blattsalate, enthalten Zichoriensalate keinen Milchsaft, dafür aber Bitterstoffe in unterschiedlichen Mengen. Was dabei noch als angenehm empfunden wird, ist reine Geschmackssache. Am besten probiert man unterschiedliche Mischungen mit den milderen Pflück- oder Kopfsalaten aus. Nach den ersten kalten Nächten schmecken alle Sorten milder. Der Vitamin- und Mineralstoffgehalt der Zichoriengewächse übertrifft den des Kopfsalates bei Weitem, auch die Bitterstoffe, ob man sie nun mag oder nicht, sind sehr gesund: Sie fördern den Gallefluss und die Verdauung. ■

CHICORÉE, BLATT-ZICHORIE UND LÖWENZAHN TREIBEN

■ Die eigene Treiberei von Zichoriensalaten wie Radicchio, Chicorée, Blatt-Zichorie ist ganz einfach und liefert wochenlang zarte, gelbe Sprosse. Weil dabei weniger Bitterstoff (Taraxin) gebildet wird, schmecken die gebleichten Blätter sehr viel milder als die grünen Sommerblätter.

Noch im Oktober, möglichst nach den ersten Nachtfrösten, gräbt man die im Mai gesäten Pflanzen aus und entfernt das Laub entweder durch Abschneiden oder Abdrehen der Blätter etwa 3 cm über dem Wurzelhals. Der Vegetationspunkt, also das Herz, darf dabei nicht verletzt werden! Frost schadet den Pflanzen übrigens nicht, sondern bewirkt, dass mehr Reservestoffe aus den Blättern in die Wurzeln eingelagert werden. Bleibt die Kälte aus, lässt man die Wurzeln nach dem Ausgraben mit den Blättern an einem kühlen Ort für 1 oder 2 Wochen nachreifen und entfernt erst dann das nun verwelkte Laub.

Zum Antreiben eignen sich lichtundurchlässige Kunststoffeimer aus dem Baumarkt ebenso gut wie große Tontöpfe. Allerdings müssen für den Wasserabfluss mehrere Löcher in den Boden gebohrt werden. Anschließend gibt man ein paar Handvoll einer Erde-Sand-Mischung (zwei Drittel Erde, ein Drittel Sand) auf den Topfboden und setzt die Wurzeln dicht an dicht hinein – eventuell dabei störende, dicke Seitenwurzeln dürfen dabei entfernt werden. Anschließend bedeckt man die Wurzeln mit einer 8 bis 10 cm dicken Schicht aus sandiger Erde. Nach reichlichem Angießen schlägt man die Töpfe locker in schwarze Folie ein, stülpt einen schwarzen Eimer oder einfach einen weiteren Tontopf darüber und stellt die so vorbereiteten Gefäße bei einer Raumtemperatur von 10 bis 16 °C zum Treiben auf. In einem völlig dunklen Raum, im Heizungs- oder Kartoffelkeller, kann man natürlich auf die Abdeckung verzichten.

Blatt-Zichorie bildet innerhalb von 3 bis 4 Wochen gelb-weiße, zarte Blätter. Die typischen festen Zapfen gibt es nur bei Chicorée. Ist die Raumtemperatur zu hoch, kann es allerdings passieren, dass auch er nur lockere Blattschöpfe treibt. Bei zu geringer Luftfeuchtigkeit treten manchmal Blattläuse auf. Faulen die Wurzeln, ist ebenfalls eine zu hohe Treibtemperatur, bei gleichzeitig zu nasser Deckerde schuld.

Für die satzweise Treiberei den ganzen Winter über legt man die restlichen Zichorien-Wurzeln in mit Zeitungspapier ausgeschlagene Kisten und in etwas Sand ein. Die Kisten sollten in einem möglichst kühlen, aber frostfreien Raum stehen. Wer sich die Arbeit des Einpflanzens nur einmal machen möchte, setzt alle ausgegrabenen Wurzeln wie beschrieben in Eimer oder Töpfe und stellt sie ebenfalls in die kalte Garage oder in den Schuppen. Gewässert wird erst dann, wenn die Gefäße zum Antreiben ins Haus geholt werden. Die Treiberei von Löwenzahn-Wurzeln erfolgt wie die der Zichoriensalate, ist aber noch einfacher: Man lässt die Wurzeln einfach im Beet und häufelt die Pflanzen spätestens Anfang November 20 cm hoch mit lockerer Erde an. Unter dieser Schicht verrotten die alten Blätter. Ab Februar treiben die Pflanzen neu aus. Bedeckt man die Reihen nun mit schwarzer Folie, bleichen die Sprosse ebenso zuverlässig wie im dunklen Keller. ■

▲ Für selbstgetriebene, gebleichte Blatt-Zichorie wie Radicchio, Endivie, Chicorée aber auch für delikaten Kultur-Löwenzahn braucht man nur etwas Gartenerde, eine Handvoll Sand und einen großen Topf.

▲ Schnitt- oder Blattzichorie wird wie junger Löwenzahn geschnitten und schmeckt auch ganz ähnlich. Aussaat von Februar bis Juni.

Ernten

Je nach Aussaattermin und Sorte vergehen bis zur Ernte der Zichoriensalate 10 bis 12 Wochen. Radicchio-Sorten wie 'Palla Rossa' entwickeln bereits ab dem Sommer kleine Köpfe, bei traditionellen italienischen Sorten wie 'Roter Veroneser' und anderen Überwinterungstypen werden im Spätherbst die länglichen, grünbraunen Blätter bis auf 5 cm entfernt, erst dann beginnt die Rosettenbildung. Erst ab Dezember sind die ersten Köpfe erntereif. Spätestens dann sollte man die Salate mit einem Vlies abdecken. Denn völlig frosthart sind sie in unseren Klimazonen nämlich nicht.

Wer rechtzeitig einen Satz ins kalte Frühbeet oder Gewächshaus gesät hat, kann bis zum Frühjahr laufend ernten. Das gilt auch für

▼ Kopfsalat und Knollenfenchel sind gute Partner für Radicchio und andere Zichoriensalate.

AUF EINEN BLICK

■ **Zichoriensalate**

Pflanzung:	Mai bis Juli (Zuckerhut März bis August), Saattiefe 1 bis 2 cm
Keimtemperatur:	Ab 10 °C, optimal 16 bis 20 °C
Pflanzabstand:	Reihenabstand 30 bis 35 cm, in der Reihe auf 25 bis 40 cm vereinzeln bzw. auspflanzen.
Fruchtfolge:	Radicchio, Chicorée oder Endivie nicht anbauen nach Kopfsalat, Mangold, Rote Bete oder Bohnen, und anderen Zichorien.
Mischkultur:	Gute Beetpartner sind Knollen-Fenchel, Tomaten und Basilikum. Petersilie und Busch-Bohnen stören die Wurzelbildung.
Ernte:	Juni bis Oktober, im Frühbeet und unter Vlies oder Folie, Treib-Zichorie auch im Winter. ■

---

den Zuckerhut. Unter Vlies und umhüllt mit einer dicken Mulchschicht aus Laub und Stroh übersteht Zuckerhut Temperaturen bis −8 °C. Als Alternative kann man die letzten Köpfe vom Beet holen, sobald die Temperaturen deutlich unter 0 °C sinken. Im Naturkeller oder in einem anderen frostfreien, aber kalten Lagerraum bleiben sie mehrere Wochen lang frisch.

Ab Ende Oktober gräbt man auch die Chicoréewurzeln aus, schneidet die Blätter kurz über dem Wurzelhals ab und lagert sie bis zum Treiben kühl und frostfrei, zum Beispiel in einer mit Zeitungspapier ausgeschlagenen Obstkiste.

Endivie verträgt Frost bis −5 °C, sollte aber nur geerntet werden, wenn die Blätter nicht gefroren

sind. Wegen der Fäulnisgefahr dürfen nur völlig trocknete Köpfe eingeschlagen werden. Besser man lässt sie unter einer doppelten Lage Vlies auf dem Beet. Frisée ist noch empfindlicher gegen Kälte und beginnt bei Nässe rasch zu faulen. Die zerfransten Köpfe eignen sich aber ausgezeichnet für den späten Sommeranbau mit einem Erntetermin von August bis Oktober.

Küchenpraxis

In Streifen schneiden oder zerpflücken sollte man Radicchio, Endivie und Chicorée erst nach dem Waschen, weil sonst ein großer

Teil der wertvollen Inhaltsstoffe im Wasser zurückbleibt. Auch auf das bei Endivie übliche Einlegen in warmem Wasser sollte man deshalb verzichten. Besser süßt man das Salatdressing mit etwa Zucker, Akazienhonig oder Agavendicksaft, um die Bitterstoffe etwas abzumildern. Eine noch wirkungsvollere Methode nach italienischem Rezept: Radicchio kurz in Salzwasser blanchieren, mit Butterflocken grillen oder in der Pfanne sanft anbraten und eventuell mit etwas Balsamico-Essig beträufeln – das ergibt eine überaus leckere Beilage zu Fleisch und Fisch. ■

wichtig. Fehlen Wasser oder Nährstoffe, werden die Blätter unangenehm scharf. Eine Kompostgabe (2 bis 3 Liter pro m²) oder ein anderer organischer Dünger (geringe bis mittlere Dosierung, nach Packungsanweisung), der bereits bei der Beetvorbereitung gegeben wird, sichert den Nachschub für mehrere Wochen. ■

Artischocken

■ Bisher lohnte sich der Anbau von Artischocken (*Cynara scolymus*) nur dort, wo die Pflanzen den Winter ohne größere Schäden überstehen. Mit neuen Sorten wie 'Imperial Star' und 'Vert Globe' kann man den Anbau in günstigen Lagen riskieren. Denn diese können einjährig gezogen werden und bilden schon im ersten Sommer viele Blütenknospen.

▲ Blühende Artischocken sind eine Attraktion im Gemüsebeet. Zum Essen erntet man die jungen Knospen.

Zwischen Würzkraut und Salat

▼ Die Wilde Rauke gehört zu den beliebtesten Kräutern der italienischen Küche.

■ Kresse, Weißer Senf und Sommer-Portulak werden wegen ihres intensiven Aromas als pikante Zugabe zu Salatmischungen verwendet. Der italienische Hirschhorn-Wegerich hat sehr rezente, scharf gezähnte Blätter mit denen sich Blattsalate sehr hübsch garnieren lassen. Fast schon ein Modekraut ist Rauke, italienisch Rucola („Rucola coltivata", botanisch *Eruca sativa*). Noch nicht ganz so bekannt ist die noch pikantere Wilde Rauke („Rucola selvatica", botanisch *Diplotaxis tenuifolia*). Die kultivierte Salatrauke wird in Folgesätzen gesät. Wilde Rauke ist ausdauernd, braucht aber sehr lange, bis man sie das erste Mal ernten kann. Gerade bei den Salaten, deren Aroma durch Senföle bestimmt wird, ist ein zügiges Wachstum

Pflanzen Sie die vorgezogenen Setzlinge ab April in ein sonniges Beet mit lockerer, sandig-lehmiger Erde (Pflanzabstand 150 × 60 cm). In weniger günstigen Lagen deckt man den Boden mit schwarzer, wasserdurchlässiger Mulchfo-

lie ab, die man an den Pflanzstellen kreuzförmig einschneidet. Das Beet regelmäßig wässern und die Artischocken alle 4 Wochen über das Gießwasser mit einem kalireichem, flüssigen Gemüsedünger versorgen. ■

schnellsten wachsen die Pflanzen in kalkhaltiger, lehmiger Erde. Vor der Aussaat ins Freiland lockert man das Beet etwas auf und ebnet es sorgfältig ein. Profis walzen die Fläche anschließend, damit die Rosetten später weniger verschmutzen, im Garten drückt man die Saatreihen nach der Aussaat mit einen Brett gut an. Das Vereinzeln in der Reihe ist nur nötig, wenn man versehentlich zu dicht gesät hat.

Eine breitwürfige Aussaat empfiehlt sich nur dort, wo der Unkrautdruck gering ist. Am Anfang reagiert Feldsalat sehr sensibel auf die Konkurrenz um Wasser, später erschweren die Wildkräuter unnötig die Ernte. Eine Beschattung mit Vlies verhilft auch den Juli-Saaten zu einem guten Start.

Feldsalat

■ In einem Kräuterbuch aus dem 19. Jahrhundert wird der Feldsalat (*Valarianella locusta*) als lästiges Unkraut beschrieben. Das mag daran liegen, dass die unscheinbare Pflanze in milderen Klimagebieten überall wild wächst und sich im Garten willig versamt. Inzwischen ist der Salat längst rehabilitiert: Keine Gemüse-Art wird mit so vielen regional wechselnden und teilweise liebevollen Namen bedacht. Sonnenwirbele, Rapünzchen, Mausöhrchen und Vogerlsalat, so nennt man den Salat im südlichen Deutschland, in der Schweiz und in Österreich. In Schwaben gibt man sich prosaisch, dort heißt das Kraut schlicht Ackersalat oder Weinbergsalat.

▲ **Die Feldsalat-Sorten haben unterschiedliche Blattformen. Von links nach rechts: 'Verte de Cambrai', 'Elan', 'Dunkelgrüner Vollherziger', 'Holländischer Breitblättriger', 'Vit'**

Vom Herbstsalat zum Ganzjahres-Anbau

Beim wild wachsenden Feldsalat kann man beim genauen Hinsehen sechs verschiedene Arten unterscheiden, bei allen Gartenzüchtungen handelt es sich immer um Auslesen des Gewöhnlichen Feldsalats.

Säen & Pflanzen

Feldsalat stellt nur bescheidene Ansprüche an den Boden, am

In kleinen Gärten ist oft kein Platz für die rechtzeitige Aussaat, weil die Sommergemüse die Beete noch bis in den Herbst belegen. Machen Sie es einfach wie die Profis und ziehen Sie die Pflänzchen in Multitopfplatten vor. Füllen Sie die Topfplatten mit einer Mischung aus gesiebtem Reifkompost, feinkrümeliger Gartenerde und Sand (zu gleichen Teilen) und legen Sie in jeden Topf je nach Durchmesser etwa fünf bis acht Samen aus. Gekaufte Anzuchterde enthält weniger Nährstoffe, deshalb wird nach etwa 2 Wochen erstmals mit gering dosiertem Flüssigdünger gedüngt! Wie auf dem Beet gilt auch hier: Halten Sie bis zum Keimen die Erde möglichst gleichmäßig feucht! Nach 3 bis 4 Wochen haben die Pflänzchen die Topferde ausrei-

AUF EINEN BLICK

■ Feldsalat

Pflanzung:	Ab April, bevorzugt Juli bis September, Saattiefe 0,5 cm
Keimtemperatur:	Ab 5 °C, optimal 15 bis 20 °C
Pflanzabstand:	Bei Aussaat 15 cm, in der Reihe 3 bis 5 cm, Pflanzabstand 8 × 8 cm
Fruchtfolge:	Nach Busch-Bohnen, Gurken, Möhren; nicht nach Kopfsalat
Mischkultur:	Porree, späte Möhren, Herbst-Kohlrabi, Winter-Zwiebeln
Ernte:	Erstmals 5 bis 7 Wochen nach der Saat bis ins Frühjahr ■

chend durchwurzelt. Pflanzen Sie die Setzlinge nun topfweise im Abstand von mindestens 8 × 8 cm aus. Der Wurzelhals sollte knapp über der Erde liegen.

Pflegen & Düngen

Feldsalat wächst bei 5 bis 10 °C noch munter weiter und ist auch in rauen Lagen völlig frostfest. Gefrorene Pflanzen aber nicht berühren! Wer auch bei Reif und Schnee ernten will, sät ein- oder zwei Sätze Feldsalat ins Frühbeet oder deckt die Freilandsaaten rechtzeitig mit einer doppelten Lage Vlies ab. An milden Tagen sollten Sie das Vlies unbedingt abnehmen und es erst abends wieder auflegen. Auch im Frühbeet ist häufiges Lüften angesagt, sonst droht Pilzbefall!

Bei einer Nachkultur nach Mittelzehrern reicht das im Boden vorhandene Nährstoffangebot meistens aus. Entwickeln sich die Pflanzen nur zögernd, arbeitet man 14 Tage nach der Saat etwas organischen Gemüsedünger ein oder gibt sparsam dosierten Flüssigdünger zum Gießwasser. Überwinternder Feldsalat kann im Frühjahr noch nicht genügend Stickstoff mobilisieren und erhält eine kleine Extra-Düngergabe, sobald die Temperaturen im Boden auf über 5 °C ansteigen.

Ernten

Sät man Feldsalat wie üblich als Herbstkultur ab Mitte Juli, beginnt die Ernte bereits Anfang September. Spätere Saaten für die Frühjahrsernte sollte man nicht zu großzügig ausbringen, denn bei den ersten warmen Frühlingstagen beginnen die überwinternden Pflänzchen rasch zu blühen. Im Herbst lässt man die Rosetten auf dem Beet und erntet nach Bedarf.

Nach der Ernte welkt Feldsalat auch im Kühlschrank rasch und sollte deshalb so bald wie möglich verzehrt werden. Wichtig ist ausgiebiges Waschen, damit alle Sand- und Erdkrumen aus den Rosetten entfernt werden. Das Entfernen der kleinen Würzelchen

◀ Feldsalat kann man auch vorziehen und dann pflanzen: Säen Sie pro Topf 5 oder 6 Samen aus, die Sie höchstens 1 cm hoch mit Aussaaterde bedecken. Nach 3 bis 4 Wochen können Sie die jungen Pflänzchen im Abstand von 8 bis 10 cm auspflanzen.

erfordert Fingerspitzengefühl, damit die Rosetten nicht auseinander fallen. Am besten mischt man den empfindlichen Salat nicht einfach durch, sondern richtet ihn auf flachen Tellern an und träufelt das Dressing erst kurz vor dem Servieren darüber. Ein paar geröstete Ölkürbiskerne betonen den nussigen Geschmack. ▪

chen, fein krümeligen Gartenboden. Auf trockenen, sandigen oder sehr humusreichen Böden sollte man die Saat gut andrücken und anschließend angießen!

Üblich ist die Aussaat in Reihen mit Abstand von 20 cm, etwa 2 bis 3 cm tief, kleine Mengen können auch breitwürfig ausgesät werden. Auf schweren, nassen Böden sät man besser nur 1 bis 2 cm tief. Gertrud Franckh, die „Grande Dame der Mischkulturpraxis", empfahl Spinat als Vorkultur und Gründüngung zu allen Gemüse-Arten und unterteilte im Frühjahr sämtliche Beete durch Spinatreihen im Abstand von 40 cm. Dieser weite Abstand lässt genügend Platz für die Aussaat oder Pflanzung der Hauptkulturen.

Bis Mitte September können Sie Spinat für die Frühjahrsernte aussäen! Später gesäte Pflanzen wurzeln bis zum Winter nicht mehr richtig ein und erfrieren häufig. Spinat zum Überwintern sät man in rauen Lagen am besten im

Spinat

▪ Der echte Spinat (*Spinacia oleracea*) stammt aus Persien und kam mit den Mauren über Spanien nach Europa. Weil er so einfach anzubauen war und viel mehr Blattmasse bildete als andere Blattgemüse, gelang es ihm, die bis dahin beliebte Garten-Melde von den Beeten zu verdrängen.

Spinat gehört zu den ersten Frühjahrsgemüsen im Beet. Im Sommer schießen die Pflanzen und die Ernte fällt bescheiden aus. Außerdem schmecken die Blätter dann ziemlich herb und enthalten mehr Oxalsäure. Als Nachkultur, ab August, lohnt sich der Anbau wieder und späte Saaten können bis zum Wintereinbruch oder sogar Frühjahr auf dem Beet bleiben.

Säen

Je nach Aussaattermin unterscheidet man zwischen dem zarten Frühlings- und Sommer-Spinat, dessen zarte Blätter auch roh im Salat gegessen werden, und dem kräftigeren, langstieligen Herbst- und Winter-Spinat mit groben,

gewellten Blättern, der nur gedünstet verwendet wird.

Tipp Sorten wie 'Matador' und 'Butterfly' eignen sich für alle Anbautermine im Frühjahr und Spätsommer, 'Winterriesen' sät man ab September für die Frühjahrsernte. 'Lazio' ist eine besonders rasch wachsende Hybridsorte mit Resistenzen gegen alle wichtigen Mehltau-Pilze.

Spinat gedeiht sowohl in der Sonne als auch im Halbschatten, verlangt aber einen nährstoffrei-

▼ 'Lazio' gehört zu den mehltauresisten Spinat-Sorten.

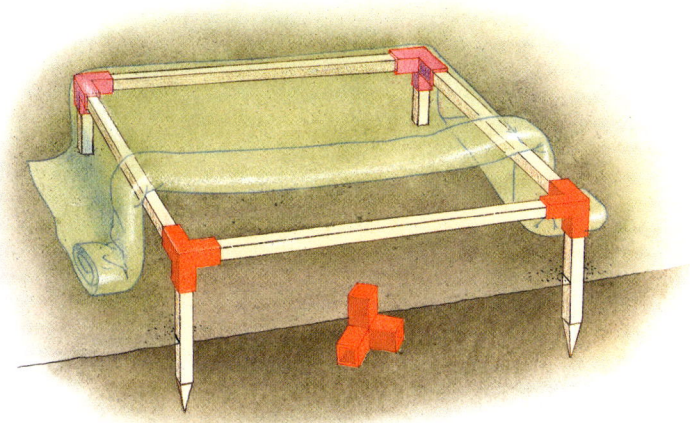

▲ Ein selbst gebauter Rahmen dient als mobiles Frühbeet für Spinat und andere Frühjahrskulturen. Der Rahmen besteht aus Dachlatten (erhältlich im Baumarkt), die mit passenden Kunststoff- Eckverbindungen aus dem Gartencenter stabilisiert werden.

▪ Schonend zubereiten

Bei rohem wie bei gekochtem Spinat wandelt sich das enthaltene Nitrat mit der Zeit durch Bakterien zu Nitrit und anschließend zu giftigen Nitrosaminen um. Ernten Sie deshalb Spinat erst kurz vor der Zubereitung. Jungen Spinat nur kurz waschen und nicht blanchieren, sondern tropfnass in einen großen Topf geben und bei geschlossenem Deckel zusammenfallen lassen. So bleiben Vitamine und Mineralstoffe weitgehend erhalten. Bereits erhitzte Blätter nicht länger als bis zum nächsten Tag aufbewahren oder einfrieren. ▪

Folientunnel oder unter Vlies. Unter einer Vliesabdeckung keimen die Samen auch im Frühjahr besser und der Spinat ist in den oft noch kalten Nächten ausreichend geschützt. Allerdings toleriert Spinat eine direkte Auflage nur für kurze Zeit und reagiert danach mit Wachstumsstockungen.

Pflegen & Düngen

Bei der Beetvorbereitung im Frühjahr genügt eine mittlere Kompostgabe. Verzichten Sie vor allem bei einer Vorkultur mit Bohnen oder Kohl auf eine zusätzliche Düngung. Auf ein reiches Stick-

stoffangebot reagiert Spinat empfindlich und lagert zudem vermehrt Nitrat und Oxalsäure in Blätter und Stiele ein. Nach der Saat und während der Hauptwachstumsphase die Erde im Beet möglichst feucht halten, dabei aber Staunässe unbedingt vermeiden! Im Frühjahr nicht mulchen, damit sich die Erde möglichst rasch erwärmt und die Bodenlebewesen rasch genügend Nährstoffe mobilisieren. Aufkeimendes Unkraut zwischen den Reihen jätet man möglichst frühzeitig, ebenso wichtig ist eine Bodenlockerung nach Regengüssen. Wachstums-

stockungen treten meist im Frühjahr auf kalten, lehmigen Böden auf. Zur Abhilfe kann man mit verdünnter Brennnesseljauche gießen oder Hornmehl einarbeiten.

Ernten

Schon 6 bis 7 Wochen nach der Aussaat kann Spinat erstmals beerntet werden. Bei einer gut geplanten, gestaffelten Aussaat sind ab Ende April bis Mitte Juli und ab September immer ein paar Reihen schnittreif. Zu Erntebeginn pflückt man nur die jungen Blätter, später werden die ganzen Pflanzen über den Wurzeln abgeschnitten. Wichtig: Zu spät geerntete Blätter schmecken bitter und die reichlich eingelagerte Oxalsäure verursacht beim Genuss „stumpfe Zähne". Wichtig: Die Wurzeln nicht ausreißen, sondern im Boden lassen. Sie setzen beim Verrotten Saponine (Seifenstoffe) frei, die andere Pflanzen im Wachstum fördern. ▪

▪ Ersatz für Spinat

Die so genannten Spinatersatzgemüse wie Melde und Guter Heinrich stammen alle aus der Familie der Gänsefußgewächse. Gegenüber dem Spinat haben sie entscheidende Vorteile: Sie wachsen fast so rasch wie Unkraut, „schießen" erst im zweiten Anbaujahr und können über einen langen Zeitraum beerntet werden. Außerdem enthalten sie weniger Kalzium bindende Oxalsäure.

Auch Stielmus, bekannt als ebenso robustes wie rasch wüchsiges Salatgemüse für die frühesten Anbautermine, gewinnt wieder mehr Liebhaber. Im Sommer ersetzt Neuseeländer Spinat, auch Eiskraut genannt, den echten Spinat. ▪

▶ Erntet man bei Neuseeländer Spinat laufend die jungen Triebspitzen, treiben aus den Blattachseln ständig neue, junge Blätter aus. Die Ernte lässt sich dadurch bis in den Herbst verlängern. Arbeiten Sie um die Pflanzen herum alle 14 Tage etwas Gemüsedünger ein oder düngen Sie flüssig über das Gießwasser.

> **AUF EINEN BLICK**
>
> ■ **Spinat**
>
> Aussaat: März bis Juni, August bis Mitte September, Saattiefe 3 cm
>
> Keimtemperatur: Ab 5 °C, optimal 15 bis 20 °C
>
> Reihenabstand: 20 cm,
>
> Fruchtfolge: Vorkultur vor Kohl, Herbst-Kohlrabi und Rettichen, Nachkultur nach Erbsen oder Bohnen
>
> Mischkultur: Gute Nachbarn sind Erdbeeren, Kartoffeln, Kohl, Radieschen, Stangen-Bohnen, Tomaten. Ungünstig sind Mangold und Rote Bete.
>
> Ernte: Frühjahrssaaten ab Mai, Augustsaaten ab Mitte September, Septembersaaten Winter bis Frühjahr ■

▲ Die Garten-Melde diente früher als raschwüchsiger, robuster Spinatersatz und schmückte als farbenfrohes Ziergemüse die Bauerngärten. Nicht nur grüne und rotblättrige Sorten sind inzwischen wieder zu haben, besonders apart sind weiß-rot gestreite, violette oder gelbe Melden (Bezugsquellen siehe Seite 157). Man sät die Melde wie Spinat ab März in nährstoffreiche Erde. Bis zur Ernte vergehen nur 6 Wochen.

Mangold

■ Gibt es ein dankbareres Gemüse als Mangold? Wohl kaum, und deshalb sollte Mangold (*Beta vulgaris* var. *flavescens*) wirklich in keinem Garten fehlen. Der Ertrag ist beachtlich und die Pflanzen werden nur selten von Schädlingen oder Krankheiten befallen. Selbst Schnecken richten keinen nennenswerten Schaden an. In der Mischkultur verträgt sich Mangold mit allen anderen Gemüse-Arten, und wenn der Platz zwischen Bohnen und Mairübchen zu knapp

wird, pflanzt man ein paar Stauden zwischen Ringelblumen, Kosmeen und anderen Sommerblumen. Die rot- oder buntstieligen Sorten machen selbst im Blumentopf eine gute Figur. Da man Stängel für Stängel ernten kann und die Pflanzen in den Sommermonaten mehrmals nachwachsen, entstehen beim Ernten keine unschönen Lücken im Beet. Außer in der Farbe unterscheiden sich die verschiedenen Sorten vor allem in der Wuchsform:

Schnitt- oder Blatt-Mangold hat schmale Stiele und hellgrüne Blätter und kann jung wie Spinat beerntet und verwendet werden.

Stiel- oder Rippen-Mangold entwickelt weiße, breite Stiele und dunkelgrüne, etwas zähere Blätter. Am besten bereitet man Stiele und Blätter getrennt zu.

Buntstieliger Mangold hat gelbe, orange- oder pinkfarbene verdickte Blattrippen. Die meisten Sorten überzeugen nicht durch ihren Geschmack, wirken aber im Gemüsebeet sehr dekorativ.

Die enge Verwandtschaft mit Roter oder Gelber Bete erklärt, warum sich beide Arten ungeniert kreuzen und Mischformen bilden. Wer selber Samen sammeln will, sollte bei der Vermehrung von Jahr zu Jahr abwechseln.

Säen & Pflanzen

Unter Vlies oder Folie können alle Sorten bereits ab März in feinkrümelige, möglichst unkrautfreie Erde ausgesät und im April gleich im richtigen Abstand an Ort und Stelle gepflanzt werden – oder man sät im April ins Freiland, muss dann aber ausdünnen. Weil die Pflanzen rasch eine tief reichende Pfahlwurzel bilden und dann nur noch schlecht anwachsen, ist die Vorkultur in Torfquelltöpfen zu überlegen. Auch bei der Anzucht in Einzeltöpfen oder Multitopfplatten sollte man die Jungpflanzen, sobald sie zwei

▲ Mit Ringelblumen als Beetnachbar wächst Mangold üppiger und ist widerstandsfähiger gegen Blattkrankheiten wie Falscher Mehltau.

echte Blätter gebildet haben, an ihren vorgesehenen Platz pflanzen.

Wintermilde Gebiete ermöglichen eine zweite Aussaat im August. Nach der Herbsternte überwintert man die Pflanzen auf dem Beet und schützt sie durch Vlies oder eine dicke Mulchschicht aus Laub. Die Pflanzen treiben im März bereits wieder neue Blätter, die man laufend ernten kann – so lange, bis die Pflanzen Blütenstängel schieben.

Pflegen & Düngen

Mangold verlangt einen tief gelockerten, feuchten Boden. Sommersaaten wachsen besser in einem Beet im lichten Schatten. Trocknet die Erde nach der Saat immer wieder aus, vertrocknen die Keim-

Mangold-Sorten

Sorte	Beschreibung
'Lukullus'	Schnitt-Mangold mit besonders zarten, hellgrünen Blättern
'Glatter Silber'	Rippen-Mangold mit breiten festen Stielen und dunklen Blättern
'Bright Lights'	Schnitt-Mangold mit orangeroten, roten, rosafarbenen, gelben und weißen Stielen
'Vulkan'	Schnitt-Mangold mit feuerroten Stielen und milden, rotgrünen Blättern
'Walliser'	Sehr schossfester, ertragreicher Rippen-Mangold mit bis zu 10 cm breiten Blattrippen

■ **Mangold**

Anbautermine:	Anfang April bis Mai, für die Überwinterung Juli bis Anfang August
Pflanzung:	Saattiefe 2 cm, Reihenabstand 40 cm, in der Reihe auf 30 bis 40 cm
Keimtemperatur:	5 °C, optimal 15 bis 20 °C
Fruchtfolge:	nach Erbsen, Bohnen, Kartoffeln, Kohl oder Gründüngung mit Phazelia, 3 bis 4 Jahre Abstand zu Spinat, Melde und Rote Bete
Mischkultur:	Radieschen, Busch-Bohnen, Herbst- oder Mairüben, Kohl und Möhren. Ab Juli zu Feldsalat, Endivie, Radicchio und Zuckerhutsalat
Ernte:	etwa 8 Wochen nach der Saat, danach laufend die äußeren Stiele schneiden. Augustsaaten überwintern auf dem Beet ■

▲ Bis Mangold und Rote Bete ihren vollen Platz beanspruchen, nutzt man die Zwischenräume für rasch wachsenden Pflücksalat.

linge. Auch als ausgewachsene Pflanze mag Mangold keine Trockenheit und gerade im Sommer ist Gießen schon fast an der Tagesordnung.

Während der Hauptwachstumszeit versorgt man die Pflanzen mit zwei Gaben Gemüsedünger oder gießt sie zweimal mit verdünnter Brennnesseljauche im Abstand von 4 Wochen.

Ernten

Bereits 6 bis 8 Wochen nach der Saat oder Pflanzung können die ersten Stiele gepflückt werden. Im Frühjahr muss man sich 2 Wochen länger gedulden. Schneiden Sie die Blätter nicht ab, weil die Stängelreste danach oft zu faulen beginnen, sondern drehen Sie die Blätter am Stielansatz ab.

Sät man Blattmangold wie Spinat oder Schnittsalat ziemlich dicht in breiten Reihen oder sogar breitwürfig auf ein unkrautfreies Beet, können die jungen Pflänzchen bereits nach 6 Wochen geschnitten werden. Man verwendet sie wie Schnittsalat oder wie den ersten jungen Blattspinat. Am besten schmeckt ganz frisch geernteter Mangold. Im Gemüsefach des Kühlschranks, abgedeckt mit einem feuchten Küchentuch, können Sie Blätter und Stängel für einige Tage aufbewahren. Allerdings werden die knackigen Stiele dabei schnell weich und zäh, das milde, leicht süßliche Aroma verschwindet und der Geschmack wird deutlich herber. ■

Knollen-Fenchel

■ Die Knollen des Fenchels (*Foeniculum vulgare*) werden aus den stark verdickten Blattscheiden gebildet, deshalb gehört er tatsächlich in die Rubrik der Blattgemüse. Weltmeister beim Verzehr von Knollen-Fenchel sind die Italiener. Nördlich der Alpen ist das Verhältnis zu dem anisduftenden Gemüse durch Kindheitserinnerungen an den bei Blähungen verabreichten Fencheltee geprägt.

Doch mit dem unaufhaltsamen Vormarsch der mediterranen Küche hat er nun Akzeptanz erreicht und belegt einen der ersten Ränge unter den Edelgemüsen. Einen ebenso großen Beitrag zur steigenden Beliebtheit des Gemüse-Fenchels bei den Gärtnern leisteten die Züchter. Traditionelle Sorten wie 'Di Firenze' kommen nämlich nur für die Herbstkultur in Frage, im sommerlichen Langtag

neigen sie zur vorzeitigen Blütenbildung. Die neuen Sorten „schießen" nicht mehr, und kann sie daher schon im Frühjahr aussäen.

Säen & Pflanzen

Gemüse-Fenchel wird einjährig
kultiviert. Die dicksten Knollen
erzielt man auf sandigen, kalk-
haltigen Lehmböden mit gutem
Wasserabzug. Die ersten Saaten
ab März sät man satzweise in Anzuchtschalen und pikiert die jungen Pflänzchen später in 4-cm-
Töpfe. Sobald die Erde im Beet
warm genug ist (die ideale Bodentemperatur liegt bei 15 bis
18 °C), wird ausgepflanzt. Die ersten Sätze zieht man noch unter
Vlies, ab Mai ist ein Kälteschutz
nicht mehr erforderlich und dann
ist auch eine Direktsaat ins Beet
möglich.

Pflegen & Düngen

Eine Kompostgabe von 2 bis 3 Li-
ter/m² bei der Beetvorbereitung
im Frühjahr reicht in der ersten
Wachstumsphase aus. Bei Beginn
der Knollenbildung zeigt eine zusätzliche Düngergabe mit Horngrieß oder gekauftem Gemüsedünger im Bezug auf den Ertrag
die beste Wirkung und erhöht
auch die Qualität. Das gilt aber
nur, wenn man das Beet anschließend gut feucht hält. Die gleichmäßige Wasserversorgung gehört
zu den wichtigsten Pflegemaß-
nahmen, bei Trockenheit sind
Schosser beinahe unvermeidlich!

Damit die Fenchelknollen weiß
und zart werden, wird oft das Anhäufeln empfohlen, doch dabei
verschmutzen die Knollen unnötig. Mit einer dichteren Pflanzung,

Die besten Fenchel-Sorten

Sorte	Beschreibung
Fino	Flachrunde Knollen, besonders schossfest, für die Aussaat mit Vorkultur in Töpfen ab Februar/März
Perfektion	Ebenfalls sehr schossfest, für Frühanbau und Herbst-ernte, Aussaat ab März oder Mitte Juni bis Mitte Juli
Rondo	Große, gut geschlossene Knollen mit attraktiver wei-ßer Farbe. Ideal für die Freilandkultur im Sommer und Herbst, Aussaat April bis Ende Juni.

bei der sich die Pflanzen gegenseitig beschatten, erzielt man denselben Effekt und die Knollen bleiben
sauber. Aber nicht übertreiben:
Bei zu dichtem Stand bleiben die
Knollen flach. Genau dasselbe passiert bei zu tiefer Pflanzung.

Ernten

Fenchel verträgt kurzfristig Temperaturen bis −3 °C, unter Vlies bis
−8 °C. ■

PRAXISTIPP

■ **Nachhilfe**

Kümmerlich entwickeltem Knollen-Fenchel können Sie im
Herbst noch zu einem späten
Wachstumsschub verhelfen.
Lockern Sie die Erde im Beet
und versorgen Sie die Pflanzen
mit organischem Flüssigdünger.
Anschließend das Beet mit Vlies
abdecken! ■

Gewürz-Fenchel

■ Gewürz-Fenchel gehört zu den
ältesten Heil- und Gewürzpflan-
zen. Auch Gewürz-Fenchel bildet
im ersten Jahr flache, aber recht
zähe Knollen aus. Im Jahr darauf,
in warmen Lagen auch bereits im
Spätsommer nach der Saat, erscheinen die goldgelben Blütendolden. Einen Teil davon pflückt
man während der Blüte und verwendet sie zum Würzen von Fisch
und Gemüsegerichten. Sobald sich

▶ **Nur in humus- und nährstoffreicher, wasserdurchlässiger Erde
bildet Fenchel dicke Knollen.**

AUF EINEN BLICK

■ **Fenchel**

Aussaat:	Vorkultur ab März, Freilandsaaten ab April bis Mitte Juli, 1 cm tief
Keimtemperatur:	Ab 10 °C, optimal 20 bis 22 °C (Weiterkultur bei 15 bis 18 °C)
Reihenabstand:	30 cm, in der Reihe 25 cm
Fruchtfolge:	Nach Kohlrabi, Spinat, Rettichen, Erbsen, nicht nach Möhren, Sellerie oder Petersilie
Mischkultur:	Zichoriensalate, Endivie, Kopf- und Pflücksalat, nicht neben Dill oder Bohnen
Ernte:	Ab Juli bis Spätherbst

▲ Gewürz-Fenchel bildet keine Knollen. Verwendet werden die Blüten, Blätter und die reifen Samen als Gewürz für mediterrane Gerichte.

die verbliebenen Dolden graugrün färben, schneidet man sie ab, klopft die Früchte aus und trocknet sie im Backofen bei 40 °C etwa 2 Stunden nach. Das anisähnliche Aroma passt zu Gegrilltem ebenso gut wie zu frischgebackenem Fladenbrot. Dazu unbedingt probieren: Fenchelsalami aus der Toskana.

Gewürz-Fenchel gehört zu den dekorativsten Nutzpflanzen. Am schönsten ist der Bronze-Fenchel mit zarten, kupferfarbenen Blättern. Eine steile Karriere macht das attraktive Kraut nicht in den Küchengärten, sondern in modernen Staudenbeeten und -rabatten. Man pflanzt es zwischen Rosen und Ringelblumen oder zu Verbenen, Dahlien und anderen hohen Sommerblumen. Ebenso hübsch machen sich die großen Dolden in dicken Blumensträußen und als Tischschmuck, gebündelt mit Thymian oder Rosmarinzweigen. ■

Asia-Salate

■ Sie heißen Komatsuma, Mizuna, Amchoi oder Tat Soi und gehören zu einen umfangreichen Sortiment neuer Blattgemüse aus dem fernen Osten. Alle Asia-Salate, meist handelt es sich um Blatt- oder Blattstielkohl-Arten (*Brassica juncea*, *Brassica rapa* subsp.), wachsen sehr schnell, sie brauchen wenig Platz im Beet und ihre Ansprüche an Nährstoff-Versorgung und Pflege sind gering.

Bei einer Kulturdauer zwischen 3 und 8 Wochen lohnt sich die Aussaat in mehreren Sätzen. Ebenso gute Erfahrungen gibt es mit der Vorkultur in Töpfen und der anschließenden Auspflanzung. Mizuna und Komatsuna sind hitze- und frosttolerant, sie vertragen auch kühle, feuchte Witterung. Amchoi neigt im Sommer zum Schossen. Da er aber ein paar Minusgrade gut übersteht, eignet sich diese Variante ideal für die Herbstkultur.

Verschont man beim Schnitt die Herzblätter, sind bei Mizuna, Komatsuna und Amchoi mehrere Ernten möglich. Mizuna und Komatsuna schmecken mild, ähnlich wie Spinat mit einem ganz leichten Senf-Aroma. Bei Amchoi variiert der Geschmack, je nach Wuchsstadium, von würzig bis sehr scharf. Alle Blattkohl-Arten können roh als Salat oder, wie Mangold oder Spinat, auch als Gemüse zubereitet werden.

Asia-Salate gibt es auch auf Saatbändern. Mit bis zu vier verschiedenen Sorten in einer Packung können Sie sich Ihre Lieblingsmischung einfach meterweise zusammenstellen. Legen Sie die Bänder knapp 2 cm tief. Wichtig: Vor dem Abdecken die Papierbänder mit Erde gut anfeuchten. Wenn Sie die Asia-Salate nur jung wie Schnittsalat oder Spinat ernten wollen, reicht ein Reihenabstand von 15 cm. ■

Fruchtgemüse

Als Fruchtgemüse bezeichnet man verschiedene Gemüse-Arten, die vor allem eines gemeinsam haben: Verzehrt werden hier diejenigen Pflanzenteile, die sich aus den befruchteten Blüten entwickeln, also nur die Früchte, nicht die Blätter, Hülsen oder Wurzeln. Tomaten und Paprika stammen aus der „Neuen Welt" und waren in Europa bis ins 16. Jahrhundert völlig unbekannt. Auberginen gehören zwar ebenfalls zur Familie der Nachtschattengewächse, wurden aber lange Zeit nur in Asien kultiviert. Sommer- und Winter-Kürbisse und Gurken zählen ebenfalls zu den Fruchtgemüsen. Das gilt auch für Zucker-Mais, eine der wenigen als Gemüse genutzten Süßgräser. So groß die Unterschiede botanisch auch sein mögen, all diese Gemüse-Arten haben eines gemeinsam: Sie brauchen viel Wärme, reichlich Wasser und regelmäßige, üppige Nährstoffgaben sowie einen windgeschützten Standort. ■

▼ Zur großen Familie der Kürbisgewächse gehören nicht nur im Herbst reifende Gartenkürbisse, sondern auch Zucchini und Gurken.

Tomaten

■ Ein Sommer ohne eigene Tomaten – für Gemüsegärtner einfach unvorstellbar! Und wenn auf den Beeten oder im Gewächshaus zu wenig Platz ist, zieht man die Pflanzen einfach im Topf auf dem Balkon oder der Terrasse. Die Zahl der Sorten ist so groß wie bei keiner anderen Gemüse-Art. Etwa 800 Varianten sind heute wieder zu haben, darunter viele alte, längst verloren geglaubte Raritäten wie 'Andenhorn', die bizarr geformte 'Reisetomate' und 'Yellow Submarine'. Am besten richtet man sich bei der Auswahl nach dem Ver-

wendungszweck. Flaschen- oder Eier-Tomaten eignen sich besonders für leckere Pasta-Saucen, die festen Fleisch-Tomaten verwendet man zum Füllen. Die runden Stab-Tomaten und Kirsch-Tomaten isst man einfach so, und in grünen Blattsalaten sehen gelbe und orangefarbene Cocktail-Tomaten, zusammen mit vielen frischen, grünen Kräutern, besonders appetitlich aus.

Die Bezeichnung „Rispen-Tomate" bezieht sich nicht auf die Früchte, sondern auf die Ernte. Die

Tomaten werden nicht einzeln gepflückt, sondern als ganze Traube vermarktet. Das setzt voraus, dass alle Tomaten an einer Rispe gleichzeitig reif sind. Meist handelt es sich dabei um Züchtungen für den gewerblichen Anbau, die für den Garten auch nur bedingt geeignet sind.

Säen & Pflanzen

Vorgezogene Tomatenpflanzen gibt es schon ab Mitte April auf dem Wochenmarkt und im Gartencenter. Viel Auswahl hat man dabei aber nicht und meist kennen die Verkäufer noch nicht einmal den Sortennamen. Schon besser ist das Angebot bei den Bio-Gemüsegärtnern, die im Frühjahr auch Setzlinge aus ökologischem Anbau vermarkten. Seit einiger Zeit bieten große Züchter und Spezialgärtnereien Tomatenpflanzen im Versandhandel an, und mit etwas Glück stößt man in den Katalogen sogar auf alte oder ungewöhnliche Sorten wie 'Berner Rose' oder 'Green Zebra'.

Tomaten vorziehen
Wer auf ausgefallene Sorten Wert legt, muss ab März einen Fenster-

▼ Süße, aromatische Kirsch-Tomaten reifen an langen Rispen, je nach Sorte mehr oder weniger gleichzeitig. Man erntet wahlweise die ganzen Trauben oder pflückt immer nur die reifsten Früchte heraus.

▼ Nicht nur rund und rot – Tomaten gibt es in unzähligen Formen und Farben. Alle Sorten enthalten reichlich Vitamine und Mineralien, Carotinoide und wichtige sekundäre Pflanzenstoffe wie Lycopin.

> **PRAXISTIPP**
>
> ■ **Robuste Sorten**
> Neue Tomaten-Sorten wie etwa 'Philovita' oder 'Phantasia' bleiben von der Braunfäule meist verschont und sind auch resistent gegen andere Pilzkrankheiten wie z. B. Echter Mehltau. Auch noch widerstandsfähige Sorten wie 'Vitella' oder 'Myrto' bleiben länger befallsfrei als viele andere Sorten. ■

DAS „WHO IS WHO" DER TOMATEN

■ Kirsch- und Cocktail-Tomaten, Rispen-, Stab- und Fleisch-Tomaten – die Begriffsvielfalt ist verwirrend. Dabei gibt es nur drei Gruppen und die Einteilung erfolgt nach Gewicht und Form:

Runde Stab-Tomaten wiegen etwa 90 g.

Die großfrüchtigen **Fleisch-Tomaten** mit unregelmäßig geformten, oft gerippten Früchten werden bis zu 500 g schwer.

Cocktail-Tomaten wiegen 30 bis 60 g, die Früchte sind süßer und fester als die der Stab-Tomaten

Kirsch-Tomaten nennt man die kleinsten, nur murmelgroßen Sorten der Cocktail-Tomaten mit 10 bis maximal 30 g Gewicht.   ■

Pflanzung ins Freiland ist Anfang Mai, weniger Wagemutige warten ab, bis die Eisheiligen (Mitte Mai) vorüber sind. Bereits 2 Wochen vorher lockert man die Erde im Beet möglichst tief und arbeitet anschließend Kompost ein. Je nach Vorkultur und Bodenzustand genügen 2 bis 3 Liter pro Quadratmeter Beetfläche. Überall dort, wo Pilzkrankheiten Probleme bereiten, zum Beispiel in allen Gebieten mit intensivem Frühkartoffel-Anbau, spritzt oder gießt man anschließend Schachtelhalmtee oder stäubt Gesteinsmehl und Algenkalk über den Boden. Ob im Freiland oder im Tomatenhaus, je größer der Pflanzabstand, desto besser ist die Luftzirkulation zwischen den Pflanzen und desto schneller können die Blätter abtrocknen. 60 cm sollten es mindestens sein, bei hohem Infektionsdruck wählt man 80 cm Abstand. Das Pflanzloch muss so tief sein, dass sich der Wurzelballen später etwa 5 cm unter der Erdoberfläche befindet. Setzen Sie die Pflanzen leicht schräg zum Pflanzstab hin ein. Anschließend drücken Sie die Erde rundum gut fest und gießen die Tomaten an.

platz auf der Südseite des Hauses frei machen. Gesät wird Mitte des Monats in flache Anzuchtschalen mit magerer Aussaaterde. Sobald die ersten echten Blätter erscheinen, pikiert man die Pflänzchen in

▶ **Nur gedrungene Tomaten-Jungpflanzen mit kräftigem Mitteltrieb und kurzen Blattabständen liefern später auch hohe Erträge.**

Einzeltöpfe mit 7 bis 10 cm Durchmesser. Wichtig: Damit die Tomaten möglichst gedrungen wachsen und einen kräftigen Mitteltrieb bilden, stellt man die Töpfe so weit auseinander, dass sich die Blätter nicht berühren.

Auspflanzen

Der wärmste Platz im Garten ist für die Tomaten gerade gut genug. Frühester Termin für die

Besser unter Dach kultivieren

Ein selbstgebautes oder gekauftes Tomatenhaus ist auch in wärmeren Lagen zu empfehlen, denn selbst unter einem einfachen Foliendach sind die Pflanzen vor Wind und Regen geschützt und werden weniger leicht von der gefürchteten Braunfäule befallen. Eine Garantie gibt es leider nicht, denn in Jahren mit hohem Befallsdruck ist eine Infektion selbst im geschlos-

80

Schutz vor der Braunfäule

Zu einer Infektion mit der Kraut- und Braunfäule kommt es, wenn die Blätter über mehrere Stunden tropfnass sind. Vermehrt sich der Pilz weiter, ist innerhalb von 1 bis 2 Wochen mit einem Totalausfall zu rechnen. Als erste Maßnahme werden alle unteren Blätter bis auf eine Höhe von 40 cm über dem Boden abgeschnitten und entsorgt. Die übrigen Blätter und Früchte sind zu kontrollieren, fleckige Blätter und Tomaten mit verhärteten Stellen müssen entfernt und entsorgt werden – aber nicht kompostieren!

In Versuchen der Biologischen Bundesanstalt Darmstadt hat sich eine rechtzeitige Spritzung mit dem biologischen Pflanzenstärkungspräparat Myco-Sin (Handelsname Oscorna-Pilzfrei) als wirkungsvoll gezeigt. Wer das Mittel nicht zur Hand hat, kann sich mit Spritzmitteln auf Kupferbasis behelfen (Wartezeiten beachten!) oder selbst einen Kompostauszug anrühren: Halbreifen Kompost im Verhältnis 1:5 mit Regenwasser ansetzen, 7 Tage stehen lassen, dabei mehrmals umrühren, abseihen, unverdünnt wöchentlich spritzen.

senen Gewächshaus nicht zu vermeiden, meist schreitet die Krankheit aber erheblich langsamer fort. Gerade in kleinen Glashäusern stehen die Tomaten notgedrungen in jedem Sommer am selben Platz, im Freiland sollte man die Chance auf den Beetwechsel unbedingt nutzen. Zwar sind Tomaten mit sich selbst gut verträglich, für einen Ortswechsel spricht, dass sich im Boden überwinternde Krankheitserreger nicht weiter ausbreiten. Zu diesen gehören neben der Braunfäule auch Wurzelälchen oder der Erreger der Korkwurzelkrankheit.

Tomaten im Topf

Immer beliebter wird der Anbau von Tomaten in Töpfen und Pflanzkübeln. Stark wachsende Sorten mit später Fruchtreife kommen dafür nicht in Frage, aber die meisten Kirsch- und Cocktail-Tomaten liefern auf der Terrasse viele süße Früchte zum Naschen. Und die buschig wachsenden Balkon-Tomaten eignen sich sogar für die Hängeampel.

Rankhilfen

Eine Rankhilfe ist bei allen Stab-Tomaten unverzichtbar. Busch- und Zwerg-Tomaten wie 'Balkonstar' oder Sorten wie 'Tumbler' eignen sich nicht nur für Balkonkästen, sondern auch für Ampeln und brauchen keine Stütze. Spiralstäbe aus Aluminium oder Edelstahl sind besonders praktisch, weil die Tomaten einfach im Uhr-

◀ Wärme liebende Gemüse wie Tomaten und Auberginen fruchten im Folienhaus bis in den Herbst.

zeigersinn um den Stab herum aufgeleitet werden. Das regelmäßige Anbinden entfällt, außerdem lassen sich die Stäbe am Ende der Saison leichter reinigen als Holzpfähle.

Für breite Pflanztröge und das Tomatenhaus kommt auch ein Spalier oder ein Schnurgerüst in Frage. Daran können besonders wüchsige Tomaten-Sorten sogar zweitriebig gezogen werden. Das ist ganz einfach: Statt, wie üblich, sämtliche Geiztriebe auszubrechen, zieht man einen Neutrieb im Abstand von 40 cm neben dem Haupttrieb hoch.

Pflegen & Düngen

Bei den Stab-Tomaten verhindert das Entfernen der Seitentriebe (Ausgeizen) einen zu starken Wuchs und verbessert die Belichtung. Die Pflanzen bilden darauf

◀ Ein in die Erde eingelassener Tontopf leitet das Wasser direkt zu den Wurzeln. Den Rand darf man nicht mit eingraben, sonst wird der Topf zum „Grab" für Käfer und andere Nützlinge.

PRAXISTIPP

■ Veredelte Tomaten

Auf eine resistente Wild-Tomate gepfropfte Tomaten-Sorten sind fast doppelt so teuer wie die unveredelten Sorten, wachsen aber besonders kräftig und liefern etwa ein Drittel mehr Ertrag. Im Handel erhältlich sind auch Sets zum Selbstveredeln mit Edelsorte, Unterlage und einer genauen Anleitung. ■

82

mehr Blüten, setzen somit mehr Früchte an und die Tomaten reifen gleichmäßiger ab. Kontrollieren Sie die Pflanzen einmal pro Woche, denn beim Ausbrechen sollten die Triebe nicht größer als 5 bis 10 cm sein. Ist ein Achseltrieb versehentlich zu groß geworden, kappt man nur noch die Triebspitze, um größere Verletzungen der Pflanzen zu vermeiden.

Nicht zu viele Nährstoffe

Bei einem mit reichlich Kompost versorgten, humosen Boden hält man sich mit den weiteren Düngergaben zurück, bis die ersten Blüten erscheinen. Auch dann sollte man vor allem mit Stickstoffgaben vorsichtig sein, sonst bilden die Pflanzen viele Blätter und ständig neue Triebe, aber viel weniger Blüten und Früchte. Ideal ist ein spezieller kalireicher Tomatendünger oder selbst angesetzte und mit Wasser verdünnte Beinwelljauche (1 Teil Pflanzenjauche auf 20 Teile Wasser). Die Häu-

figkeit richtet sich nach Wuchskraft und Ertrag. Starkwüchsige Stab- oder Cocktail-Tomaten mit reichem Fruchtansatz brauchen alle 2 Wochen zusätzlich Nährstoffe, die weniger üppig fruchtenden, alten Gartensorten düngt man nur alle 4 Wochen nach.

Eine dicke Mulchschicht aus angetrocknetem Rasenschnitt, Beinwell- und Brennnesselblättern und kurz gehäckseltem Heu oder Stroh gehört zum Erfolgsrezept aller Tomatengärtner. Bei Problemen mit Nematoden sät man stattdessen schon 4 Wochen vor der Pflanzung Ringelblumen und Tagetes

(unter Vlies) ins Beet und lässt die Pflanzen den ganzen Sommer über wachsen und blühen.

Ab September beginnt der Wettlauf mit der Zeit. Freiland-Tomaten reifen wegen der sinkenden Temperaturen und den kürzer werdenden Tagen nur noch langsam ab. Verzichten Sie auf das sonst übliche Entspitzen der Pflanzen. Fehlen die oberen, meist noch gesunden Blätter, können die Pflanzen nicht mehr ausreichend assimilieren. Darunter leiden Haltbarkeit, Nährstoffgehalt und der Geschmack der Früchte. Das gilt vor allem dann, wenn die Pflanzen bereits einen großen Teil der unteren Blätter eingebüßt haben.

Entfernen Sie mit der Schere lediglich alle Blütenrispen über dem

◀ Zinnien sind die besten Mischkulturpartner für Tomaten. Wissenschaftliche Versuche mit haben gezeigt, dass die beliebten Sommerblumen den Befall mit Wurzelälchen um bis zu 90 Prozent verringern. Je mehr Zinnien pro Tomate gepflanzt wurden, desto stärker war die Wirkung. Wurzelälchen treten oft dann auf, wenn Tomaten immer wieder auf demselben Beet stehen.

GÄRTNERWISSEN

■ Blüten bestäuben

Tomaten sind Selbstbestäuber, die Blüten befruchten sich gegenseitig. Im Freien überträgt der Wind den Pollen, im Gewächshaus muss man für reichlich Durchzug sorgen, oder die Pflanzen mehrmals pro Woche schütteln. Bei hoher Luftfeuchtigkeit löst sich der Pollenstaub aber schlecht. Übertragen Sie bei feuchter Witterung den Blütenstaub besser mit einem kleinen Pinsel. ■

AUF EINEN BLICK

■ Tomaten

Aussaat:	Mitte März bis Mitte April
Keimtemperatur:	Ab 18 °C, optimal 20 bis 25 °C
Pflanzung:	Vorkultur in Töpfen, Auspflanzen ab Mai (Gewächshaus April), Abstand 60 bis 80 cm
Anbauzeitraum:	Mai bis Anfang Oktober (Freiland), unter Glas (April bis Frosteinbruch)
Fruchtfolge:	Vorkultur Gründüngung oder Erbsen
Mischkultur:	Tagetes, Zinnien, Ringelblumen, Petersilie, Basilikum. Nicht neben Kartoffeln oder Fenchel
Ernte:	Im Freiland ab Mitte Juli / Anfang August, unter Glas und Folie ab Anfang Juli ■

sechsten Fruchtstand. Die daran wachsenden Tomaten reifen ohnehin nicht mehr aus. Kneifen Sie anschließend alle Geiztriebe in den Blattachseln aus und kontrollieren Sie die Blätter auf Krankheitsbefall. Eingerollte Blätter sind jetzt aber kein Warnzeichen, sondern eine Reaktion auf hohe Temperatur-Unterschiede zwischen Tag und Nacht.

Ernte

Frisch geerntet, noch warm von der Sonne, schmecken Tomaten am allerbesten. Alle Früchte die nicht sofort verbraucht werden, lagert man am besten bei Zimmertemperatur. Auch die zum Kochen bestimmten Früchte bitte nicht in den Kühlschrank stellen – dort bleiben sie zwar lange fest, verlieren aber ihre Süße und ihr Aroma.

Überreif gewordene Tomaten überbrüht man kurz mit kochendem Wasser, entfernt Haut und Stielansatz und streicht das Fruchtfleisch durch ein Sieb. Das kernlose Püree ist eine köstliche Basis für Suppen und Soßen und eignet sich auch zum Einfrieren oder Einkochen. Für italienische Antipasti die Tomaten halbieren, im Backofen trocknen und in Olivenöl einlegen.

◀ Bei Tomatenpflanzen nicht im Hochsommer die Spitze kappen. Dabei werden oft die noch gesündesten Blätter entfernt. Besser schneidet man alle oberen Blütenstände, deren Früchte im Herbst sowieso nicht mehr ausreifen, mit der Schere aus.

Tomaten reifen im Haus nach

Mit Tomatenhauben lässt sich der Ernteschluss meist noch bis Ende September hinauszögern. Sinken die Temperaturen bei Nacht unter 10 °C, bleiben die Früchte grün. Alle grüngelben oder bereits hellgelben Tomaten kann man abpflücken, zusammen mit ein paar reifen Äpfeln in flache Kisten packen und mit Zeitungspapier oder gelochter Frischhaltefolie abdecken. Das Reifegas Ethylen, das die Äpfel ausscheiden, regt auch die Tomaten zum Nachreifen an. Allerdings ist das Aroma nicht mit dem der am Stock ausgereiften Früchte vergleichbar.

Grüne Tomaten enthalten giftiges Solanin, das auch beim Erhitzen kaum abgebaut wird. Da grüne Tomaten nicht besonders gut schmecken, sollte man die Früchte wegwerfen. In bereits gelb verfärbten Früchten sind nur geringe Mengen Solanin nachweisbar. ■

Paprika

■ Mild-aromatisch, fruchtig-süß oder so scharf, dass einem der Atem stockt – von Gemüse-Paprika bis Gewürz-Paprika gibt es viele Geschmacksvarianten. Insgesamt unterscheidet man 25 verschiedene Arten, bei den Gartensorten handelt es sich hauptsächlich um *Capsicum annuum*. Meist liefert die Form erste Anhaltspunkte für das, was einen nach der Ernte erwartet: Je kleiner und spitzer die Schoten sind, desto mehr Vorsicht ist beim Genuss geboten. Beim Anbau unterscheiden sich die Sorten kaum. Alle Pflanzen tragen attraktive bunte Früchte und schmücken nicht nur das Beet, sondern gehören überhaupt zu den schönsten Ziergemüsen für Balkon und Terrasse.

▶ Paprika gibt es in vielen Formen. Die Farbe ist keine Frage der Sorte, sondern des Reifezeitpunkts.

Säen & Pflanzen

Wie bei den Tomaten erfolgt die Vorkultur nach der Aussaat und dem Pikieren in kleinen Einzeltöpfen (etwa 9 cm Durchmesser) an einem möglichst hellen Ort. Gerade bei der Anzucht sind Paprika aber noch wärmebedürftiger. Die jungen Sämlinge reagieren empfindlich auf Zugluft und stark schwankende Temperaturen, deshalb dürfen die Pflanzen auch frühestens Mitte Mai ins Freie. Die Ansprüche an den Boden sind hoch, am besten gedeihen alle Paprika-Sorten in humoser, feuchter und lockerer Erde. Wichtig ist ein vierjähriger Anbauabstand zu allen anderen Nachtschattengewächsen!

Bedecken Sie das Beet vor dem Auspflanzen mit schwarzer, wasserdurchlässiger Mulchfolie, dadurch erwärmt sich die Erde schneller und die Wurzeln fassen besser Fuß. Alternative: Die Erde bis zum Einwurzeln der Pflanzen mehrfach oberflächlich lockern und den Boden im Sommer mit einer dicken, lockeren Mulchschicht

◀ Links: Sorten wie 'Paladio' 'Pinokkio', 'Toscana' oder 'Lombardo' haben schlanke, spitz zulaufende Früchte, die wegen ihrer fruchtigen Süße selbst bei Kindern beliebt sind. Sie wachsen auch in großen Töpfen (mindestens 25 cm Durchmesser) und liefern dort, ebenso wie auf dem Beet, ab Ende Juli bis in den Herbst laufend knackige Schoten.

◀ Rechts: Die Früchte der Paprika-Sorte 'Atris' werden bis zu 22 cm lang und schmecken angenehm saftig, mild und süß

bedecken. In weniger günstigen Lagen zieht man Paprika besser im Frühbeet oder unter einem Folientunnel.

Bewährt hat sich auch der Anbau in großen Pflanzkübeln an einem geschützten, möglichst sonnigen Platz auf der überdachten Terrasse. Je größer der Pflanzbehälter, umso besser die Nährstoffaufnahme und umso höher ist der Ertrag. Für die Topfkultur mischt man reife Komposterde, Sand und gesiebte Gartenerde oder Torf zu gleichen Teilen und gibt dazu eine

bis zwei Handvoll Hornspäne oder Langzeitdünger (nach Packungsangabe).

Pflegen & Düngen

Paprika-Pflanzen, die bereits sehr früh zu blühen beginnen, bilden oft nur kleine Früchte aus. Verhindern lässt sich das, wenn man durch eine großzügige Nährstoff-Versorgung während der ersten 8 bis 12 Entwicklungswochen für ein kräftiges Triebwachstum sorgt. Dabei gilt: Lieber häufiger, aber mit einer geringen Konzentration düngen. Paprika sind noch salz-

empfindlicher als Tomaten und werfen bei einer Überdüngung die Blütenanlage einfach ab. Das passiert auch, wenn die Wasserversorgung nicht stimmt und die Pflanzen mal unter Trockenheit, mal unter zu viel Nässe leiden. Eine dicke Mulchschicht aus grob zerkleinerten Pflanzenresten und angetrocknetem Rasenschnitt

▼ Auf dem Weg von der Wild- zur Kulturpflanze entstanden bei Paprika und Peperoni viele verschiedene Fruchtformen mit unterschiedlichem Schärfe-

■ **Vorsichtig testen**

Testen Sie den Schärfegrad, bevor Sie ihrem Lieblingsrezept mit den frisch geernteten Schoten mehr Pepp verleihen. Nicht nur innerhalb einer Sorte, auch bei den Früchten eines einzigen Strauchs sind erhebliche Schwankungen möglich. ■

Paprika

Aussaat:	Mitte März bis Mitte April
Keimtemperatur:	Ab 10 °C, optimal 25 °C
Pflanzung:	Vorkultur in Töpfen, Auspflanzen Mitte / Ende Mai (Gewächshaus Ende April) in Doppelreihen mit 50 cm Abstand
Anbauzeitraum:	Mai bis Oktober (Freiland) und April bis zum Frost (unter Glas)
Fruchtfolge:	Vorkultur Erbsen, Früh-Kohlrabi, Rettiche / Radieschen, Spinat
Mischkultur:	Tagetes, Petersilie, Strauch-Basilikum (für Töpfe), im Gewächshaus mit Kopfsalat, Kohlrabi, Rettichen; nicht neben Kartoffeln
Ernte:	Im Freiland ab August, unter Glas und Folie ab Ende Juli

verhindert zu große Schwankungen und sorgt für eine gleichmäßige, dauerhafte Nährstoff-Nachlieferung.

Ein Windschutz, zum Beispiel durch die Mischkultur mit Zucker-Mais, sorgt später auf dem Beet für das richtige Kleinklima und verhindert, dass die sparrigen Triebe brechen. Alle höheren Sorten brauchen auch im Kübel einen Pflanzstab. Paprika werden aber immer mehrtriebig gezogen – also nicht ausgeizen.

Ernten

Paprika und Peperoni erntet man laufend, ganz nach Geschmack kurz vor oder in der Vollreife. Unabhängig von der Sorte sind grüne Schoten grundsätzlich unreif, erst mit fortschreitender Reife färben sie sich gelb, orange, rot oder violett. Rote Paprika sind besonders süß, bei Peperoni nimmt mit der Reife auch die Schärfe zu! An einem kühlen Standort reifen die Früchte bis zum Herbst oft nicht aus. Auch in günstigen Lagen ist bereits Mitte bis Ende September schon wieder Schluss mit der Ernte. Denn sobald die Temperaturen auch nur für kurze Zeit unter 15 °C sinken, hört die Blütenbildung auf und es reifen keine Früchte mehr nach. ∎

Gut geschützt mit Aspirin

Der aus dem Schmerzmittel Aspirin bekannte Wirkstoff Acetylsalicylsäure, kurz ASS, verhindert Schimmelbefall bei Paprika-Jungpflanzen. Weicht man die Samen mindestens einen Tag in mit ASS-Pulver versetztem Wasser ein, keimen sie zuverlässig und schneller als unbehandeltes Saatgut. Auch die Sämlinge entwickeln sich besser. ∎

▲ Das oft empfohlene Ausbrechen der ersten Blüte bei Paprika („Königsknospe") hatte in Versuchen keinen oder nur wenig Einfluss auf die Gesamternte.

▶ Paprika bilden laufend neue Blüten und Früchte.

Auberginen

■ Die Stammform der Aubergine (*Solanum melongena*) trägt weiße und gelbe Früchte in der Größe eines Hühnereis – daher die Bezeichnung Eierfrucht. In Indien und China ist das Fruchtgemüse seit Jahrtausenden bekannt. Aber erst im 13. Jahrhundert brachten die Araber die ersten Pflanzen über die iberische Halbinsel nach Europa. In Italien, Griechenland und der Türkei ist das Klima für den Anbau ideal. Dort gelten Auberginen längst als landestypisches Gemüse, obwohl man sie dort (anders als in den Tropen) nicht mehrjährig, sondern – wie überall in Europa – nur einjährig ziehen kann.

Säen und Pflanzen

Auberginen verlangen noch höhere Bodentemperaturen als Paprika und Tomaten. Sie wachsen am besten in humusreicher, mittelschwerer Erde mit ausgeglichenem Nährstoff- und Wasserangebot. Der Freilandanbau lohnt sich nur in ausgesprochen milden Lagen, deshalb pflanzt man auch die robusteren Neuzüchtungen am besten unter einen Folientunnel, ins Frühbeet oder gleich ins Gewächshaus.

Die feinen Samen werden ab Mitte März in Anzuchtschalen mit Aussaaterde ausgesät. Sobald die ersten echten Blätter erscheinen, vereinzelt man die Sämlinge in kleine Töpfe und pflanzt sie ab Mitte Mai an ihren endgültigen Platz. Nach

▲ Eiförmig, keulenartig oder kugelrund – die Früchte alter Auberginen-Sorten sind eher klein, schmecken aber sehr aromatisch. Wichtig bei modernen Sorten: Sie sind nicht nur größer und liefern mehr Ertrag, ihnen wurden auch die gefährlichen Stacheln am Kelch beinahe weggezüchtet.

◀ Links: Die kleinen arabischen Auberginen können in milden Klimagebieten auch bei uns im Freiland angebaut werden. Sie werden im Ganzen zubereitet und zusammen mit Tomaten und Zucchini für mediterrane Gemüsegerichte verwendet.

◀ Rechts: Die ersten Auberginen, die in Europa kultiviert wurden, waren weiß. Nur wenige der hellen Sorten blieben bis heute erhalten.

AUF EINEN BLICK

■ Auberginen

Aussaat:	Ab Mitte März in Saatschalen oder Töpfe
Keimtemperatur:	Ab 20 °C, optimal 22 bis 25 °C
Pflanzung:	Ab Mitte Mai im Abstand von 50 cm
Fruchtfolge:	Nach frühen Kohlrabi, Rettichen. 4 Jahre Abstand zu Tomaten, Paprika
Mischkultur:	Basilikum, Busch-Bohnen
Ernte:	Ende Juli bis Mitte September

dem Anwachsen tolerieren die bei uns erhältlichen Sorten kurzfristig Temperaturen unter 20 °C, unter 16 °C wachsen die Pflanzen nicht mehr weiter und stoßen Blüten und Früchte ab.

Pflegen & Düngen

Eine regelmäßige Nährstoff-Versorgung, am besten mit Tomatendünger, sichert den Ertrag. Kappt man den Mitteltrieb bei einer Höhe von 40 cm, entwickeln sich die Pflanzen buschiger und brauchen keine Stütze. Bei den großfruchtigen Sorten belässt man höchstens fünf Früchte pro Pflanze und entfernt alle weiteren. Anders bei den Auberginen-Mischungen mit kleinen, pinkfarbenen, apfelgrünen, hellvioletten, oder cremeweißen Früchten. Tipp: Ziehen Sie diese Sorten im Topf und schütteln Sie die Pflanzen jeden zweiten Tag, damit möglichst viele Blüten befruchtet werden.

PRAXISTIPP

■ Auberginen halten bei 8 bis 15 °C maximal 10 Tage. Lagern Sie die Früchte nicht im Kühlschrank, niedrige Temperaturen verursachen braune Flecken auf der Schale und die Früchte beginnen rasch zu faulen. ■

Weil der Nährstoffbedarf erst während der Fruchtbildung steigt, teilt man die Düngergaben am besten in eine Grunddüngung mit 2 bis 3 Litern Kompost pro Quadratmeter zur Beetvorbereitung und düngt im Sommer im Abstand von 1 bis 2 Wochen mit gekauftem kalireichem, organischem Gemüsedünger oder verdünnter Beinwelljauche nach. Ebenfalls günstig wirkt sich eine dünne Mulchdecke aus Brennnessel- oder Beinwellblättern, Rasenschnitt oder gehäckselten Gartenabfällen aus.

Ernten

Mitte bis Ende Mai ausgepflanzte Auberginen liefern ab Ende Juli eine erste Ernte, bis Mitte September reifen laufend Früchte nach. Wie schnell das geht, hängt vom Witterungsverlauf ab. Bei Nachttemperaturen unter 18 °C verlangsamt sich die Entwicklung merklich. Eine reiche Auberginen-Ernte gibt es meist nur, wenn mehrere Wochen südliche Temperaturen vorherrschen.

Reife Früchte erkennt man an der sortentypischen Form und voll ausgeprägten Farbe. Die Schale gibt auf Druck leicht nach. Die Samenkörner im Inneren sollten noch milchig-weiß sein. Bei den violetten Sorten ist das Umschlagen der Schalenfarbe von Dunkelpurpur nach Violett ein Zeichen dafür, dass die Früchte überreif sind. Das Fruchtfleisch verfärbt sich bräunlich und wird weich und wattig. ■

Noch mehr Nachtschattengemüse

Andenbeere

Die Heimat der Andenbeere (*Physalis peruviana*) liegt in Südamerika, in der Bergregion zwischen Venezuela und Chile. Die Samen ähneln Tomatensamen, die Anzucht erfolgt, wie bei den Auberginen, in kleinen Töpfen am Fensterbrett. Erst ab Mitte Mai, wenn sich der Boden gegnügend erwärmt hat, dürfen die Pflanzen ins Freiland. Die Kulturansprüche sind ähnlich wie bei den Tomaten, allerdings zieht man die Anden-

beeren immer mehrtriebig oder als Strauch. Die Ernte beginnt im Spätsommer und wird im Freiland meist durch die ersten Nachtfröste beendet. Im Kübel auf der geschützten Terrasse reifen auch die letzten Früchte noch aus, wichtig ist aber eine regelmäßige Düngung, am besten mit organischem Gemüsedünger, sonst reagieren die wüchsigen Pflanzen auf den begrenzten Wurzelraum mit einem geringeren Fruchtansatz und die Beeren bleiben klein.

◀ oben: Die am Strauch ausgereiften und frisch gepflückten
Andenbeeren schmecken köst-
lich – ungleich besser als die
im Laden gekauften Früchte.

◀ unten: Von der Blüte bis zur
Ernte benötigt eine Tomatillo-
Frucht etwa 50 bis 70 Tage. Die
reifenden Früchte sprengen die
lampionartige, papierdünne
Hülle und färben sich am Licht
violett.

Tomatillo

Die Tomatillo (*Physalis ixocarpa*)
stammt aus Mexiko und bildet
dort die Grundlage für „Salsa
verde", eine grüne, meist sehr
scharfe Soße. Die reifen, bis zu
10 cm großen Früchte sind auch
roh essbar und schmecken ein
wenig wie grüne Stachelbeeren.
Die einjährigen, sehr frostemp-
findlichen Pflanzen entwickeln im
Sommer hübsche, bis 2 cm großen
Blüten. An einem Rankgitter können sie bis 2 m hoch wachsen. Die
optimalen Anbaubedingungen ähneln denen von Tomaten, die Tem-
peratur-Ansprüche sind aber höher
und im wärmeren Klima gedeihen
die Pflanzen besser. Die Nährstoffgaben können etwas geringer ausfallen.

Geerntet werden die Früchte, wenn
sie einen Durchmesser von 4 bis
5 cm haben. In der mexikanischen
und kalifornischen Küche bevorzugt man grüne Tomatillos und
verwendet sie für Chilis und ver-
schiedenenEintöpfe. Ausgereifte
Früchte schmecken auch roh; sie
können bei 8 bis 10 °C und hoher
Luftfeuchtigkeit etwa 10 Tage aufbewahrt werden. ▪

90 Kürbis & Co.

Kürbis, Gurke und Zucchini gehören zu einer eigenen, großen Pflanzenfamilie. Alle Kürbisgewächse sind umkompliziert im Anbau und auf dem Beet ebenso wandlungsfähig wie in der Küche.

Alle Arten und Sorten vertragen keine Kälte. Eine reiche und sichere Ernte gibt es nur bei warmer Vorkultur am Fensterbrett oder im Gewächshaus und einem langen, sonnigen Herbst. ▪

Zucchini wachsen im Sommerhalbjahr an jedem einigermaßen sonnigen Platz im Beet oder in großen Pflanzkübeln auf der Terrasse. Buschig wachsende Sorten benötigen etwa einen Quadratmeter Platz und liefern pro Pflanze zwischen 5 und 6 kg Früchte. Rankende Zucchini und gelbe oder weiße Patisson-Sorten liegen noch darüber. Zwei Pflanzen pro Sorte sind für eine vierköpfige Familie oft mehr als genug. Die meisten Sorten sind gegen die häufigsten Krankheiten wie Echter Mehltau oder Gurkenmosaikvirus so widerstandsfähig, dass Ertragsausfälle auch in kühleren Sommern höchstens den Schnecken zuzuschreiben sind.

Zucchini, Rondini, Patisson

▪ Zucchini, Rondini und Patisson unterscheiden sich von allen übrigen Kürbis-Sorten vor allem kulinarisch: Die Früchte (eigentlich handelt es sich bei allen Kürbissen um Beeren) sind in jungem, unreifem Zustand wesentlich schmackhafter als im voll ausgereiften Zustand. Zucchini schmecken roh oder gekocht, gegrillt und überbacken. Neben den bekannten grünen, länglichen Sorten werden die neuen oder wieder entdeckten gelben, cremeweißen, gestreiften oder gesprenkelten Varianten immer beliebter. Das gilt auch für die kugelrunden Rondini wie die goldgelbe Sorte 'Floridor' oder 'Eight Ball', die wie normale Zucchini verwendet werden, sich aber besonders gut zum Füllen eignen. Auch

▶ **Achtung Zucchini-Schwemme:** Eine einzige Pflanze bringt in ihrer Hauptwachstumszeit mindestens 3, manchmal sogar 5 Früchte pro Woche.

Patisson-Kürbisse oder „Fliegende Untertassen" genießt man möglichst jung, die größeren Exemplare taugen nur noch als Deko-Objekt. Daumengroße Patissons können wie Cornichons eingelegt werden. Faustgroße Früchte schmecken gratiniert oder wie Bratkartoffeln gebraten.

▶ oben: Ein Strohbeet für Kürbisse oder Zucchini und Rondini schafft ideale Bedingungen für die Wärme liebenden Kürbisarten. Dort wo auch Wein und Obst gedeihen, wachsen darin sogar Zuckermelonen. Stecken Sie zuerst die Grundfläche des Beetes ab. Die Längsseite dabei möglichst von Norden nach Süden ausrichten und die schmale Seite nicht breiter als 120 cm anlegen. Die Beetlänge ist variabel und richtet sich nach der geplanten Anzahl der Pflanzen. Abstand zwischen den Reihen 70 cm (bei zweireihiger Pflanzung), in der Reihe 100 cm. Anschließend die Erde im Beet mit halbreifem Kompost (10 Liter pro m2) vermischen und einen etwa 30 cm hohen, flachen Hügel formen. Den Hügel mit einer gut 10 cm dicken Schicht Reifkompost abdecken. Darüber kommt eine ebenso dicke Lage gehäckseltes, leicht angefeuchtetes Stroh.

▶ unten: Als 'Rondini' bezeichnet man runde Zucchini oder Sommer-Kürbisse mit apfelgroßen Früchten. Inzwischen sind gelbe, hellgrüne, gestreifte und dunkelgrüne Sorten zu haben.

Säen & Pflanzen

Auch wenn man nur wenige Pflanzen braucht, lohnt sich die eigene Anzucht, denn sie ist wirklich einfach: Legen Sie Mitte April zwei bis drei Kerne in 10 cm große Töpfe mit humoser Erde. Nach gut einer Woche bei mindestens 20 °C keimen die Pflanzen und entwickeln rasch die ersten echten Blätter. Nun kappt man die schwächeren Sämlinge und lässt die kräftigsten Pflanzen an einem möglichst hellen Fensterplatz weiter wachsen. Erst wenn keine Spätfröste mehr zu erwarten sind, pflanzt man im Abstand von 70 cm an einen sonnigen, geschützten Standort aus.

Versorgen Sie das Beet großzügig mit Kompost und mischen Sie eine Handvoll Hornspäne unter die Erde im Pflanzloch. Ab Ende Mai

Empfehlenswerte Zucchini-Sorten

Sorte	Typ
'Black Forest F1'	Kletter-Zucchini mit grünen Früchten
'Cocozelle von Tripolis'	grün-weiß gestreifte Zucchini
'Gold Rush F1'	goldgelbe Zucchini
'Tonda chiaro di Nizza'	Rondini mit grünen Früchten
'Patty Pan'	weiße Mini-Patissons

AUF EINEN BLICK

◼ Sommerkürbisse (Zucchini, Rondini, Patisson)

Aussaat:	Aussaat ab Anfang April, Vorkultur in Töpfen
Keimtemperatur:	Ab 18 °C, optimal 22 bis 25 °C
Pflanzung:	Auspflanzen ab Mitte Mai, Abstand von 70 bis 100 cm, im Frühbeet ab Anfang Mai
Fruchtfolge:	Nach frühem Kohlrabi oder nach einer Gründüngung mit Leguminosen
Mischkultur:	Kapuzinerkresse, Stangen-Bohnen, Zucker-Mais
Ernte:	Ende Juni bis Oktober ◼

kann man die Samen auch direkt im Freiland auslegen und die Aussaatstelle mit einer Mulchschicht aus reifem Kompost bedecken.

Pflegen & Düngen

Eine regelmäßige Wasserversorgung ist wichtig, sobald die ersten Fruchtansätze sichtbar werden. Aber nicht über die Blätter gießen, sondern immer direkt an den Fuß der Pflanzen. Bei getopften Sommer-Kürbissen achten Sie darauf, dass das Wasser gut abfließen kann, stauende Nässe vertragen die Pflanzen nicht. Eine Mulchschicht aus Stroh oder Wiesenheu hält den Boden gleichmäßig feucht und schützt die Früchte vor Verschmutzung und Fäulnispilzen.

Kontrollieren Sie frisch gepflanzte Zucchini und Kürbisse täglich,

PRAXISTIPP

◼ Essbare Blüten

Überzählige Kürbis- und Zucchini-Blüten schmecken im Salat (dazu eventuell in feine Streifen schneiden). Ebenfalls lecker: Man füllt die Blüten mit einer Mischung aus Käse, Eiern und Semmelbröseln und bäckt sie in heißem Fett aus. ◼

möglichst morgens und abends, auf Schneckenbefall. Bei größeren Pflanzen sind hauptsächlich die Blüten und jungen Früchte gefährdet.

Kürbisse

◼ Bei den „echten" Kürbissen, also den lagerfähigen Winter-Kürbissen, ist die Fülle an Formen und Farben so groß, dass sich jede Sortenempfehlung auf einen winzigen Ausschnitt beschränken muss. Zu den mit Abstand beliebtesten Speise-Kürbissen gehört der orangerote Hokkaido: Nicht nur in den Gärten, auch auf dem Wochenmarkt verdrängt der in Japan gezüchtete Kürbis die ebenfalls zu den Riesen-Kürbissen (*Curcurbita maxima*) gehörenden Sorten 'Gelber Zentner' oder 'Vif d'Etampes' oder den 'Roten Zentner'. Dabei bringt der in Frankreich als 'Potimarron' (Maroni-Kürbis) gehandelte Hokkaido nur 2 bis 3 kg auf die Waage. Doch genau diese familienfreundliche Größe und der an Esskastanien erinnernde Geschmack macht die japanische

Ernten

Als ideale Maße bei Zucchini gelten 10 bis 16 cm, will man auch die länglichen Sorten füllen, lässt man sie etwas größer werden. Die meisten Rondini und die Patisson-Kürbisse werden mit zunehmender Reife hartschalig und das Fruchtfleisch schmeckt unangenehm. In diesem Stadium eignen sich die Früchte wirklich nur noch zum Aushöhlen und Füllen. In der Vollreife verholzt die Schale vollkommen, und man verwendet sie, wie die kleinen Zier-Kürbisse, besser als hübsche und haltbare Herbstdekoration. ◼

Züchtung so beliebt. Die dünne Schale muss nicht abgeschält werden, sie wird beim Backen und Kochen so weich, dass man sie mitessen kann.

Zu den besten Speise-Kürbissen zählen die Moschus-Kürbisse wie 'Muscat de Provence' und Butternuss-Kürbisse wie 'Early Butter Nut' mit cremefarbenen, glockenförmigen Früchten und Karotinreichem, orangefarbenem Fleisch.

Säen & Pflanzen

Bei der Vorkultur unterscheiden sich die Winter-Kürbisse nicht von Zucchini oder anderen Sommer-Kürbissen. Die meisten Sorten brauchen auf dem Beet aber deutlich mehr Platz. Sie überwinden mühelos den Zaun zum Nachbargarten oder überwuchern den

reifem und halbreifem Kompost auf die Starkzehrer vor und wählt für den Anbau eher buschig wachsende Garten-Kürbisse aus.

Ernten

Im Gegensatz zu den Sommersorten müssen Winter-Kürbisse lange ausreifen, nur dann können die Früchte über mehrere Wochen oder sogar monatelang eingelagert werden. Je nach Sorte beginnt die Ernte Ende September und dauert bis Mitte Oktober.

Das äußere Wachstum der Früchte ist abgeschlossen, wenn der Stiel hart und holzig wird und sich um den Stielansatz winzige Risse bilden. Schneiden Sie die Kürbisse erst dann etwa 5 cm über dem Stielansatz mit der Gartenschere ab. Während der zwei- bis dreiwöchigen Nachreife an einem hellen und trockenen, mindestens 20 °C warmen Ort steigt der Vitamingehalt und das Fruchtfleisch wird aromatischer. Bei anhaltend sonnigem, trockenem Herbstwetter kann man die Ernte verschieben

Kompostbehälter. Der Kompostplatz ist oft der einzige Ort, an dem die stark rankenden Sorten überhaupt angebaut werden können.

Einen Fehler sollten Sie dabei jedoch nicht machen: Pflanzen Sie Kürbisse nie auf den Kompost, sondern nur an den Fuß der Behälter. Die Pflanzen entziehen dem Haufen sehr viel Stickstoff und gedeihen dort, wo sie vom Sickerwasser profitieren, genauso gut. Normale Gartenbeete bereitet man mit einer großzügigen Gabe an

▲ Grüner Hokkaido-Kürbis 'Delica' lässt sich ebenso gut einlagern wie die orangefarbenen Sorten.

▼ 'Zappho' mit dunkelgrüner Schale und gelbem Fruchtfleisch ist zwar botanisch ein Kürbis, wird aber wie Zucchini verwendet. Die Früchte duften nach frischen Erbsen

KÜRBIS-SORTEN

- Zu den schwach rankenden Speise-Kürbissen zählen:
  - Spaghetti-Kürbis 'Small Wonder'
  - Eichel-Kürbis 'Table Queen' oder 'Table Ace Mix'
  - Halloween-Kürbis 'Baby Bear' (mäßiger Geschmack)
  - Mini-Riesen-Kürbis 'Blue Ballet'

AUF EINEN BLICK

■ Winter-Kürbisse

Aussaat:	Aussaat ab April, Direktsaat ab Mitte Mai
Keimtemperatur:	Ab 18 °C, optimal 22 bis 25 °C
Pflanzung:	Auspflanzen ab Mitte Mai im Abstand von 100 cm
Fruchtfolge:	Nach frühem Kohlrabi oder nach stickstoffreicher Gründüngung
Mischkultur:	Zucker-Mais, Stangen-Bohnen
Ernte:	Mitte oder Ende September bis Ende Oktober

oder die Früchte abschneiden und auf dem Beet nachreifen lassen.

Heben Sie vor allem größere Kürbisse behutsam an, man darf sie beim Transport nie am Stiel anpacken! Reißt er ab, sind gerade die „Dicken" nur noch eingeschränkt lagerfähig.

Auch Winter-Kürbisse sind ausgesprochen kälteempfindlich und müssen unbedingt frostfrei aufbewahrt werden. Ideal ist ein luftiger Raum mit Temperaturen von 10 bis 15 °C. Das warme Wohnzimmer eignet sich im Zweifelsfall besser als der feuchte, dunkle Kartoffelkeller. Ein Stück Karton oder Zeitungspapier als Unterlage verhindert, dass sich Druckstellen bilden und die Früchte an der Unterseite zu faulen beginnen. Trotzdem wöchentlich kontrollieren! ■

Gurken

■ Über die Herkunft der Gurke (*Cucumis sativus*) gehen die Meinungen der Botaniker auseinander. Als ursprüngliche Heimat gelten die Südhänge des Himalaja-Gebirges und dort findet man auch heute noch die Wildform. In Indien wurden Gurken schon vor 2000 Jahren kultiviert und gelangten zunächst über den Irak nach Griechenland. In China züchtete man erstmals die heute bekannten, langen Fruchtformen. Ebenfalls nicht auszuschließen ist, dass Gurken aus dem tropischen Afrika über Ägypten in den Mittelmeerraum gelangten. Der Name „Gurke" stammt jedoch weder aus Indien noch aus Afrika, sondern von „ogórek", dem polnischen Wort für Gurke.

Fest steht bis heute nur, dass die Römer die Gurke nach Nordeuropa importierten. Verkohlte Gurkensamen wurden sogar in römischen Siedlungsresten in London nachgewiesen. Berücksichtigt man das dortige Klima und die Leidenschaft der Briten für dieses ausgesprochen wärme liebende Gemüse, leuchtet es ein, dass die allerersten Gewächshaus-Gurken in England gezogen wurden.

Bei Samenkauf hat man die Wahl zwischen mehreren Wuchsformen. Bitterfrei sind heute alle Züchtungen, auch die Einlege-Gurken:

Trauben-Gurken werden möglichst klein gepflückt und hauptsächlich pikant als „Cornichons" oder „Essig-Gurken" konserviert. Größere Exemplare eignen sich aber durchaus für Salat oder Rohkost.

Schäl- oder Senf-Gurken bilden bis zu 40 cm lange, walzenförmige Früchte. Nach dem Entfernen der Kerne werden sie süß-sauer eingelegt oder als Gemüse zubereitet.

Schlangen- oder Salat-Gurken brauchen mehr Wärme und eignen sich nur für den geschützten Anbau unter Glas oder Folie.

Mini- oder Vesper-Gurken sind relativ neu. Die Pflanzen blühen und fruchten in milden Lagen auch im Freiland zuverlässig und bilden nur 20 cm lange Früchte mit zarter, glatter Schale und einem ausgeprägten, milden Gurkenaroma.

Alle Sorten ranken mehr oder weniger stark und werden deshalb an kräftigen Schnurgerüsten oder Rankgittern aufgeleitet. Nur die Trauben-Gurken, die hauptsächlich zum Einlegen verwendet werden, lässt man auf dem Boden kriechen. Weil die Anfälligkeit für Pilz- und Viruskrankheiten bei Gurken naturgemäß enorm hoch ist, sollten Sie bei der Sortenwahl auf neuere Züchtungen mit einer entsprechenden Widerstandsfähigkeit achten. Das bedeutet aber meist, dass nur Hybridsorten in Frage kommen, und eine eigene Vermehrung des sonst so leicht zu gewinnenden Saatguts nicht möglich ist.

Säen & Pflanzen

Gurken keimen innerhalb weniger Tage und der Sämling entwickelt sich so rasch, dass man beim Wachsen beinahe zusehen kann. Das gilt allerdings nur für die Vorkultur in Töpfen, bei der Direktsaat ins Beet muss man mit hohen Ausfallquoten rechnen. Auch

das Auspflanzen gelingt nicht immer, nur kompakte Jungpflanzen mit einem kräftigen Wurzelballen wachsen problemlos an. Wie man sich dabei behelfen kann, zeigen die Abbildungen.

Gurken dürfen erst ab Mitte Mai ins Freiland. Frühere Pflanztermine bringen keinen Vorteil, denn bei Temperaturen unter 14 °C stockt das Wachstum. Die Beetvorbereitung und damit eine tiefe Bodenlockerung und das anschließende Einarbeiten von reichlich halbreifen und reifen Kompost sollten 14 Tage früher erfolgen. Fehlt es an Kompost, mischt man 50 g Hornspäne und 30 g Hornmehl mit humusreicher Gartenerde und arbeitet die Mischung oberflächlich ein. Anschließend häuft man die Erde in der Beetmitte etwas an und deckt das Beet mit einer schwarzen wasserdurchlässigen Mulchfolie oder einer dicken Strohschicht ab.

▼ Verschiedene Fruchtformen bei Gurken

Im Gewächshaus können Sie bereits ab Anfang Mai pflanzen, sollten aber Vlies zum Schutz der Jungpflanzen bereitlegen. Fallen die Außentemperaturen unter 8 °C, deckt man die Pflanzen zumindest über Nacht zusätzlich ab.

Krankheiten vorbeugen

Veredelte Gurken sind resistent gegen die Gurkenwelke und andere Krankheiten, die im Boden über-

▼ Veredelte Schlangengurken liefern deutlich höhere Erträge.

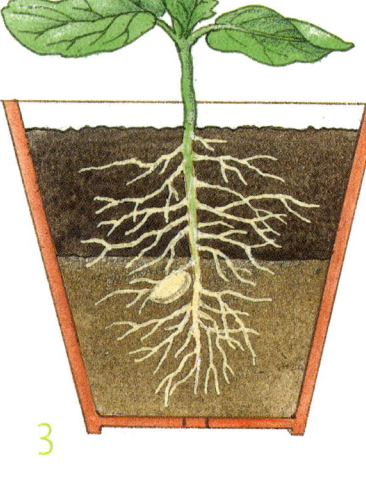

1
2
3

■ **Keimfähigkeit**

Nach Meinung vieler Gärtner keimen Gurkensamen am besten, wenn sie bereits 5 oder 6 Jahre alt sind. Andere raten, man solle die Kerne vor dem Aussäen ein paar Tage in der Hosentasche mit sich tragen. Wie praktische Erfahrungen zeigen, liefert das zwei- bis dreijährige Saatgut die besten Ergebnisse, und das gilt für alle Sorten. ■

▲ Legen Sie die Samen etwa 1 cm tief in kleine, nur zur Hälfte mit Anzuchterde gefüllte Töpfe. Bei mindestens 20 °C an einem hellen (nicht vollsonnigen) Platz aufstellen und die Erde ständig feucht halten. Staunässe aber unbedingt vermeiden!

1 Spätestens wenn die Keimblätter erscheinen, müssen die Gurken an einen möglichst hellen Platz umziehen. Dort „strecken" sich die Pflänzchen ziemlich rasch.

2 Sobald die Blätter über den Topfrand hinausragen, füllt man den Topf mit leicht gedüngter Pflanzerde auf.

3 Die Gurken bilden nun um den mittleren Stängelteil zusätzliche Wurzeln, und das Verpflanzen klappt sicher.

dauern. Dies ist vor allem beim Anbau im Kleingewächshaus von Bedeutung, wo ein mehrjähriger Anbauabstand aus Platzgründen meist nicht möglich ist. Die Pflanzen wachsen kräftiger und tragen bedeutend besser. Anders als bei den Tomaten, muss die Veredelung in mehreren Schritten erfolgen, und dieser Aufwand lohnt sich nur, wenn man wirklich viele Pflanzen braucht. Fertig veredelte Schlangen- und Mini-Vesper-Gurken gibt es beim Gärtner auf dem Wochenmarkt und inzwischen auch im Gartenversandhandel.

Wichtig: Setzen Sie beim Auspflanzen die Veredelungsstelle einen Finger breit über den Boden. Bei zu tief gesetzten Pflanzen bildet auch die aufgepropfte Gurke Wurzeln und der Effekt ist dahin.

Kälteempfindlich

Selbst im Sommer gibt es häufig kühle Nächte mit Temperaturen unter 12 °C, sogar im Folienhaus sinken die Temperaturen oft unter 16 °C. Dann stellen die Gurken ihr Wachstum vorübergehend ein und es kommt vor, dass ein Teil der Früchte abgestoßen wird. Mit stei-

genden Temperaturen verlaufen Wachstum und Fruchtbildung aber wieder normal.

Pflegen & Düngen

Einlege-Gurken und Schäl-Gurken im Freiland oder Frühbeet brauchen nur wenig Pflege. Auch das Entspitzen der Haupt- und Seitentriebe entfällt. Mini-Gurken sind ähnlich anspruchslos. Die Triebe leitet man an einem Rankgitter oder entlang von Schnüren auf. Da alle Sorten nur schwache Seitentriebe bilden, lässt man diese einfach wachsen. Kultiviert man

■ **Gurken**

Aussaat:	Vorkultur in Töpfen ab Anfang April, Direktsaat (Trauben-Gurken) ab Mitte Mai
Keimtemperatur:	Ab 18 °C, optimal 22 bis 24 °C
Pflanzung:	Freiland ab Mitte Mai, im Frühbeet oder Gewächshaus ab Anfang Mai
Pflanzabstand:	Eine Mittelreihe pro Beet mit 100 bis 120 cm Breite, in der Reihe 30 bis 45 cm (Trauben-Gurken, Mini-Salat-Gurken, Schäl-Gurken)
Fruchtfolge:	Nach Kohl, Kohlrabi, Rettichen / Radieschen oder Gründüngung mit Senf
Mischkultur:	Borretsch, bei weitem Reihenabstand zwischen Früh-Kartoffeln, Kohl oder Mais (als Windschutz)
Ernte:	Mitte Juni oder Anfang Juli bis Oktober

Gurken im Freiland muss man alle 2 bis 3 Tage überpflücken. Die dicken Schäl-Gurken lässt man höchstens so lange reifen, bis sich die Schale gelbgrün verfärbt. Wichtig: Die Gurken nie abreißen, sondern immer abschneiden! ■

die Gurken ohne Mulchfolie, häufelt man den Fuß der Pflanzen ab Juni mit Erde oder Kompost an und bedeckt das ganze Beet mit einer dicken Mulchschicht. Hacken oder Jäten sollte man möglichst vermeiden, weil die Pflanzen nur flach wurzeln. Schlangen-Gurken brauchen zumindest ein Dach über dem Kopf und verlangen eine konsequente Erziehung, müssen somit geschnitten und aufgeleitet werden.

Salat- und Mini-Gurken werden ab beginnender Fruchtbildung, spätestens jedoch nach der ersten Ernte, zwei- bis dreimal im Abstand von 3 Wochen mit Brennnessel- oder Beinwelljauche, Hornmehl oder einen anderen organischem Gemüsedünger ver-

sorgt. Auf eine rein mineralische Düngung sollte man bei den salzempfindlichen Gurken besser verzichten.

Ernten

Besser etwas zu früh als zu spät ernten – dieser Grundsatz gilt nicht nur für Zucchini, sondern noch mehr bei den Gurken. Lässt man die Früchte zu lange an den Pflanzen, kann es passieren, dass der „Nachwuchs" abgestoßen wird und sich keine neuen Blüten entwickeln. Bei Salat- und Mini-Gurken beginnt die Ernte bereits 4 bis 6 Wochen nach der Pflanzung. Bei zwei bis drei Pflanzen gibt es fast täglich Nachschub. Einlege-

▶ Schlangen-Gurken werden an einer Schnur oder einem Pflanzstab aufgeleitet. Dabei belässt man bis zu einer Wuchshöhe von 60 cm alle Seitentriebe, Blätter und Früchte. Ab 60 cm Höhe bleibt an jedem zweiten Blatt in der Blattachsel eine Frucht hängen. Die Seitentriebe werden regelmäßig nach dem ersten Fruchtansatz gekappt. Je früher die reifen Gurken geerntet werden, desto mehr neue Blüten und Früchte bilden die Pflanzen aus.

98 Zucker-Mais

Zucker-Mais aus dem eigenen Garten wird auch bei uns immer beliebter und gehört zu den wenigen Gemüse-Arten, die auch Kinder ganz begeistert essen. Der Anbau ist einfach und die neuen Sorten schmecken extrasüß.

Mais ist eine äußerst vielseitige Pflanze. Je nach Typ werden die Stängel nur 60 cm oder sogar bis zu 6 m hoch. Die Kolben enthalten 50 bis 500 Körner; diese können weiß, gelb, rosa oder dunkelrot sein und glänzend wie beim Erdbeer-Mais oder blau, braun, grün und violett wie bei den alten Sorten der Hopi-Indianer. Die bunten Sorten finden bei uns nur als Zier-Mais Verwendung, aus Erdbeer-Mais und weißem Perl-Mais lässt sich aber auch Popcorn bereiten.

Anders als beim Futter-Mais überwiegen beim Zucker-Mais statt der Stärke die Zuckerarten Glucose, Fructose und Saccharose. Nach dem Gehalt an Zucker werden die Sorten als süß oder extrasüß eingestuft. Zusätze zum Sortennamen wie „sweet", „supersweet" oder „extra-sweet" liefern einen Anhaltspunkt für den zu erwartenden Geschmack.

Säen & Pflanzen
Für unser Klimagebiet kommen nur frühe oder mittelfrühe Sorten wie 'Early Extra Sweet (extrasüß, sehr früh), oder 'Tasty Sweet

Throphy' (extrasüß, mittelfrüh) in Betracht. Auch die Sorte 'Starlite' (mittelfrüh) trägt an ihren Kolben mild-süße, gelbe und weiße Körner. Alle Sorten für den sehr frühen Anbau brauchen reichlich Wärme. Die Pflanzen können in kleinen Töpfen am Fensterbrett oder im Gewächshaus vorgezogen werden, die Vorkultur sollte aber nicht zu lange dauern, weil Mais, wie alle Gräser, den Topf rasch durchwurzelt und dann nicht mehr weiter wachsen kann. Optimal ist eine Anzuchtzeit von höchstens 14 Tagen. Nach dem Auspflanzen, aber auch bei einer Direktsaat von Ende April (dem frühesten Termin) bis Mitte Mai, schützt man die Pflänzchen mit Vlies vor möglichen Nachtfrösten und fördert die zügige Anfangsentwicklung.

▲ **Zucker-Mais wird milchreif geeerntet.**

Je schneller der Mais wächst, desto geringer sind die Ausfälle.

Die Pflanzen gedeihen auf allen Gartenböden, lediglich tonige, nasse Böden bereiten Probleme, weil sie sich zu langsam erwärmen. Bei der Direktsaat zieht man etwa 5 cm tiefe Furchen mit einem Reihenabstand von 60 bis 80 cm. Die tiefe Saat ist wichtig, damit die später erscheinenden Stützwurzeln (Koronarwurzeln) rasch die Erde erreichen und sich kräftig entwickeln. Bewährt hat sich die Horstsaat. Legen Sie dabei alle 10 cm zwei bis drei Maiskörner ab. Nach dem Auflaufen lässt man davon nur die kräftigsten Pflanzen

Keine Eile

Versuche mit gestaffelten Aussaat- und Pflanzterminen zeigen, dass eine frühe Saat kaum Vorteile bringt. Danach war Zucker-Mais, der am 7. Mai gepflanzt oder gesät wurde, nicht früher reif als die Sätze, die erst am 15. Mai aufs Beet kamen. Letzter Aussaattermin ist Ende Juni, die Kolben späterer Saaten reifen in unserem Klima nicht mehr ab. ■

stehen und vereinzelt auf 30 bis 40 cm Abstand. Mindestens zwei Maisreihen sind nötig, damit die Bestäubung klappt. Wichtig: Um eine unerwünschte Fremdbefruchtung und die damit verbundenen Geschmackseinbußen zu vermeiden, muss der Abstand zu Futter- oder Zier-Mais mindestens 500 m betragen.

Pflegen & Düngen

Wie alle Maissorten braucht auch Zucker-Mais reichlich Nährstoffe. 3 Liter Kompost pro Quadratmeter Beetfläche im Frühjahr liefern zunächst genügend Stickstoff und sichern eine ausrechende Versorgung mit Phosphor, Kalium und Magnesium. Noch einmal Nachschub brauchen die Pflanzen, wenn Anfang Juni die ersten männlichen Blüten (Fahnen) erscheinen. Eine umweltfreundliche Alternative zu den üblichen Handelsdüngern ist das Gießen mit selbst angesetzter Brennnesseljauche im Abstand von 1 bis 2 Wochen. Eine dicke Mulchschicht aus angetrocknetem Rasenschnitt hält den Boden feucht und reduziert den Unkrautwuchs. Noch

besser ist eine Untersaat aus einer rasch wachsenden Gründüngung wie Senf oder Phazelia, die man bei einer Höhe von etwa 20 cm abschneidet und als Mulch zwischen den Reihen liegen lässt. Wer auf beides verzichtet, muss das Beet regelmäßig hacken und die Pflanzen im Sommer anhäufeln.

Ernten

90 bis 100 Tage, sprich etwa 13 Wochen, dauert es, bis die süßen Kolben geerntet werden können – und das ist 1 bis 2 Wochen länger, als auf vielen Saatgutpäckchen angegeben wird. Jede Zucker-Mais-Pflanze bildet ein bis zwei Kolben aus, der Ertrag liegt damit bei 2 bis 3 kg pro Quadratmeter Beetfläche.

Gewichtsmäßig an der Spitze liegt 'Tasty Sweet Trophy' – ein Kolben wiegt fast 400 g. 'Early Extra Sweet' hat nur kleine Kolben und von den genannten Sorten auch die kleinsten Körner. Kinder mögen diese Sorte gerade deshalb besonders gerne zum Knabbern. Den richtigen Erntezeitpunkt darf man nicht verpassen. Die Körner sollen „milchreif" sein, das heißt,

beim Eindrücken mit dem Fingernagel muss süßer, weißer Saft herausspritzen und es macht gar nichts, wenn an der Kolbenspitze ein paar Körner eher weiß, statt goldgelb und noch nicht voll entwickelt sind.

Für die Beurteilung des Reifegrads müssen Sie nicht erst die Umblätter entfernen, auch die Fahne liefert einen wichtigen Anhaltspunkt: Etwa 3 bis 4 Wochen nach dem Schieben werden die weichen weißen „Fäden" braun und vertrocknen. Genau zu diesem Zeitpunkt ist der Zuckergehalt in den Körnern am höchsten, danach nimmt er rasch ab.

Am besten schmeckt ganz frisch gepflückter Zucker-Mais. Schon 24 Stunden nach der Ernte werden bis zu 50 Prozent des Zuckers wieder in Stärke umgewandelt. Müssen die Kolben bis zum Verbrauch noch gelagert werden, erntet man frühmorgens, solange es noch kühl ist und legt sie sofort in den Kühlschrank. Alle Zucker-Mais-Sorten eignen sich sehr gut zum Einfrieren. ■

Zucker-Mais

Aussaat:	Vorkultur in Töpfen ab Anfang April, Direktsaat ab Mai
Keimtemperatur:	Ab 10 °C, optimal 20 bis 25 °C
Pflanzung:	Ins Freiland ab Anfang Mai
Pflanzabstand:	Reihenabstand 60 cm, in der Reihe 25 cm
Fruchtfolge:	Nach allen Gemüse-Arten, nicht vor Rettichen, Lauch oder Winter-Zwiebeln
Mischkultur:	Bohnen, Gurken, Kürbis, Ringelblumen, Sonnenblumen und Zucchini. Sellerie, Rote Bete, Mangold und Spinat vertragen sich nicht mit dem Mais!
Ernte:	Ende Juli bis September

100 Wurzelgemüse

Wurzeln und Knollen werden in Mitteleuropa schon viel länger als Gemüse genutzt als viele andere Arten. Botanisch betrachtet handelt es sich nicht um Wurzeln, sondern um Rüben, die aus der verdickten Hauptwurzel entstehen. Obwohl sich die meisten Wurzelgemüse ähnlich sehen, können sie doch aus verschiedenen Teilen der Wurzel entstanden sein. Zu den echten Wurzelrüben gehören Möhren und Pastinaken. Rettiche und Speiserüben entstehen aus einer Verdickung in der Zone zwischen Wurzel und oberirdischen Pflanzenteilen. Die späten Sorten eignen sich gut zum Einlagern und lassen sich ohne nennenswerten Vitamin- und Geschmacksverlust bis ins Frühjahr aufbewahren. ■

▶ Wurzelgemüse sind leicht zu kultivieren, verlangen aber gute, tiefgründige Böden und brauchen lange, bis sie dicke Rüben gebildet haben.

Möhren

■ Möhren sind das „Vorzeigegemüse" unter den Wurzeln und es gibt kaum jemanden, der sie nicht mag. Der einzige strittige Punkt ist die Bezeichnung. Heißt es nun Möhre oder Karotte?

Daucus carota subsp. *sativus*, so lautet die botanische Bezeichnung. In der Praxis bezeichnet man die kurzen rundlichen Sorten meist als Karotten, und die langen spitzen Rüben als Möhren. Je nach Form der Wurzeln unterscheidet man fünf Möhrentypen:

Futterkarotten (Lagermöhre) mit langen, sehr großen Wurzeln,
Valery-Typ oder **Emperator-Typ** mit spitz zulaufender Wurzel,
Nantaiser-Typ mit typisch walzenförmiger Wurzel,
Duwicker-Typ mit kegelförmiger Rübe,
Pariser-Typ mit runden Wurzeln. Bei modernen Möhren-Sorten ist

der schnell wüchsige Nantaiser-Typ besonders häufig anzutreffen. Sie eignen sich besonders für den frühen Anbau und Spätsaaten ab Ende Juli.

Nicht nur in Orange

Die stark karotinhaltigen, orangefarbenen Möhren wurden erst im 17. Jahrhundert in den Niederlanden gezüchtet. Bis dahin aß man „Gelbe Rüben". In Italien wurde eine rotviolette Form angebaut; in der Türkei kultivierte man alle drei Formen der Wildkarotte und es gab weiße, gelbe und purpurrote Sorten.

Auch heute noch haben die so abfällig als „Futtermöhren" bezeichneten, langsamer wachsenden, traditionsreichen Sorten kulinarisch einiges zu bieten. Die goldgelben Rüben von 'Gelbe Lobbericher' werden von Spitzenköchen als Delikatesse geschätzt. Ganz

vorne im Geschmack steht die weiße Möhre 'White Satin' (F1) mit einem sehr hohen Gehalt an ätherischen Ölen. Als geschmacklich hervorragend gelten auch neue Sorten wie 'Nutri Red', mit intensiv dunkelorangeroter Farbe und die Bio-Züchtungen 'Rodelika' und 'Robila'.

Säen

Möhren entwickeln sich am besten in tief gelockerten, sandigen bis lehmigen Böden. Schwere Böden die rasch verklumpen und nach Regenfällen oft steinhart werden, sind gänzlich ungeeignet. Die Beetvorbereitung sollte so zeitig erfolgen, dass die dabei ans Licht beförderten Unkrautsamen vor der Saat auskeimen und ausgehackt werden können, denn das Jäten zwischen den zarten Möhrenpflänzchen ist mühsam und

▼ Bei den Möhren unterscheidet man je nach Wurzelform fünf verschiedene Typen (von links nach rechts): lange große Wurzel (Futterkarotten), spitz zulaufend (Valery-Typ), stumpf, walzenförmig (Nantaiser Typ), stumpf kegelförmig (Duwicker Typ), rundlich (Pariser Typ).

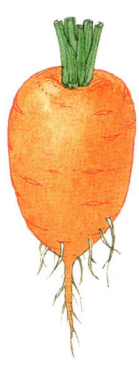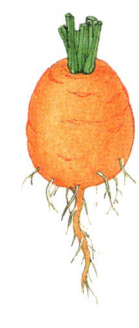

▲ Die 'Rodelika' wurde, ebenso wie ihre „Schwester" 'Robila' auf Geschmack gezüchtet. Beide Möhren-Sorten sind biologisch-dynamische Neuzüchtungen mit süßem Geschmack, viel Aroma und hohem Karotingehalt.

PRAXISDATEN

■ Vorbehandlung

Mischen Sie Möhrensamen mit feuchtem Sand (eine Samenportion mit einer Handvoll Sand mischen) und lassen Sie die Samen in einem geschlossenen Gefäß bei Zimmertemperatur 3 Tage lang vorkeimen. Dadurch verkürzt sich die Keimzeit auf dem Beet um mindestens eine Woche. Noch ein Vorteil: Die Mischung mit Sand verhindert eine zu dichte Saat. ■

gerade im Jugendstadium sind die nur zögerlich keimenden Rüben den vitalen Wildkräutern nicht gewachsen und werden rasch verdrängt.

Karotten lieben kalkhaltige Erde, deshalb stäubt man ein paar Handvoll Algenkalk, eventuell vermischt mit Steinmehl, vor der Bearbeitung über den Boden. Das Ganze arbeitet man zusammen mit gut ausgereiften Kompost ein. Bei einer Vorkultur mit Kohl oder einer Gründüngung mit Leguminosen entfällt die Kompostgabe vor der Saat.

Möhrenaussaat in Sätzen

Früh- oder Treibmöhren sät man bereits ab März ins Frühbeet, im Freiland schützt man frühe Saaten mit Folie oder Vlies. Sommer-Möhren können ab April bis Ende

▲ Sommer-Möhre 'Flyaway' wird nicht von der Möhrenfliege befallen.

Juni in Reihen ausgesät werden, Herbst- und Winter-Möhren ab August bis Oktober (für die Ernte im darauf folgenden Jahr). Die späte Herbstsaat bringt gegenüber den Sommersaaten nur Vorteile, wenn der Boden im Frühjahr erst sehr spät bearbeitet werden kann.

Wegen der langen Keimdauer von 2 bis 3 Wochen empfiehlt sich im Frühjahr und Sommer eine Markiersaat mit Radieschen. Deren Samen keimen innerhalb kürzester Zeit und machen den Verlauf der Reihen sichtbar. Das erleichtert das Unkrautjäten, denn ohne Markiersaat fällt ein Teil der Möhren oft vor dem Auflaufen der Hacke zum Opfer. Die Investition

MÖHREN-SORTEN – EINE AUSWAHL

Frühanbau:	'Gonsenheimer Treib', 'Parmex', 'Pariser Markt', 'Laguna F1' (sehr früh, auch als Saatband)
Sommeranbau:	Nantaise 2/Fanal, Nantaise 2/Hilmar, 'Nutri Red' (hoher Karotingehalt), 'Flyaway' (resistent gegen Möhrenfliege), 'Rotin'
Später Anbau:	Nantaise 2/Milan (für frühen und späten Anbau), 'Rothild'

in Saatbänder oder ebenfalls etwas teureres, pilliertes Saatgut erspart das mühevolle Vereinzeln, schränkt das Sortenangebot aber stark ein.

Pflegen & Düngen

Möhren stellen nur geringe Ansprüche an das Klima und können beinahe ganzjährig im Freiland angebaut werden. Bei höheren Temperaturen steigt allerdings der Karotingehalt und die Möhren reifen besser aus. Erst mit Beginn der Rübenbildung steigt der Nährstoffbedarf. Eine Düngung ist erst 8 bis 9 Wochen nach der Saat erforderlich. Wegen des hohen Kalibedarfs der Möhren gibt man am besten speziellen Gemüsedünger oder einen kalireichen Mehrnährstoffdünger. Beinwelljauche oder tierische Dünger wie Guano beeinträchtigen deutlich den Geschmack der Wurzeln und ziehen außerdem Gemüsefliegen an!

Ein geringer Ertrag geht meist nicht auf das Konto einer zu geringen Nährstoffgabe, sondern deutet auf Wassermangel während der Wurzelbildung hin. Gießen Sie vor allem in den letzten 4 Wochen vor der Ernte bei Trockenheit reichlich und regelmäßig! Wechseln sich Trockenheit und Nässe ab, platzen die Rüben auf.

Möhrenfliege abwehren

Die Möhrenfliege legt ihre Eier an den Wurzelhals der Pflanzen. Die Maden fressen sich dann durch die Rüben. Die Fraßgänge sind unappetitlich, die Möhren schmecken bitter und faulen. Weniger befallen werden Frühsaaten bis Mitte März

◀ Beinige Möhren entwickeln sich auf zu schweren oder staunassen Böden. Zur Abhilfe sät man im Herbst eine tief wurzelnde Gründüngung aus, lockert den Boden im Frühjahr tief und arbeitet reichlich Sand und Reifkompost ein.

▼ Möhren können auf dem Beet überwintern. Das welkende Laub wird abgedeckt mit einer dicken Schicht aus Laub und Stroh. Die Blätter sollten noch herausschauen.

104

AUF EINEN BLICK

■ Möhren

Aussaat:	März bis Juni (Spätsaaten bis Ende Oktober), 2 cm tief, Frühsaaten nur knapp mit Erde bedecken
Keimtemperatur:	Ab 5 °C, optimal 22 °C
Pflanzabstand:	Früh-Möhren 20 cm, sonst 30 cm. In der Reihe auf 2 bis 5 cm ausdünnen
Fruchtfolge:	Nach Kartoffeln, Kohl oder Gründüngung. Ungünstige Vorkulturen sind Luzerne oder Klee-Einsaat. Mindestens 3 Jahre Abstand zu Sellerie, Petersilie, Fenchel, 4 Jahre zu Möhren
Mischkultur:	Dill, Porree und Zwiebeln, Kohlrabi
Ernte:	Nach rund 100 Tagen, Mai bis Oktober, mit Frostschutz den ganzen Winter über ■

und Aussaaten ab Mitte Juni. Beste Gegenmaßnahme: Decken Sie das Beet sofort nach der Saat mit Gemüseschutznetz ab. Auch das früher übliche Anhäufeln der Möhrenreihen erschwert den Fliegen die Eiablage. Eine Mischkultur mit Porree hat sich ebenfalls bewährt (abwechselnd zwei Reihen Möhren, zwei Reihen Porree).

Ernten

Möhren und Karotten schmecken jung ganz besonders zart und süß, enthalten aber weniger ätherische Öle. Früh geerntete und deshalb noch nicht ausgereifte Möhren eignen sich auch nicht zum Einlagern. Späte Möhren für den Wintervorrat sollte man erst ernten,

PRAXISTIPP

■ Geduld mit der Ernte

Ernten Sie Möhren zum Einlagern erst dann, wenn sich die Blattspitzen rötlich oder gelb verfärben. Denn dann ist der Zuckergehalt optimal und die Rüben gehen in ein Ruhestadium über. ■

wenn die Wurzelspitze runder wird und die Rüben nicht mehr spitz zulaufen, sondern eher zylindrisch

Pastinaken

■ Bis ins 18. Jahrhundert waren Pastinaken (*Pastinaca sativa*) ein wichtiges Grundnahrungsmittel und ersetzten bis dahin die feineren Möhren und die nahrhaften Kartoffeln. Der Name „Hammelmöhre" ist kein Schimpfwort, sondern weist darauf hin, dass die wilden, ebenso wie die kultivierten Rüben nicht nur bei Schafen, sondern auch bei anderen Haustieren begehrt sind. Selbst Kaninchen ziehen die Pastinaken den Möhren vor. Die Rüben der Wildform sind dünn und hart, bei den Kultursorten werden sie bis zu 6 cm dick und 40 cm lang. Sie schmecken würzig und gleichzeitig sehr süß, denn der Zuckergehalt liegt deutlich höher als bei den Möhren.

geformt sind. In einem gelochten Kunststoffbeutel oder einem feuchten Küchentuch halten sich junge Möhren im Kühlschrank für 1 bis 2 Wochen.

Lagermöhren schichtet man nebeneinander in Kisten mit leicht angefeuchtetem Sand und stellt diese in einen möglichst kühlen, aber frostfreien Keller. Oder man senkt die Kisten im Frühbeet bis zum Rand in die Erde ein und deckt sie mit Jutesäcken ab. In den meisten Gebieten können Möhren im Winter unter einer dicken Mulchschicht auch einfach auf dem Beet bleiben und man erntet nach Bedarf. ■

Säen

Die Kultur verläuft dabei ganz ähnlich wie bei den Möhren. Die Samen keimen ebenso zögerlich wie Möhrensamen und nur auf tief gelockerten, sandigen Böden entwickeln sich die Pflanzen wirklich üppig. Die Aussaat erfolgt aber möglichst früh, bereits Anfang März, spätesten aber im April, wie üblich in Reihen und erst dann,

PASTINAKEN-SORTEN

■ 'Halblange Weiße', 'Aromata' (schlanke, butterfarbene, hocharomatische Wurzel) 'Runde Weiße' (kurze, runde Rüben, auch für wenige tiefgründige Böden), 'White Spear' (bauchige, halblange Wurzeln) ■

▲ **Lang und schmal wie Möhren oder rund und dick wie Speiserüben – Pastinaken können bis zu einem Pfund schwer werden.**

wenn sich die Erde im Beet gut abgesetzt hat. Eine Markiersaat mit den passenden Mischkulturpartnern wie Radieschen oder Ringelblumen ist vorteilhaft. Zur Abwehr der Möhrenfliege sollte man das Beet nach der Saat mit Gemüseschutznetz bedecken.

Pflegen & Düngen

Das Hauptwachstum der Wurzeln setzt erst im September ein. Eine Düngergabe mit Hornmehl oder Gemüsedünger (25 g/m²) im August sichert den weiteren Nährstoffbedarf. Vorsicht: Bei überdüngten oder zu fruchtbaren Böden bilden Pastinaken viele Blätter, die Wurzeln dagegen verkümmern oder werden mehlig und geschmacklos. Damit der Boden

während der langen Kulturzeit nicht verkrustet, lockert man die obere Erdschicht nach stärkeren Regengüssen zwischen den Reihen mit dem Kultivator oder der Ziehhacke. Eine Mulchschicht erspart nicht nur diese Arbeit, sondern hält auch den Boden ausreichend feucht. Ab August steigt der Wasserbedarf der Pastinaken erheblich – während längerer Trockenperioden muss man auf unbedeckten Beeten alle 3 Tage durchdringend gießen.

Ernten

Die Ernte erfolgt von Oktober bis zum zeitigen Frühjahr. Die ideale Pastinake hat ein zartes, nussartiges Aroma. Nach dem ersten Frost werden die Wurzeln milder, süßer und noch geschmackvoller. Für eine Ernte im Winter wird das Beet mit Laub und Stroh abgedeckt – dadurch können Sie selbst bei länger anhaltendem Frost immer wieder Pastinaken genießen.

Die Rüben können aber auch wie Möhren eingelagert werden. Pastinaken werden roh geraspelt als Salat und gekocht verzehrt. Sie lassen sich für Suppen, Gemüse-Eintöpfe, Soßen, als Soufflé, Püree oder Beilage zu Fleischgerichten verwenden. Unbedingt probieren: Eine Mischung aus Pastinaken und Petersilienwurzel. ■

REZEPT

■ **Püree aus Pastinaken**
„Mashed parsnips" gehört zu den Klassikern der englischen Küche. Das Pastinakenpüree wird wie Kartoffelpüree zubereitet, schmeckt jedoch wesentlich aromatischer. Man serviert es klassisch zu gebratenem oder gegrilltem Fleisch, das Püree passt aber auch wundervoll zu Gemüsegratin und Fisch.
Für Einsteiger: Bereiten Sie gemischtes Kartoffel-Pastinaken-Püree zu. ■

Wurzel-Petersilie

■ Die Urform der Wurzel-Petersilie (*Petroselium sativum* var. *tuberosum*) wächst wild im Mittelmeerraum, meist auf steinigen, aber dennoch feuchten Böden. Als Gemüse verwendet man Wurzel-Petersilie heute kaum mehr, aber als Suppenwürze ist sie wieder im Kommen.

Wurzel-Petersilie ist ebenso frosthart wie die Pastinaken. Und oft werden die beiden eng verwandten Gemüse-Arten miteinander verwechselt. Aber die je nach Sorte bis zu 20 cm langen, weißen Wurzeln der Wurzel-Petersilie sind eindeutig am intensiven und weniger süßlichen, typischen Petersiliengeschmack zu unterscheiden.

Säen & Pflanzen

Wurzel-Petersilie sät man im März oder April in tief gelockerte, humus- und nährstoffreiche Erde. Je dünner die Saat, desto dicker werden die Wurzeln, sät man zu dicht, bleiben die Rüben dünn und brüchig, dafür bilden die Pflanzen mehr Blätter. Wer nur wenige Pflanzen braucht, kann die Samen auch in Schalen aussäen, die Sämlinge gleich nach dem Auflaufen in Multitopfplatten pikieren und im April mit Topfballen auspflanzen. Der Vorteil: Durch die höhere Temperatur bei der Vorkultur keimen die Pflanzen deutlich schneller und sind vor Auflaufkrankheiten besser geschützt.

Pflegen & Düngen

Wichtig ist, dass der Boden nicht verkrustet oder verschlämmt, das verhindert man am besten durch eine Mulchschicht oder regelmäßiges Hacken mit der Ziehhacke oder dem dreizinkigen leichten Kultivator. Eine Kompostgabe bei der Beetvorbereitung reicht bei guten Gartenböden aus, denn die Qualität der Wurzeln hängt nicht von der Dicke, sondern vom Geschmack ab. Sie lagern mehr ätherische Öle ein, wenn sie nicht zu rasch wachsen. Außerdem steigt dadurch die Winterhärte und das ist vor allem deshalb wichtig, weil die Rüben gerade in der kalten Jahreszeit das grüne Petersilienkraut ersetzen sollen.

Ernten

Wurzel-Petersilie wird im November mit der Grabegabel gerodet und im Keller in feuchtem Sand als Petersilien-Ersatz eingelagert. In den meisten Gebieten kann man sie einfach auf dem Beet lassen und nach Bedarf ernten. Eine Mulchdecke schützt Boden und Wurzeln und ermöglicht die Ernte auch bei Minusgraden. Ebenso kann man ein paar Wurzeln im Herbst ausgraben und dicht an dicht in Töpfe mit sandiger Erde stecken. Man holt sie nach und nach ins Haus, um an einem hellen Fenster frisches Petersiliengrün anzutreiben. ■

▼ Petersilienwurzeln lassen sich im Winter gut auf der Fensterbank oder im Gewächshaus antreiben: Pflanzen Sie die Wurzeln im Herbst in große Töpfe, dabei muss die "Schulter" der Rüben über der Erde liegen. Das frische Grün wird wie normale Petersilie verwendet.

REZEPT

■ **Selbst bereitete Suppenwürze**

Vermischen Sie fein gehackte Petersilienwurzeln mit der doppelten bis dreifachen Menge Salz. Diese Mischung dient als Gewürz für Suppen, Soßen und Gemüse-Eintopf. In einem Schraubglas aufbewahren. ■

■ **Pastinaken und Wurzel-Petersilie**

Aussaat:	März bis April, 2 cm tief, Entwicklungszeit 5 bis 8 Monate
Keimtemperatur:	5 °C, optimal 15 bis 20 °C
Reihenabstand:	35 bis 40 cm, in der Reihe auf 8 bis 10 cm vereinzeln
Fruchtfolge:	Nach Kartoffeln, weiter Anbauabstand zu Möhren und anderen Doldenblütlern
Mischkultur:	Dill, Majoran, Ringelblumen, Sonnenblumen, Spinat, Zucker-Mais
Ernte:	Ab Oktober bis zum Frühjahr

Schwarzwurzeln

■ Winterspargel nennt man Schwarzwurzeln (*Scorzonera hispanica*) noch heute, und genau das wurde dem schmackhaften Wurzeln zum Verhängnis. Die gut fingerdicken Rhizome der mit den Artischocken verwandten Pflanzen schmecken äußerst delikat – nur eben nicht nach Spargel und wer das erwartet, wird enttäuscht sein. Dennoch macht sie das nussige, leicht mandelartige Aroma zu einem der feinsten Wintergemüse.

Dass man sie in den Gärten und auf dem Wochenmarkt immer seltener antrifft, liegt daran, dass viele Hausfrauen die Wurzeln nur mit Handschuhen anfassen. Beim Schälen sondern sie nämlich einen sahnedicken, milchweißen Saft ab, der an der Luft schnell oxidiert und nicht nur die Wurzeln, sondern auch die Hände braun färbt. Doch dieses Problem lässt sich mit Zitronensaft oder Essig ganz einfach beheben. Ein weiteres Handicap für die Schwarzwurzeln: Zwischen

Aussaat und Ernte vergehen zwischen 8 und 11 Monate. Doch die Mühe lohnt sich, denn die als Ersatz für die frisch geernteten Wurzeln oft verwendete Konservenware schmeckt einfach nur fade. Noch ein Grund für den Anbau: Schwarzwurzeln enthalten viermal soviel Kohlenhydrate wie Spargel (sie sind also sehr nahrhaft) – und

mehr als dreimal soviel Eisen und Kalzium. Dazu enthalten sie reichlich Vitamin E, was ansonsten selten in Gemüse zu finden ist.

Säen

Die Aussaat erfolgt möglichst früh, am besten bereits Anfang März, in tiefgründige, lockere, sandig-lehmige oder humose Erde. Die über 15 mm langen, stäbchenförmigen Samen brauchen guten Bodenkontakt, deshalb drückt man die Saatreihen nach dem Abdecken mit einem Brett leicht an. Wichtig: Nur ganz frisches, nur ein Jahr altes Saatgut ist ausreichend keimfähig! Doch die frühe Saat hat einen Nachteil: In kühlen Lagen steigt die Gefahr der Schosser. Die hübschen Blüten kann man jedoch einfach ausbrechen oder sich daran erfreuen – und die Ernte dünnerer Wurzeln in Kauf nehmen.

▼ Schwarzwurzeln erntet man am besten portionsweise nach Bedarf. Sie lassen sich nur kurze Zeit einlagern.

Pflegen & Düngen

Während der gesamten Wachstumszeit sind die Pflanzen ausgesprochen bescheiden und stellen kaum Ansprüche an das Klima. Auf trockenen Böden und im Sommer ist eine zusätzliche Bewässerung wichtig. Der Boden sollte mit einer mittleren Kompostgabe versorgt sein, eine weitere Düngung erfolgt mit 50 bis 100 g Hornmehl oder einem anderen organischen Gemüsedünger erst zur Hauptwachstumsphase, nämlich im Juli. Zurückhaltung ist angebracht, eine höhere Düngergabe steigert zwar den Wurzelumfang und erhöht den Ertrag, darunter leidet aber das Aroma und die Wurzeln werden mehlig.

Achten Sie beim Samenkauf auf die Sorte: Ältere Sorten wie 'Hoffmanns Schwarze Pfahl' brauchen oft 18 Monate bis zur Erntereife. Der Sorte 'Einjährige Riesen' und neueren Sorten wie 'Meres' gelingt dies in einer Vegetationsperiode. 'Verbesserte nichtschießende Riesen' bilden sehr lange Wurzeln, sofern sie den entsprechenden Boden vorfinden!

◢ Oben: Auch Schwarzwurzeln, die vorzeitig blühen, eignen sich noch für die Küche, die Wurzeln bleiben aber dünner und insgesamt kleiner.

◄ Unten: Schwarzwurzeln brechen bei der Ernte leicht ab. Dies lässt sich leicht vermeiden, wenn man erst dicht neben der Reihe eine Furche aushebt und die Wurzeln dann mit dem Spaten etwas anhebt und seitlich aus der Reihe in Richtung Furche drückt.

AUF EINEN BLICK

Schwarzwurzeln

Anbauzeitraum:	8 bis 12 Monate
Keimtemperatur:	Ab 2 °C, optimal 16 bis 20 °C
Aussaat:	März / April, 1 bis 2 cm tief
Reihenabstand:	30 cm, in der Reihe auf 6 bis 8 cm vereinzeln
Fruchtfolge:	Nicht nach Artischocken und Chicorée
Mischkultur:	Kohlrabi, Feldsalat, Ringelblumen

Ernten

Da die Wurzeln im Herbst noch einmal an Umfang zulegen, wartet man mit dem Erntebeginn bis Oktober oder November ab. Damit die langen Stangen beim Ausgraben nicht so leicht abbrechen, hebt man neben der Schwarzwurzelreihe mit dem Spaten eine schmale, tiefe Furche aus (siehe Abbildung auf der linken Seite), und schiebt die Wurzeln dann von der anderen Seite in Richtung der Furche heraus. Die Stangen dabei nicht verletzen!

Schwarzwurzeln verarbeiten

Wurzeln unter fließendem Wasser grob abbürsten und abtropfen lassen. Damit sie nicht abbrechen, flach auf ein großes Küchenbrett legen, beide Wurzelenden abschneiden und die Schale mit dem Sparschäler dünn abschälen. Die Wurzel in gleichmäßige Stücke schneiden und sofort in Essigwasser einlegen. Wasser mit Zitronensaft und Salz erhitzen, die Wurzeln darin 10 Minuten garen, anschließend nach Rezept weiterverarbeiten. ▪

Haferwurzel

▪ Die Haferwurzel (*Tragopogon porrifolius*) wurde im Mittelalter häufig angebaut, aber später von den Schwarzwurzeln verdrängt. In England nennt man das Gemüse wegen des ausgezeichneten Geschmacks „Oyster Plant". Die pflanzliche Auster liebt volle Sonne und durchlässige Böden. Die Wurzeln werden wie Schwarzwurzeln zubereitet und können den ganzen Winter bei offenem Boden direkt vom Beet geerntet werden. Noch ein Grund, die Haferwurzel wieder in die Gärten zu holen, sind die hübschen, violetten oder roten Blüten, die im zweiten Jahr erscheinen.

Ausgesät wird im April direkt ins Freiland. Die Samen bleiben nur 2 Jahre keimfähig! Am besten lässt man einige Pflanzen blühen und gewinnt daraus eigenes Saatgut. Haferwurzeln sind winterhart.

Ernten kann man ab Oktober und ganz nach Bedarf bis ins Frühjahr. Ab Beginn der Blütenbildung werden die Wurzeln hart und holzig. ▪

▼ Die Haferwurzel gehört zu den fast vergessenen Gemüse-Arten. Die Kultur erfolgt wie bei den Schwarzwurzeln. Tipp: Hafelwurzeln wie Schwarzwurzeln kochen und in Sahnesoße servieren.

110

Sellerie

■ Der wilde Sellerie (*Apium graveolens*) wächst zweijährig und kommt vor allem auf Salzböden vor. Die Blütendolden werden bis zu einem Meter hoch. Bis ins 17. Jahrhundert wurde Sellerie hauptsächlich als Heilpflanze und als Gewürz verwendet und in den Klostergärten kultiviert. Im Garten wird Sellerie einjährig, dafür aber in drei unterschiedlichen Varianten angebaut.

Schnitt- oder Würz-Sellerie

(*Apium graveolens* var. *secalinum*) bildet keine oder nur ganz winzige Knollen. Die Blätter erinnern stark an die großblättrigen Formen der glatten Petersilie; sie werden auch genauso geerntet und verwendet.

Stauden-Sellerie (*Apium graveolens* var. *dulce*), auch Bleich- oder Stangen-Sellerie genannt, hat lange fleischige Blattstiele und eine kleine Wurzelknolle, die bei der Ernte abgeschnitten und nicht mit verwertet wird.

Knollen-Sellerie (*Apium graveolens* var. *rapaceum*) entwickelt eine runde Wurzelknolle, die auf fruchtbaren Böden einen Durchmesser von 15 bis 20 cm erreichen kann.

Seinen Ruf als Aphrodisiakum ist Sellerie bis heute nicht losgeworden. Was lange Zeit als Ammenmärchen galt, ist nun doch nicht von der Hand zu weisen: Kraut und Knollen enthalten, außer wichtigen Mineralstoffen und Vitaminen, eine ganze Reihe hormonähnlicher Inhaltsstoffe.

▶ Bei Sellerie muss der Wurzelansatz nach dem Pflanzen knapp unter der Beetoberfläche liegen. Zu tief gepflanzter Sellerie bildet nur kleine Knollen.

Säen & Pflanzen

Sellerie hat eine lange Kulturzeit, deshalb sät man die Samen bereits ab März aus. Entweder direkt in Multitopfplatten oder in Saatschalen – dann müssen Sämlinge im Abstand von 5 cm pikiert werden. Die Vorkultur am Fensterbrett ist einfach, die Pflanzen keimen auch bei Temperaturen unter 20 °C. Bei mindestens 16 °C ist die Gefahr von Schossern nach dem Auspflanzen allerdings deutlich geringer. Damit wartet man bis Anfang Mai, in raueren Lagen besser bis Mitte des Monats. Alle Sellerie-Arten können unter Vlies oder Folie angebaut und dadurch um bis zu 2 Wochen verfrüht werden. Wer nur wenige Pflanzen braucht, kauft die Setzlinge beim Gärtner und kann bereits im Frühsommer damit die ersten Erntelücken im Beet füllen.

Schnitt-Sellerie sät man frühestens Ende April direkt ins Beet. Septembersaaten unter Folie oder im Frühbeet, um im Spätherbst noch zu ernten, sind ebenfalls möglich.

Sellerie wird bei der Aussaat häufig von Pilzkrankheiten befallen. Zum Schutz davor sollte man die Samen vor der Aussaat für 20 Minuten in 50 °C heißes Wasser einlegen.

Pflegen & Düngen

Sellerie liebt lockere, feuchte Erde und ist zu Beginn der Entwicklung nicht sehr konkurrenzstark. Eine regelmäßige Lockerung der Erde, vor allem nach Regenfällen oder bei länger anhaltender Trockenheit, fördert die zügige Entwicklung der Blätter, Knollen oder Stangen und schränkt die Verdunstung ein. Noch günstiger ist eine dünne Mulchschicht aus nährstoffreichem, leicht angetrocknetem Rasenschnitt. Stand zuvor Kohl auf dem Beet, braucht Sellerie nur eine niedrige Nährstoffgabe mit Kompost oder Hornspänen.

ROBUSTE SELLERIE-SORTEN

■ **Knollen-Sellerie:**
'Bergers Weiße Kugel', 'Ibis', 'Monarch' (besonders zum Einlagern)
Stangen-Sellerie:
'Tall Utah', 'Tango' (zarte Stiele, auch ohne Bleichen) ■

GÄRTNERWISSEN

■ Symptome für Nährstoffmangel

Entstehen im Fleisch braune, eingesunkene Stellen oder werden die Knollen im Inneren wattig, ist dies meist ein Zeichen von Überlagerung. Dieselben Symptome finden sich aber auch bei zu kräftiger Düngung oder Pilzbefall vor der Ernte. Hohle Knollen entstehen bei Bormangel. Dagegen hilft die einmalige Gabe eines borhaltigen Volldüngers mit Spurenelementen (im Gartenfachhandel). ■

Zur Hauptwachstumphase ab August haben sich kalireiche Gemüsedünger und verdünnte Beinwelljauche bewährt (2 bis 3 Gaben im Abstand von 3 bis 4 Wochen).

Ernten

Die ersten kleinen Sellerie-Knollen eignen sich als Suppenwürze. Blätter und klein gehackte Knollen schmecken auch zu Bratkartoffeln oder im Gemüse-Auflauf. Wenn man von Knollen-Sellerie regelmäßig Blätter ernten möchte, sollte man ein paar Pflanzen nur für diesen Zweck anbauen und die anderen Wurzeln verschonen.

Weil die Knollen gerade im Herbst noch einmal kräftig zulegen, lässt man die zum Einlagern bestimmten Selleriepflanzen so lange wie möglich auf dem Beet und erntet erst kurz vor dem ersten Frost. Vor dem Einlagern werden die Blätter ein paar Zentimeter über der Knolle abgeschnitten. Wichtig: Die Knollen nicht waschen, sondern die anhaftende Erde nur grob entfernen. Die Knollen werden dann in flache Kisten mit leicht feuchtem Sand oder Torf eingeschichtet und in einem kühlen, frostfreien Lagerraum aufbewahrt. Ideal sind Temperaturen knapp über 0 °C und hohe Luftfeuchtigkeit. Bei der Zubereitung kann man große Knollen in mehreren Etappen aufbrauchen. Im Kühlschrank halten sich die angeschnittenen Knollen mindestens eine Woche.

Stangen-Sellerie bleichen

Obwohl die heutigen Sorten des Stauden-Selleries meist selbst bleichend sind, lohnt sich der Aufwand für das Bleichen. Wirklich zart werden die Stängel nämlich nur bei Lichtentzug. Binden Sie die erntefähigen Pflanzen unterhalb des Blattschopfes zusammen und umwickeln Sie die Stängel mit einem breiten Streifen aus Karton. Schwarze Folie eignet sich nur bedingt. Bei feuchter Witterung oder starken Temperatur-Schwankungen bildet sich darunter Kondenswasser und Fäulnispilze haben leichtes Spiel! Nach 7 bis 10 Tagen sind die Stauden hellgrün bis hellgelb. Bleichen Sie am besten satzweise! Verpacken Sie nur so viele Stauden, wie demnächst gebraucht werden.

Vegetarischer Genuss

In der Suppe ist Sellerie unverzichtbar, als Gemüse werden die Knollen meist unterschätzt. Einen Versuch lohnt Sellerie-Cordon-Bleu: Füllen Sie zwei dünne Scheiben von knapp gar gedämpftem

 Sellerie kann im Herbst lange auf dem Beet bleiben. Im Oktober legen die Knollen noch einmal kräftig an Gewicht zu.

112

Sellerie

Aussaat:	März / April, Vorkultur in Topfplatten
Keimtemperatur:	5 °C, optimal 20 °C
Pflanzung:	Ab Mai
Pflanzabstand:	Reihenabstand 40 cm, in der Reihe 30 cm
Fruchtfolge:	Nach Kopfkohl, nicht nach anderen Doldenblütlern (4 Jahre Abstand)
Mischkultur:	Busch-Bohne, Gurke, Kamille, Kohl (als besonders geeigneter Nachbar gilt Blumenkohl), Kohlrabi, Porree und Tomate. Nicht neben Kartoffeln oder Kopfsalat
Ernte:	Suppen-Sellerie ab August, Knollen zum Einlagern und Stauden-Sellerie ab Oktober

Knollen-Sellerie mit Schinken und Käse. Das Ganze panieren und ausbacken. Vorgegarte Sellerie-Scheiben können Sie auch mit saurer Sahne und geriebenem Käse gratinieren.

Stangen-Sellerie ist nicht so robust wie sein kugeliger Verwandter. Am besten erntet man die Stängel erst kurz vor der Zubereitung – je frischer, desto besser. Gebleichter

Sellerie bleibt im Kühlschrank, eingeschlagen in ein feuchtes Tuch, länger frisch als ungebleichter. Mit der Zeit bilden sich, wie beim grünen Sellerie auch, die Fasern auf der Rückseite der Stiele aber kräftiger aus und die Stängel werden zäh. Für die Zubereitung können Sie bei Stangen-Sellerie die Fasern an den äußeren Stängel wie bei Rhabarber abziehen oder mit dem Sparschäler abschälen.

fende Ernte möglichst junger, zarter Rüben legt, sät in mehreren Sätzen, im Abstand von 4 Wochen. Letzter Termin dafür ist Ende Juni.

Im Bezug auf Boden und Klima sind Rote Bete ziemlich anspruchslos, Probleme bereiten nur sehr schwere oder sehr leichte, trockene Böden. Auf humosen und nährstoffreichen Gartenböden lagern die Rüben verstärkt Nitrat ein. Eine Vorkultur in Topfplatten ist möglich, auch beim späteren Vereinzeln vorsichtig ausgehobene Sämlinge kann man noch leicht auf den richtigen Abstand verpflanzen. Vermeiden lässt sich das mühsame Vereinzeln durch die Verwendung von einkeimigem (monogermem) Saatgut oder Pillensamen.

Pflegen & Düngen

Weniger Aufwand verlangt kaum eine andere Gemüse-Art, meist beschränkt sich die Arbeit auf das gelegentliche Lockern verkrusteter Erde. Bei länger anhaltender Trockenheit während der Keimung oder der Rübenbildung sichert

Rote Bete

■ Gerade bei der Roten Bete (*Beta vulgaris*) gibt es viel zu entdecken, denn inzwischen sind nicht nur die bekannten roten Sorten zu haben – auch die früher beliebten, milden gelben, orangefarbenen und weißen Bete erobern ihren Platz im Beet und in der Küche zurück. Sie sind das beste Beispiel, um das Image der Roten Rüben oder Randen als langweiligste Gemüse-Art endgültig zu widerlegen.

Säen

Die Aussaat der knäueligen Samen erfolgt ab April, frühere Saaten neigen zum Schießen. Jeder Same enthält bis zu fünf Keimlinge. Das Vereinzeln ist deshalb unabdingbar, es sei denn man verwendet monogermes, also einkeimiges Saatgut, das meist in Pillenform angeboten wird. Auf die alten Sorten muss man in diesem Fall aber verzichten. Wer Wert auf eine lau-

▲ **Links:** Runde Formen wie die Sorte 'Rote Kugel' wachsen schneller als die walzenförmigen oder zylindrischen Rote-Bete-Sorten.

▲ **Rechts:** Rote Bete einmal nicht rot, sondern apart rosa-weiß geringelt. Die alte italienische Sorte 'Tonda di Chioggia' kommt in modernen Gemüsegärten zu neuen Ehren.

▼ Herbstgemüse wie Rote Bete, Zwiebeln, Lauch und Kohl gedeihen bestens in Mischkultur. Voraussetzung: Ein Nährstoffnachschub im Sommer.

AUF EINEN BLICK

■ **Rote Bete**

Aussaat:	Ab April bis Ende Juni, 1 bis 2 cm tief (Samen gut andrücken)
Keimtemperatur:	Ab 10 °C, optimal 20 °C
Pflanzabstand:	Reihenabstand 25 cm, in der Reihe 4 bis 5 cm
Fruchtfolge:	Nach Kohl, Kartoffeln, Sellerie oder Porree. Nicht nach Mangold oder Spinat
Mischkultur:	Sommersalate (Eis- und Pflücksalat), im Frühjahr Stielmus, Blattsenf (Asia-Salate)
Ernte:	Juli bis November

ein Guss aus der Kanne die rasche Weiterentwicklung der Sämlinge oder Knollen. Geben Sie ab Beginn der Knollenbildung alle 14 Tage verdünnte Beinwell- oder Brennnesseljauche ins Gießwasser oder arbeiten Sie 5 bis 6 Wochen nach der Saat einen kalireichen Gemüsedünger zwischen den Reihen ein. Anschließend sollten Sie das Beet mulchen.

Ernten

Verzichtet man auf hohe Erträge, können Rote Bete schon sehr jung geerntet werden. Als „Baby Beets" mit nur wenigen Zentimetern Durchmesser schmecken die Rübchen besonders zart und die Garzeiten sind nur kurz. Junge rote, gelbe oder weiß-rote Knollen

schmecken auch roh. Zum Einlagern eignen sich nur die im Sommer gesäten, voll ausgereiften Knollen.

Der richtige Erntezeitpunkt ist gekommen, wenn die Blätter fleckig werden und sich bräunlich verfärben. Bei der Ernte darf man die Hauptwurzel nicht beschädigen, sonst "bluten" die Rüben leicht aus und sind nicht mehr lagerfähig! Deshalb reißt man Rote Bete nicht einfach aus, sondern hebt sie mit der Grabegabel aus der Erde. Die äußeren Blätter werden vorsichtig abgedreht, die jüngeren Herzblätter an der Knolle belassen. Schließlich schlägt man die Rüben in feuchten Sand ein. Ideal sind Lagerbedingungen bei einer

114

Temperatur von 4 °C und 95 Prozent Luftfeuchte.

Nach wissenschaftlichen Erkenntnissen steigt während einer mehrwöchigen Lagerung der Vitamin-C-Gehalt bei Rote Bete immer noch an, während er bei anderem Lagergemüse schon kurz nach der Ernte wieder abfällt. Gesundheitsbewusste bevorzugen die rohen Roten Rüben, fein geraspelt in Salaten oder aus der Saftpresse.

Bunte-Bete-Carpaccio

Aus den verschiedenen gekochten Beten lässt sich ein Carpaccio zubereiten. Legen Sie in dünne Scheiben gehobelte Bete nach Farben sortiert auf eine große Platte. Bereiten Sie aus drei Stängeln sehr fein gehacktem Stauden-Sellerie, Dill, Knoblauch, Salz, weißem Balsamico-Essig und Olivenöl eine Salatsauce, die Sie darüber verteilen. Lassen Sie die Bete vor dem Servieren kurz ziehen. ■

Säen

Durchlässige, eher magere, sandige Erde ist ideal für die Teltower Rüben, während Mairüben auf allen humosen, nicht zu schweren Böden wachsen. Traditionell sät man Anfang oder Mitte August für die Herbsternte im Oktober. Aber nichts spricht gegen einen frühen Aussaattermin im März oder April für die Ernte im Mai und Juni. Die Saat erfolgt direkt ins Beet, nach dem Auflaufen vereinzelt man die Sämlinge möglichst früh, denn sie wachsen schnell und bedrängen sich dann gegenseitig.

Herbst- und Mairüben

■ Die zarten, wasserreichen Herbst- und Mairüben (*Brassica rapa*) sind eng mit dem Kohl verwandt. Ihr Pech: Oft werden sie mit den Kohlrüben in einen Topf geworfen und als „Arme-Leute-Gemüse" verachtet. In Frankreich schätzt man dieses Wurzelgemüse sehr und, anders als die "Chounavetes", die Kohlrüben, sind die feinen weißen „Navets", fester Be-

standteil vieler Pot-au-feus (Eintöpfe). Sie finden sich in Gemüse-Mischungen für Salate und werden als Beilage zu Ente gereicht. Eine typisch deutsche und schon zu Goethes Zeiten beliebte Variante sind die gelben Teltower Rübchen. Als „Stoppelrüben" waren sie die ideale, weil schnell wachsende Kultur nach Frühkartoffeln oder Getreide.

Pflegen & Düngen

Bei der kurzen Kulturdauer von nur 9 Wochen erübrigt sich eine Düngung. Bei den Sommersaaten muss nur die Wasserversorgung stimmen, sonst werden die Rüben holzig. Wenn überhaupt, düngt man die Rüben mit niedrig dosiertem kalireichem Flüssigdünger.

▼ Speiserübchen wie gelbe ‘Teltower Rübchen’ und zarte weiße Mairübchen gehören zu den herbstlichen Delikatessen.

■ **Sortenunterschiede**

Zu den schnellsten Mairüben gehört die Sorte ‘Market Express F1’. Sie läuft mit einer Entwicklungszeit von nur 30 bis 35 Tagen allen anderen Sorten davon. Traditionelle Sorten wie ‘Blanc de Vertus’, eine der gefragtesten Mairüben in Frankreich, brauchen etwas länger, bis sie die ideale Größe erreicht haben und bilden mehr scharfe Senföle in ihren Knollen. ■

AUF EINEN BLICK

■ **Herbst- und Mairüben**

Aussaat:	März / April und Mai / Juni, 1,5 cm tief
Keimtemperatur:	Ab 5 °C, optimal 15 bis 20 °C
Reihenabstand:	15 cm, in der Reihe 8 bis 10 cm
Fruchtfolge:	Als Vor- oder Nachkultur vor Busch- und Stangenbohnen, weiter Anbauabstand zu Kohl und Rettichen
Mischkultur:	Busch-Bohnen, Spinat, Mangold, Salat
Ernte:	Ab Mai und ab September

Meist genügt es aber, die Beete ein- oder zweimal oberflächlich zu hacken, damit die im Boden gespeicherten Nährstoffe freigesetzt werden.

Schmackhaftes Kraut

Stielmus oder Rübstiel (*Brassica rapa* var. *nipposinica* Bailey) bildet keine Rüben, sondern stark gefiederte Blätter, die mehrmals geschnitten werden können. Junge Blätter isst man im Salat, die älteren werden wie Spinat oder Mangold zubereitet oder würzen asiatische Gemüse-Gerichte aus dem Wok. Traditionell gewann man Stielmus aus der holländischen Weißen Mairübe (Namenia), die einfach sehr dicht ausgesät wurde, so dass die Rübenbildung unter-

blieb. Stielmus kann man auch ernten, wenn man Herbstrüben, Chinakohl oder Pak Choi mindestens doppelt so dicht aussät und die jungen Blätter frühzeitig schneidet.

Ernten

Mai- und Herbstrüben werden geerntet, wenn sie höchstens so groß wie ein Tennisball sind. Kleinere Rüben sind noch feiner und so zart, dass sie auch roh geraspelt (wie Rettiche) als Salat oder zum Butterbrot schmecken. Beide Arten sind frostempfindlich. Im Keller wird das wasserreiche Gemüse rasch weich und auch im Gemüsefach des Kühlschranks bleiben die Rübchen nicht länger frisch als Radieschen. ■

▲ Radieschen frisch aus dem Garten gibt es vom Frühling bis zum Herbst.

Rettichen sind Radieschen sehr junge Kulturpflanzen. Erst im 17. Jahrhundert verbreiteten sie sich allmählich in ganz Europa.

Und die Bayern können nicht einmal die langen, weißen „Bier-Rettiche" für sich verbuchen, denn hier handelt es sich um eine ganz besondere Gruppe: Daikon-Rettiche sind japanische Hybridsorten. Zu ihnen gehören auch die Minowase-Typen mit den typischen schlanken, 30 bis 40 cm langen, weißen Rüben. Sie unterscheiden sich von den europäischen Sorten durch einen sehr milden Geschmack und die ausgeprägte Blattrosette.

Säen & Pflanzen

Günstig für den Rettichanbau sind mittelschwere, lehmig-sandige, gleichmäßig feuchte Böden. Das gilt auch für Radieschen, denn wegen der kurzen Entwicklungszeit

Rettiche und Radieschen

■ Rettiche und Radieschen (*Rhaphanus sativus*) gehören botanisch zur gleichen Art, obwohl sie vermutlich zu völlig unterschiedlichen Zeiten und in ganz unterschiedlichen Gebieten kultiviert wurden. In China wurden Rettiche schon einige Jahrhundert

vor Christus genutzt, und dort gab es auch die ersten eigenständigen Typen und Sorten. Bei Radieschen handelt es sich vermutlich um eine Variante einer aus Italien stammenden, wilden Rettich-Art, die als Salat oder Gemüse zubereitet wurde. Im Vergleich zu den

■ Radieschen säen

Bedecken Sie Radieschen nach der Saat nur leicht mit Erde. Zu tief gesäte Radieschen entwickeln nicht mehr die sortentypische Form. Runde Sorten bilden lange zylindrische Knollen und entwickeln sich nur langsam. ■

◀ Schwarze Rettiche gehören zu den traditionellen Wintergemüsearten. Die beißend scharfen Senföle mildert man durch Einsalzen. Der mit Honig gesüßte Saft wirkt hilfreich bei Husten.

gedeihen sie auf fast jedem Standort. Auf schweren Böden färben sich die Knollen aber nicht so intensiv und bilden am Knollenende keine feinen Würzelchen, sondern dickere, harte Pfahlwurzeln, sogenannte „Schwänze". Außerdem schmecken die Knollen weniger zart.

Bei der Sortenwahl kommt es auf die Anbaueignung an. Danach teilt man Rettiche in vier Gruppen ein: Sorten für den frühen Anbau im Frühbeet, Gewächshaus oder Freiland unter Vlies, weiter den Sommeranbau, den Herbstanbau und den sogenannten „Ganzjahres-Anbau" vom Frühjahr bis zum Herbst.

Eine Vorkultur in Topfplatten lohnt sich nur bei einem sehr frühen Anbau oder wenn der Platz im Beet wirklich extrem knapp bemessen ist. Am besten geschieht das in mindestens 6 cm tiefen Torfpresstöpfen oder Torfquelltöpfen. Die jungen Rettiche müssen einen lan-

gen Wurzelhals (Hypokotyl) entwickeln, das Verpflanzen ist entsprechend schwierig. Man legt pro Topf zwei Samenkörner aus und kneipt später die schwächere Pflanze ab.

Ganz einfach ist dagegen die Aussaat direkt ins Frühbeet oder Freiland mit anschließendem Vereinzeln. Unter Vlies oder Folie ist der

Anbau von Rettichen und Radieschen schon ab Anfang März möglich. Der letzte Termin für die Saat von Herbst- und Winter-Rettichen liegt Ende Juli. Im Frühsommer und Sommer verhindert ein feinmaschiges Gemüseschutznetz am sichersten die Eiablage der Rettichfliege und den späteren Madenbefall der Rettiche und Radieschen.

EMPFEHLENSWERTE SORTEN

■ Rettich

Früher Anbau: 'Ostergruß' (rote, weiße und rosa Formen), 'Neckarruhm' (weiß oder rot),
Sommeranbau: 'Neptun F1', 'Minowase Summer Cross' F1,
Herbst- und Winter-Rettiche: 'Runder schwarzer Winter' (sehr gute Lagerfähigkeit), 'Blauer Herbst- und Winter' (viollett, lagerfähig)
Ganzjahres-Anbau: 'Rex' (vorzüglicher Treib- und Pflanzrettich)

Radieschen

Früher Anbau und Herbstanbau: 'Cherry Bell' (kirschrot), 'Rike' (scharlachrot),
Sommeranbau: 'Parat' (spätschießend, wird nicht pelzig), 'Gollath F1' (mild, Mehltau-tolerant)
Ganzjahres-Anbau: 'Cyros F1', 'Riesenbutter / Vitessa' (auch als Saatband), 'Eiszapfen / Vitus' (weiß, etwa 10 bis 12 cm lang, mild) ■

117

AUF EINEN BLICK

■ Rettiche und Radieschen

Aussaat:	Anfang März bis Anfang August (Radieschen in mehreren Sätzen bis zu 14-tägig), 1 cm tief
Keimtemperatur:	Ab 2 °C, optimal 20 °C
Reihenabstand:	Für Radieschen 10 bis 15 cm, für Rettiche 25 bis 35 cm
Fruchtfolge:	Nach Bohnen, Erbsen, nicht nach anderen Kreuzblütlern (Kohl-Arten!). Nicht nach Mais
Mischkultur:	Salat, Mangold, Rote Bete, Spinat
Ernte:	April bis Oktober ■

Der Abstand zwischen den Pflanzen richtet sich nach der gewählten Sorte. Radieschen geben sich mit einem Reihenabstand von 15 cm zufrieden, Frühjahrs-Rettiche brauchen 25 cm, die meist im Sommer angebauten Minowase-Typen und die dicken runden Winter-Rettiche verlangen bis zu 30 cm, je nach Dicke der Wurzeln und Knollen. In der Reihe vereinzelt man je nach Wuchsform auf 4 bis 25 cm (Angaben auf dem Samenpäckchen beachten).

Pflegen & Düngen

Wegen der kurzen Kulturdauer gelten Rettiche und Radieschen als genügsam, doch das stimmt nicht ganz: Gerade weil sie so rasant wachsen, benötigen sie rasch verfügbaren Stickstoff. Auch die Minowase-Typen, die das Beet etwa 8 Wochen lang belegen, sind auf eine nicht zu knappe Versorgung angewiesen, damit die Rüben mild und knackig zart werden.

Am besten arbeitet man zusammen mit reifem Kompost bei der Beetvorbereitung 14 Tage vor der Saat zusätzlich etwas Hornmehl ein (etwa 35 g / m²). Zu wenig verrotteter Kompost und tierische Dünger zieht Rettichfliegen an! Bei zögerlich wachsenden Sommer- und Herbst-Rettichen hat sich eine Flüssigdüngung mit Komposttee zur Hauptwachstumszeit bewährt (keine Pflanzenjauche!).

Anbauprobleme und ihre Ursachen

Pelzige Rettiche: Hohe Temperaturen, schlechte Belichtung, zu späte Ernte

Glasige Radieschen: Niedrige Temperaturen, hohe Luftfeuchtigkeit (Übersättigung des Gewebes mit Wasser)

Aufgeplatzte Knollen und Rüben: Starke Schwankungen zwischen Trockenheit und Nässe

Frühe Blütenbildung (Schosser): Hohe Temperaturen im Sommer, zu dichte Saat

„Holzige" Rettiche und Radieschen: Trockenheit, Hitze und/oder Nährstoffmangel

Ernten

Bei warmem Wetter sollten erntereife Radieschen innerhalb von 4 Tagen gezogen werden, auch bei Rettichen lässt, je nach Sorte, die Qualität der Rüben rasch nach. Bei hartem Boden oder besonders langen Rettich-Sorten lockert man den Boden vor der Ernte behutsam mit einer Grabegabel. Kühles, feuchtes Wetter verschafft eine „Fristverlängerung" von bis zu 2 Wochen.

Im Kühlschrank oder einem kühlen, feuchten Kellerraum (bei maximal 15 °C) halten sich Knollen und Wurzeln 2 bis 3 Tage, eine längere Lagerung ist nur bei deutlich niedrigeren Temperaturen (1 bis 3 °C) und hoher Luftfeuchtigkeit ohne Qualitätsverlust möglich. Lagerfähige Winter-Rettiche sollte man grundsätzlich ohne das Laub in feuchten Sand einschlagen. ■

Kartoffeln

■ Selbst gezogene Kartoffeln (*Solanum tuberosum*) sind eine Delikatesse, das gilt besonders für die Frühkartoffeln. Die dünnschaligen Knollen schmecken so gut, dass sie als Sättigungsbeilage viel zu schade sind. Die vielen erhaltenswerten alten Sorten bieten eine heute kaum noch bekannte Geschmacksvielfalt und viele von ihnen sind den neueren Züchtungen geschmacklich überlegen. Traditionsreiche Lokalsorten warten nicht nur mit ungewöhnlichen Farben auf, sondern eignen sich auch für schwierigere Standorte.

118

KÖSTLICHE ALTE KARTOFFEL-SORTEN

■ 'Bamberger Hörnchen' (1879), 'La Ratte' (1872): Gelbe Schale, gelbes Fleisch, kleine, hörnchenförmige Knollen. Geringer Ertrag. Festkochend, nussiger Geschmack, für Pellkartoffeln, Gratins und Bratkartoffeln. Wird häufig in der deutschen oder französischen Spitzengastronomie verwendet.

'Blaue Schweden': Dunkelblaue Schale, blau-violettes Fleisch. Für Pellkartoffeln, Bratkartoffeln, auch für den Anbau in höheren Lagen.

'Highland Burgundy Red' (1902): Rote Schale, rotes Fleisch. Mittelspät reifend. Kräftiges Kartoffelaroma, Back- oder Püreekartoffel.

'Rode Erstling' ('Red Duke of York', 1942): Rote Schale, hellgelbes Fleisch, rund-ovale Knollen. Frühreifend. Vorwiegend festkochend, angenehm cremiger Geschmack, geeignet als feine Püree- oder Salzkartoffeln.

'Rosa Tannenzapfen' (1850): Rosa Schale, gelbes Fleisch, längliche bis verwachsene Knollen. Spätreifend, auch für Moorböden. Festkochend, sehr guter, würziger Geschmack, geeignet als aromatische Salat- oder Pellkartoffel. ■

▲ Bunte Vielfalt: Kartoffeln gibt es in in allen Farben, Formen und Geschmacksrichtungen.

Vorkeimen & Pflanzen

Kartoffeln werden grundsätzlich gepflanzt, selbst die Vermehrung seltener Sorten erfolgt in der Regel über die Knollen der vorjährigen Ernte. 4 Wochen vor dem geplanten Pflanztermin lässt man die Saatkartoffeln vorkeimen und verschafft sich dadurch einen Wachstumsvorsprung. Noch ein Vorteil: Die Ernte ist auch dann gesichert, wenn das Kraut von der allgegenwärtigen Kraut- und Knollenfäule (*Phytophthora infestans*) befallen wird. Legen Sie die Kartoffeln in flache Kisten an einem möglichst hellen Platz, aber ohne direktes Sonnenlicht, bei etwa 15 °C. Dabei werden die Keime kurz und dick und brechen beim Pflanzen nicht so leicht ab. Größere Knollen halbiert man 10 Tage vor dem Auslegen.

Zwischen Ende April und Anfang Mai wird gepflanzt. Voraussetzung ist ein abgetrockneter, lockerer, leicht erwärmter Boden (mindestens 7 °C für vorgekeimte und 10 °C für nicht vorgekeimte Kartoffeln!). Ideal sind sandige oder sandig-lehmige und humusreiche Böden mit gutem Wasserabzug.

Legen Sie die Kartoffeln etwa 7 cm tief (doppelte Knollendicke tief) mit dem Keim nach oben. Der Abstand der Reihen beträgt je nach Möglichkeit zwischen 60 und 70 cm. Später – je nach Entwicklung – sollten die Kartoffeln mehrmals etwas mit Erde angehäufelt werden, um die Tochterknollen durch das Sonnenlicht nicht grün werden zu lassen. Gleichzeitig werden die wild lebenden Ackerkräuter unterdrückt, was nach Bedarf mit der Handhacke unterstützt wird. Zwischen den Reihen können später z. B. Bohnen oder andere Pflanzen gesät werden, dies kann das Wachstum der Kartoffeln sogar fördern. Die Kartoffel braucht zum Gedeihen ausreichend Wasser im Boden. In einem trockenen Sommer und je nach Standort kann eine Bewässerung erforderlich sein.

◀ Die Kartoffel 'Vitelotte' mit blau-violetter Schale und lila Fleisch schmeckt am besten gepellt in Kartoffelsalaten oder zu geschmolzenem Vacherin-Käse.

Kartoffeln einlagern

Kartoffeln bei abgetrocknetem Boden und einer Bodentemperatur von mindestens +10 °C ernten. Kranke oder faule Knollen sofort aussortieren. Vor dem Einlagern werden die Knollen einige Tage zum Abtrocknen und zum eventuellen Ausheilen von Wunden bei 12 bis 15 °C gelagert. Danach kommen sie ins 3° bis 5 °C kühle Kellerlager mit über 90 Prozent Luftfeuchtigkeit. ■

Frühkartoffeln gewinnen

Eine besonders effektive Methode für den Anbau von Frühkartoffeln in kleinen Mengen funktioniert so: Ab Ende Februar die Saatkartoffeln wie gewohnt vorkeimen, nach 4 Wochen 10 cm tief in mit Aussaaterde gefüllte Kisten auslegen. Bei etwa 15 °C bewurzeln lassen. Im April vorsichtig herausnehmen und mit den bereits gebildeten Wurzeln unter Folie, in großen Pflanzkübeln oder Substratsäcken für den Tomatenanbau auspflanzen.

Pflegen & Düngen

Kartoffeln brauchen einen nährstoffreichen Boden, die Pflanzen reagieren aber empfindlich auf Überdüngung. Widerstandsfähigkeit, Lagerfähigkeit und vor allem der Geschmack verschlechtern sich bei zu hohen Stickstoffgaben. Am besten arbeitet man den Kompost bereits im Herbst in die Beete ein und ergänzt das Nährstoffangebot vor der Pflanzung mit Hornspänen oder Leguminosenschrot. Algenkalk oder kalkhaltige Steinmehle sind nicht zu empfehlen, denn Kartoffeln lieben einen sauren Boden mit hohem Humusgehalt. Noch besser erfolgt die Bodenvorbereitung durch eine Gründüngung mit Bohnen, Erbsen, Wicken oder Lupinen oder einer Leguminosenmischung. Aber lieber keinen Klee einsäen, weil alle Arten Drahtwürmer anlocken!

Nicht vergessen: Kartoffeln sind Hackfrüchte, nach der Pflanzung sollten Sie daher regelmäßig den Boden lockern und – sobald die Blätter handhoch – sind, die Reihen immer wieder anhäufeln. Bei Trockenheit alle 2 Wochen ausgiebig wässern (15 bis 20 Liter pro m²), ohne die Blätter zu benetzen. Das mehrmalige Spritzen mit verdünnter Brennnesseljauche im Sommer fördert das Wachstum und macht die Blätter widerstandsfähiger gegen Krautfäule und Kartoffelkäferbesatz.

Ernten

Frühkartoffeln sind erntereif, sobald sich das Laub von Grün nach Gelb verfärbt. Bei den Spätkartoffeln erntet man erst 14 Tage nach dem Absterben des Krauts. Wer bereits vorher ein paar Kartoffeln für die Küche braucht, hebt einzelne Pflanzen mit der Grabegabel heraus. Der Ertrag pro Staude liegt bei 0,5 bis 1 kg. Ausgereifte Kartoffeln erkennt man an der hellbraunen, festen Schale. Frühkartoffeln haben eine sehr dünne, gelbliche Schale und verlieren nach der Ernte rasch an Festigkeit oder beginnen zu keimen.

Bei der Haupternte sticht man mit der Grabegabel neben den Dämmen ein und wirft die Erde seitlich weg. Verletzte Kartoffeln sollten möglichst rasch verwertet werden. Alle übrigen Knollen lässt man vor dem Einlagern gut abtrocknen. Die ideale Lagertemperatur beträgt 10 °C. ■

Kartoffeln

Vorkeimen:	Ende Februar / Anfang März bei 12 bis 15 °C
Pflanzung:	Ab Bodentemperaturen von mindestens 7 °C in 10 cm tiefe Furchen, Reihenabstand 50 cm, in der Reihe 30 cm
Fruchtfolge:	Nach Kohl, Gründüngung, nicht nach Tomaten
Mischkultur:	Kohlrabi, Busch-Bohnen, Puff-Bohnen, Tagetes, Roter Fingerhut. Nicht neben Tomaten anbauen
Ernte:	Frühkartoffeln ab Juli, Lagerkartoffeln Ende September / Mitte Oktober ■

Porree, Zwiebeln & Knoblauch

Zwiebeln und Schalotten, Porree oder Lauch und Knoblauch sind alle eng miteinander verwandt. Wegen ihrer schönen, kugeligen Blütenstände werden viele *Allium*-Arten als Zierpflanzen kultiviert. Dass auch die ganz gewöhnliche Küchen-Zwiebel sehr hübsche Blütenstände entfaltet, erfährt aber nur, wer ein paar Zwiebeln aus der Herbsternte zurückbehält und im Frühjahr wieder auspflanzt, um eigenes Saatgut zu gewinnen. Beim völlig winterharten Porree lässt man dafür einfach ein paar Stangen auf dem Beet stehen. Im Frühjahr treiben die Pflanzen bereits die meterhohen, dicken Stängel und im Juli kann man die typischen, blauen oder weißen Blüten bewundern. ■

▲ Zier-Lauch bildet wie der Sternkugel-Lauch riesige Blütenstände in zartem Amethyst.

Zwiebel

■ Eine kaum geschätzte Vielfalt bietet die Küchen-Zwiebel (*Allium cepa*). „Hat sieben Häute, beißt alle Leute", heißt es in einem alten Kinderrätsel. Nicht nur Zwiebelhassern, von denen es ziemlich viele gibt, auch denen, die Zwiebeln gerne essen, treibt das Gemüse Tränen in die Augen, denn beim Schneiden werden schwefelhaltige ätherische Öle wie das stechend riechende Allicin frei. Es gibt

zwar kaum ein pikantes Rezept, das ohne Zwiebeln als Zutat auskommt, Eigenständigkeit gestehen wir den Zwiebeln nur in ganz wenigen Gerichten wie der köstlichen provenzalischen Zwiebel-Oliven-Tarte zu. Die Formenvielfalt der Zwiebeln ist enorm groß, doch geht die Sortenzahl immer weiter zurück. Gerade deshalb lohnt es sich, im Garten ein paar Raritäten auszuprobieren.

Dazu gehören inzwischen auch die Schalotten (*Allium cepa* var. *ascalonicum*), die bekanntesten, nestbildenden Zwiebeltypen. Sie sind kleiner als Küchen-Zwiebeln, schmecken milder und süßer, gleichzeitig aber intensiver als diese. Weil Schalotten selten blühen und Samen ansetzen, werden sie durch Teilung vermehrt. Diese Eigenschaft hat beim Anbau im Garten einen entscheidenden Vorteil: Gerade die traditionellen französischen Sorten neigen kaum zum Schießen. Völlig winterhart sind die Luft- oder Etagen-Zwiebeln (*Allium cepa* var. *viviparum*). Sie vermehren sich ebenfalls nicht über Samen, sondern über winzige Brutzwiebeln, die in luftiger Höhe, nämlich am Ende der 50 bis 60 cm langen Blattröhren sitzen. Die ausgereiften Zwiebelchen kann man immer wieder aussäen, was zu viel ist, verwendet man in der Küche. Die Blätter dienen als Schnittlauchersatz.

Auch die Winterhecken-Zwiebel (*Allium fistulosum*) fällt ein wenig aus dem Rahmen, denn bei dieser Art handelt sich um eine mehrjährige Staude. Gerade das macht sie für den Anbau im Garten besonders wertvoll. Am Blattgrund bilden die Pflanzen nur schwache

Zwiebeln aus, dafür entwickeln sich dicke Röhrenblätter, die wie milde Lauch-Zwiebeln schmecken. Winterhecken-Zwiebeln sind wenig wärmebedürftig, sie treiben noch vor dem Schnittlauch aus und die Horste werden von Jahr zu Jahr größer.

Lauch- oder Frühlings-Zwiebeln entwickeln viel Laub (Schlotten) und kleine, meist weiße, ovale oder längliche Zwiebeln, die mild schmecken. Einige Sorten können auf dem Beet überwintern, so frosthart wie die Winterhecken-Zwiebeln sind sie aber nicht. In weniger günstigen Lagen sät man sie im Herbst besser ins Frühbeet oder den Folientunnel.

Säen & Pflanzen

Küchen-Zwiebeln können wahlweise gesät oder als Steckzwiebeln gepflanzt werden. Zum Stecken sollten die Zwiebelchen nicht viel größer sein als Haselnüsse, denn dickere Saatzwiebeln schießen häufiger. Gesäte Zwiebeln bleiben oft kleiner, eignen sich aber besser zum Einlagern, da sie fester sind und erst spät austreiben. Wichtig ist ein möglichst früher

Aussaattermin bereits ab Anfang April. Steckzwiebeln sind weniger kältefest und dürfen erst ins Beet, wenn keine strengen Fröste mehr zu erwarten sind. Noch mehr Wärme verlangt die Kultur der bis zu einem Pfund schweren, milden Gemüse-Zwiebeln. Man zieht sie ab März im Haus in Topfplatten vor und pflanzt sie erst im Mai aus. Verzichtet man auf die Vorkultur, werden sie in unserem Klima nicht viel größer als die Küchen-Zwiebeln und schmecken deutlich schärfer.

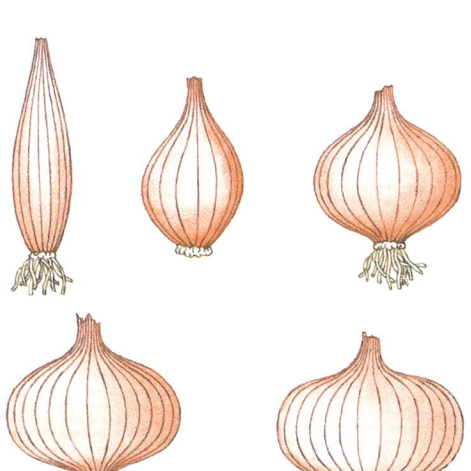

▶ Die dicken Horste der Winterheckenzwiebeln werden alle 3 bis 4 Jahre geteilt und verpflanzt.

◀ Von fingerförmig, bis hochrund, walzenförmig oder flachrund, die Formenvielfalt der ganz normalen Küchen-Zwiebel ist enorm groß.

Würmern scharren und dabei in den Zwiebelreihen schlimme Verwüstungen anrichten.

Eine Düngung mit einer geringen Gabe organischem Gemüsedünger, Hornmehl oder Pflanzenjauche fördert die Abreife der Zwiebeln. Der beste Zeitpunkt dafür ist nach dem Abschluss des Blattwachstums und vor Beginn der Zwiebelbildung, je nach Entwicklung der Pflanzen also zwischen Ende Mai und Anfang Juni. Im Frühjahr und Herbst kommen Zwiebeln ohne zusätzliche Wassergaben zurecht, ab Mitte Juni bis Ende Juli muss man in Trockenzeiten gießen, sonst bleiben die Zwiebeln klein. Wachstumsstockungen werden später nicht mehr ausgeglichen!

Zwiebeln darf man nicht überdüngen. Zu hohe Stickstoffgaben verzögern die Abreife, die Zwiebeln werden „mastig", faulen leicht und lassen sich nur noch schlecht aufbewahren.

Ernten

Die Zwiebelernte beginnt, wenn das Laub vergilbt, von selbst umgeknickt ist und um den Zwiebelansatz herum eintrocknet. Bei Überwinterungszwiebeln ist dies

▲ Für die feine französische Küche: Schalotte 'Longor' schmeckt mild und wird beim Dünsten leicht süßlich.

Alle Zwiebel-Arten brauchen ein Beet in voller Sonne, mit durchlässigem, leicht sandigem Boden. Wichtig ist ein gleichmäßiges, feinkrümeliges, mit Reifkompost und Hornspänen und magnesiumreichem Algenkalk gedüngtes Saatbeet. Der Boden sollte vor der Aussaat gut abgesetzt sein. Auf sehr schweren, tonigen Böden fassen selbst Steckzwiebeln nur schwer Fuß.

Pflegen & Düngen

Beim Hacken zwischen den Reihen ist Vorsicht geboten, gerade junge Steckzwiebeln wurzeln am Anfang nur sehr oberflächlich. Eine Abdeckung mit Gemüseschutznetz versperrt den Zwiebelfliegen den Weg zu ihrer bevorzugten Wirtspflanze. Sie verhindert auch, dass die Amseln in der gelockerten Erde nach

VERSCHIEDENE ZWIEBEL-SORTEN

■ **Küchen-Zwiebel,** gelbschalig: 'Stuttgarter Riese' (plattrund, Samen oder Steckzwiebeln), 'Sturon' (schossfest, feste Schale), 'Alisa Craig' (milde Gemüse-Zwiebel)
Küchen-Zwiebel, rotschalig: 'Red Baron' (Steckzwiebeln), 'Robelja' (Saatgut, robust, aus Demeter-Anbau), 'Braunschweiger' (plattrund, gut lagerfähig)
Schalotten: 'Red Sun' (rotschalig, rund, würzig, Anbau ab April), 'Longor' (kupferfarbene Schale, rosa-violettes Zwiebelfleisch)
Lauch-Zwiebel: 'Ishikura Long White' (kleine Zwiebel, lange weiße Schäfte, für Überwinterung), 'Toga' (mit rotem Schaft), 'Negaro' (für Frühjahrs- und Sommeranbau) ■

▼ Zwiebeln sind reif und lagerfähig, wenn das Laub völlig eingetrocknet ist.

AUF EINEN BLICK

■ Zwiebeln und Schalotten

Pflanzung:	Vorkultur ab März, Aussaat oder Pflanzung im Freiland Anfang April, für Überwinterung (nur in milden Lagen oder im Frühbeet) Mitte August
Keimtemperatur:	Ab 2 °C, optimal 15 bis 20 °C
Reihenabstand:	25 cm, in der Reihe auf 4 bis 5 cm vereinzeln oder stecken
Fruchtfolge:	Nach Knollen-Fenchel, Sellerie, Rettich, Mairüben, 4 Jahre Anbauabstand zu Porree oder Zwiebeln. Nicht nach Hülsenfrüchten.
Mischkultur:	Möhren, Rote Bete, Salat, Schwarzwurzeln. Nicht neben Erbsen, Bohnen oder Kohl
Ernte:	Ab Juni, zum Einlagern ab September ■

bereits Ende Juni der Fall, im Frühjahr gepflanzte Steckzwiebeln reifen erst Anfang Juli ab, die frühen Säzwiebeln zum Einlagern werden im September gerodet. Bei sonnigem, trockenem Wetter lässt man die Zwiebeln zum Nachreifen einfach auf dem Beet trocknen. Schmuddelwetter zwingt zum Trocknen auf Holzrosten auf der überdachten Terrasse oder an einem anderen luftigen Platz, bis das Laub völlig eingetrocknet ist. Nach dem Entfernen der Blätter packt man die Zwiebeln in luftdurchlässige Zwiebelnetze (aus dem Gartencenter) oder lagert sie in flachen Kisten in einen trockenen, dunklen Raum bei 8 bis 10 °C. Sehr dekorativ: Man reißt das Laub nicht ab, sondern übt sich im Flechten von kunstvollen Zwiebelzöpfen. ■

PRAXISTIPP

■ Perlzwiebeln

Zu klein geratene Zwiebeln verwertet man als Belag für französische Zwiebeltarte oder bereitet daraus süß-saures Zwiebelconfit (Confiture d'oignon) als Beilage zur Käseplatte oder zu Grillgerichten. ■

grade. Trotz der engen Verwandtschaft zur Zwiebeln gedeiht Porree im Gegensatz dazu am besten in feuchtem, kühlerem Klima. Der Lauchanbau hat auch in England Tradition: Eine Porreestange ist sogar im Wappen von Wales abgebildet und viele der alten Sorten finden sich heute noch in Frankreich. Zu den bekanntesten gehören Winter-Lauch 'Bleu d'hiver' ('Blaugrüner Winter') und Sommer-Lauch 'Géant de suisse' (oder 'Schweizer Riesen').

Säen & Pflanzen

Für den Anbau von Frühjahr bis zum Frühherbst zieht man die Jungpflanzen ab Februar in Saatschalen vor, am besten bei 20 bis 25 °C. Bei zu kühler Vorkultur riskiert man viele Schosser. Die Sämlinge werden bei einer Höhe von 20 cm in Töpfen oder Kisten mit einem Abstand von 5 bis 6 cm vereinzelt und bei 15 bis 20 °C weiterkultiviert. Nach ungefähr 12 Wochen sind die Halme bleistiftdick und pflanzfertig. Bereits fertig vorgezogene Jungpflanzen gibt es ab März beim Gärtner und auf dem Wochenmarkt, eine Pflanzung vor Anfang April empfiehlt sich aber nur in milden Lagen. Schützen Sie die jungen Setzlinge unbedingt mit Vlies oder Folie, sonst besteht die Gefahr, dass die Pflanzen bereits im ersten Jahr zu blühen beginnen.

Winter-Porree sät man erst im Mai in ein feinkrümeliges Saatbeet und pflanzt die Sämlinge im Hochsommer an ihren endgültigen Platz. Wie bei Sommer-Lauch zieht man 10 bis 15 cm tiefe Furchen, die nach dem Anwachsen der Pflänz-

Porree (Lauch)

■ Der Porree (*Allium ampeloprasum*) heißt im süddeutschen Sprachraum Lauch. Seine Wildform bildet keine Zwiebel, sondern eine verdickte Knolle, die bei einigen Sorten noch deutlich zu erkennen ist. Den völlig frostharten Winter-Lauch erkennt man leicht an der blaugrünen, dunklen Blattfarbe und dem gedrungenen Wuchs. Dagegen ist der rasch wachsende Sommer-Lauch heller; er bildet meist längere Schäfte und verträgt im Herbst nur wenige Kälte-

▲ Die wichtigsten Porree-Sorten erkennt man an der Wuchsform: Winterriesen haben einen langen, weißen Schaft, Herbstriesen besitzen dicke Stangen und kräftiges Laub, Schweizer Riesen entwickeln schmale Blätter.

■ Sommer-Porree:
'Tropita' (schnellwüchsig, mild, auch ohne tiefe Pflanzung lange, weiße Schäfte)

Herbst-Porree:
'Hannibal/Herbstriesen 2' (dicke Schäfte, ertragreich), 'Hilari' (für Ernte von Spätsommer bis Frühwinter), 'D'Hiver de Saint-Victor' (alte französische Sorte, sehr gutes Aroma)

Winter-Porree:
'Blaugrüner Winter' (frosthart, ertragreich, robust), 'Siegfried' (für die Frühjahrsernte, zarte Stangen)   ■

chen allmählich zugeschüttet werden. Als besonders effektiv gilt folgende Pflanzmethode: Mit dem Pflanzholz bohrt man 20 cm tiefe Löcher, lässt die Jungpflanzen hineingleiten und schlämmt die Erde später ein. (Dieses Verfahren ist aber nicht unumstritten.) Dadurch erreicht man zwar, dass Porree besonders lange, weiße Schäfte entwickelt, die Stangen bleiben aber dünner und wachsen langsamer.

Eine Aussaat direkt ins Beet mit späterem Verziehen der Pflänzchen ist grundsätzlich möglich, erfordert aber sehr viel Platz und der Lauch belegt das Beet über eine lange Zeit. Der Reihenab-

stand sollte in diesem Fall mindestens 60 cm betragen, damit später genug Erde zum erforderlichen Anhäufeln zur Verfügung steht.

Auch nach der üblichen Pflanzung in Furchen müssen die Stangen während der Hauptwachstumsphase immer wieder angehäufelt werden, damit sie milde weiße Schäfte entwickeln. Gehen Sie dabei aber behutsam vor und häufeln Sie nur bis kurz unter die Blattachseln an, es darf keine Erde zwischen die Blätter fallen.

Beim Setzen von Porree-Jungpflanzen sollten Sie Wurzeln und Blätter nicht einkürzen. Die zarten Setzlinge wachsen verzögert an und entwickeln sich langsamer.

Pflegen & Düngen

Baut man Lauch in der Fruchtfolge nach Kohl oder anderen Starkzehrern an, kann man auf die Kompostgabe zum Start verzichten. Bei einer zuvor eingesäten Gründüngung genügt eine Gabe von 1 bis 2 Litern Reifkompost pro Quadratmeter.

AUF EINEN BLICK

Lauch (Porree)

Aussaat:
Vorkultur unter Glas ab Februar, im Saatbeet im Freiland ab Mai

Keimtemperatur:
Ab 2 °C, optimal 20 bis 25 °C, Jungpflanzen-Anzucht bei 15 bis 18 °C

Pflanzung:
Für Sommer- und Herbsternte April bis Mai, Winter-Porree Juli bis Anfang August, Reihenabstand 40 bis 50 cm, in der Reihe 15 bis 20 cm

Fruchtfolge:
Nach Kohl oder Sellerie, späte Sorten nach Kohlrabi oder Gründüngung mit Senf

Mischkultur:
Möhren, Gurken, Rettich, Salaten. Nicht zu Erbsen, Bohnen, Zwiebeln

Ernte:
Sommer-Porree ab Juni / Juli, Herbst-Porree ab September bis zum Frost, Winter-Porree ab Oktober bis Frühjahr

Porree läuft erst spät zur Höchstleistung auf. Eine zusätzliche Düngung erfolgt, je nach Zuwachs, in 2 bis 3 Gaben mit schnell wirkendem Horngrieß oder Pflanzenjauche. Dabei bitte nicht in die Schäfte gießen und den Dünger sparsam dosieren! Meint man es zu gut, verlieren die Stangen nicht nur an Geschmack, sondern sind auch weniger frosthart. Wie bei den Zwiebeln sind die Pflanzen durch Zwiebelfliege und Lauch-

motte gefährdet. Die Eiablage lässt sich durch eine Mischkultur mit Möhren verhindern (2 bis 3 Reihen Möhren, eine Reihe Porree), doch sicherer ist der Anbau unter Vlies oder Gemüseschutznetz.

Ernten

Sommer-Porree kann von Anfang Juli bis Ende August, Herbst-Porree von Anfang September bis Dezember und Winter-Porree von Dezember bis April geerntet werden. Da-

bei reißt man die Stangen nicht einfach heraus, sondern lockert die Erde mit dem Spaten oder der Grabegabel und hebt die Pflanzen dabei etwas an. Anschließend lassen sie sich ganz leicht von Hand herausziehen.

Auch die robusten Wintersorten überstehen wiederholtes Durchfrieren und Auftauen oder sehr plötzliche Kälteeinbrüche nicht ohne Schaden. Rechtzeitiges Abdecken mit Reisig schützt die oberen Stängelteile, eine dicke Mulchschicht verhindert einen Erntestopp, weil der Boden durchfriert. In raueren Lagen holt man Porree besser im Spätherbst aus dem Beet und lagert die Stangen im Frühbeetkasten oder schlägt sie an einer geschützten Stelle im Garten oder im Keller in Erde oder Sand ein. ■

▼ Porree gedeiht in jedem Garten, am besten pflanzt man ihn möglichst tief und in Mischkultur mit anderen Gemüse-Arten oder – wie hier – zusammen mit Erdbeeren.

Knoblauch

■ Nur mäßig gedüngter Boden mit durchlässiger, auch sandig-kiesiger Erde und eine Lage in praller Sonne – so sehen die optimalen Anbaubedingungen für den Knoblauch (*Allium sativum*) aus. Tatsächlich findet man eine ausgewilderte Form in vielen Weinbergen und in südfranzösischen Olivenhainen. Im Garten steckt man die einzelnen Zehen ins Kräuterbeet oder zwischen die Erdbeeren, entweder im zeitigen Frühjahr oder, vor allem in milderen Lagen, bereits im Herbst.

Wer Knoblauch aus dem Gemüseladen pflanzt, wird meist enttäuscht; fast alle dort verkauften Sorten stammen aus Südeuropa und vertragen keine Kälte. Es gibt aber durchaus Sorten, die auch in kühleren Regionen dicke Knollen liefern:
'Frolia' eignet sich am besten für die Herbstpflanzung von Mitte bis Ende September. Im Sommer wachsen hohe Stängel, die mit einem grazilen Kringel enden und eine kugelige Blüte mit zahlreichen Brutzwiebelchen schieben. Bricht man die Stängel rechtzeitig

▷ Oben: Bizarr wirken die Blütenstände des Knoblauchs. Die kleinen Brutzwiebeln zwischen den Blüten eignen sich zur Vermehrung.
Unten: Knoblauch-Knollen müssen nach der Ernte an einem vor Regen geschützten, luftigen Ort trocknen.

aus, werden die Knollen größer und die einzelnen Zehen dicker. 'Printanor' liefert bei der Frühjahrspflanzung gute Erträge. Die Knollen und dünnschaligen Zehen bleiben etwas kleiner.

Pflanzen & Ernten
Knoblauch will vor allem eines: Ungestört wachsen! Dafür brauchen die Zwiebeln wesentlich länger als Küchen-Zwiebeln oder Schalotten, und aus diesem Grund sollte er einen Platz erhalten, an dem Hacke und Rechen möglichst wenig zum Einsatz kommen. Zur Not pflanzt man die Zehen einfach zwischen die Rosen. Ein Tipp: Weil die einzelnen Zehen sehr rasch austrocknen, teilt man die Zwiebeln erst kurz vor dem Stecken und legt sie dann 5 bis 8 cm tief in

den Boden – immer mit der Spitze nach oben. Vermehrt man die kleinen Brutzwiebeln aus der Blüte, bilden diese im ersten Jahr oft nur eine einzige rundliche Zehe, die dann erneut gesteckt werden muss, damit sich eine richtige Zwiebel mit mehreren Zehen entwickelt.

Im September gepflanzter Knoblauch wird ab Juni oder Juli beerntet, die im Frühjahr gesteckten Zehen lässt man wachsen, bis der obere Teil der Blätter abzusterben beginnt. Wichtig: Nach der Ernte muss Knoblauch an einen sehr luftigen Platz mindestens eine Woche nachtrocknen, damit man ihn bis ins Frühjahr aufbewahren kann. ■

AUF EINEN BLICK

■ **Knoblauch**

Pflanzung:	September oder Februar bis Mitte März, Abstand 15 × 20 cm
Fruchtfolge:	3 Jahre Anbauabstand zu anderen Zwiebel-Arten oder Porree
Mischkultur:	Rosen, Erdbeeren, Möhren, Tomaten, Himbeere, Obstgehölze. Nicht zu Bohnen, Erbsen oder Kohl
Ernte:	Nach Herbstpflanzung im Juni/Juli, bei Frühjahrspflanzungen im September

Kohlgemüse

Alle heute kultivierten Kohl-Arten stammen von verschiedenen Formen einer blattreichen Wildkohl-Art ab, die noch heute an den Küsten des Atlantiks und Mittelmeers zu finden ist. Daraus hat sich eine ausgesprochen vielseitige Pflanzenfamilie entwickelt – von Kohlrabi bis zum Blumenkohl gibt es alle erdenklichen Formen und Farben. Lange Zeit wurde Kohl gar nicht als Gemüse, sondern hauptsächlich als Heilmittel genutzt. Erst die Römer erkannten seine kulinarische Qualität und nahmen ihn in Kultur. ■

▼ Kohl ist nicht gleich Kohl, die verschiedenen Arten unterscheiden sich nicht nur in Größe und Farbe, sondern auch im Geschmack und in der Lagerfähigkeit.

Kopfkohl

■ Weißkohl, Rotkohl und Wirsing (*Brassica oleracea* var. *capitata*) unterscheiden sich beim Anbau kaum. Bei der Sortenwahl spielt der Anbauzeitpunkt die wichtigste Rolle. Frühkohl- und Sommer-kohl-Sorten bilden weniger Um-blätter und dafür rascher Köpfe als Herbstkohl oder der kältefeste und lange lagerfähige Winterkohl. Späte Rotkohl-Sorten sind viel dunkler, fast lila, Sommer-Rotkohl färbt sich nur violett und entwi-ckelt zartere Blätter, die sich auch für Rohkost eignen.

Nach Erreichen der optimalen Reife müssen die frühen Kohlsor-ten ziemlich rasch geerntet wer-den, sonst platzen Sie auf. Die

robusten Herbst- und Winterkohl-Sorten können dagegen wochen-lang auf dem Beet bleiben. Frost-feste Auslesen können in nicht allzu rauen Lagen auch bis Januar auf dem Beet überwintern. Letzter Pflanztermin für die späten Sor-ten ist Anfang Juni. Für eine späte Pflanzung im Juli und eine Ernte noch vor dem Frost greift man wieder auf die raschwüchsigen Frühsorten zurück.

Säen & Pflanzen

Die ersten Kohlköpfe kann man bereits ab Januar bei Zimmertem-peratur vorziehen, die Wärmean-sprüche der jungen Pflanzen sind deutlich geringer. Pikiert man die Kohlpflänzchen, gleich nachdem sie ihre Keimblätter entfaltet ha-ben, wachsen sie an einen hellen Platz, bei 12 bis 14 °C, munter wei-ter und können ab März auf das Beet. Zu diesem Zeitpunkt gibt es auch schon die ersten Pflan-zen beim Gärtner und auf dem Wochenmarkt. Die Jungpflanzen

sollten höchstens vier Laubblätter und einen nur 4 bis 5 mm dicken Stängel haben. Beim Verpflan-zen älterer Setzlinge gibt es mehr Schosser!

Die meisten Kohlgemüse bevorzu-gen nährstoffreiche, mittelschwere Böden. Bei der Beetvorbereitung sorgen eine reichlich bemessene Kompostgabe (3 bis 4 Liter) und zusätzlich 50 bis 80 g Hornspäne pro Quadratmeter für den guten Start der anspruchsvollen Stark-zehrer. Wer auf tierischen Dünger verzichten will, verwendet statt dessen 100 bis 150 g Rhizinus-schrot oder einen anderen pflanz-lichen Stickstoffdünger.

Bei späteren Sorten kann man sich die Vorkultur sparen und sät direkt ins Beet. Die Anbauzeit verkürzt sich, weil die Pflanzen tiefer wur-zeln und Wasser und Nährstoffe aus den unteren Bodenschichten mobilisieren können.

Pflegen & Düngen

Eine gute Wasserversorgung ist bei allen Kohl-Arten die Vorausset-

◀ Spitzkohl ist eine spitz-kege-lige Form des Weißkohls. Die Köpfe sind lockerer und die Blätter besonders zart. Gerade die frühen Sorten eignen sich ganz besonders für Rohkost und sind auch gedämpft eine Delikatesse. Das berühmte, schwäbische Filderkraut wurde vermutlich vor 400 Jahren im Kloster von Nellingen gezüch-tet. Weil die spitzen Köpfe nicht maschinell geerntet wer-den können, geht der erwerbs-mäßige Anbau ständig zurück.

PRAXISTIPP

■ **Vorbeugender Pflanzenschutz**

Halten Sie zum Schutz vor Erd-flohbefall den Boden zu Beginn gut feucht und pflanzen Sie Kopf- oder Pflücksalat zwischen die Kohlreihen. Zur Vorbeugung gegen Kohlhernie geben Sie ei-nen halben Esslöffel Algenkalk in jedes Pflanzloch oder stäu-ben Sie bei der Beetvorbereitung Algenkalk, der leicht eingear-beitet wird.   ■

ANBAUSICHERE KOHLSORTEN

■ **Weißkohl:**
'Dithmarscher Früher' (sehr früher Weißkohl, relativ platzfeste Köpfe),
'Dottenfelder Dauer' (sehr guter Geschmack, bis Januar lagerfähig
Rotkohl:
'Amarant' (früh, Ernte ab Juni), 'Granat' (schnellwüchsig, gut lagerfä-
hig, für höhere Lagen mit kurzer Vegetationszeit), 'Rodynda' (starkes
Umblatt, feste, gut lagerfähige Köpfe)
Wirsing:
'Vorbote 3/Hilmar' (früheste Auslese, Pflanzung ab Anfang März), 'Ei-
senkopf' (früh, hellgrüne, stark gekrauste Blätter), 'Winterfürst 2' (für
Überwinterung auf dem Beet)   ■

zung für ein zügiges Blattwachstum, ganz besonders wichtig ist
das häufige Gießen beim Frühkohl.
Ab der dritten Woche nach der
Pflanzung häufelt man die Kohl-
setzlinge leicht an, damit sie am
Wurzelhals möglichst viele feine
Seitenwurzeln bilden und standfest genug sind, wenn die Kopfbildung beginnt. Kurz vor Beginn der
Kopfbildung erhalten die Pflanzen einen Nährstoffnachschub mit
schnell löslichem Gemüsedünger.
Verwendet man selbst angesetzte
Brennnesseljauche oder Kompost-
wasser, wird zweimal gedüngt – jeweils in der vierten und der achten
Woche nach der Pflanzung.

Die Beetabdeckung mit Gemüse-
schutznetzen verhindert beim
Sommer- und Herbstkohl die Eiablage durch den Kohlweißling. Viel
schöner ist eine Einsaat von nicht
rankender Kapuzinerkresse zwischen den Kohlreihen. Die Schmet-
terlinge finden den Duft einfach
unwiderstehlich und werden von
ihrem eigentlichen Ziel abgelenkt.
Völlig verlassen sollte man sich
auf auf das Verwirrspiel aber nicht
und die Blätter ab und zu auf ab-
gelegte Eier kontrollieren.

Ernten

Frühe Kohlsorten können bereits
Anfang Juni geerntet werden, später gepflanzte oder direkt ins Beet
gesäte Sorten reifen zwischen Juli
und September. Frühen Spitzkohl
oder Wirsing bringt man anschließend gleich in die Küche oder
lagert die Köpfe nur wenige Tage
im kühlen Keller oder im Gemüsefach des Kühlschranks, denn die
Blätter werden rasch weich und
verlieren ihren Biss.

Die für den Wintervorrat bestimmten, späten Sorten lässt man so
lange wie möglich auf dem Beet
und erntet erst kurz vor dem
ersten Frost. Bei der Ernte zieht
man die Köpfe samt Strunk aus
dem Boden und befreit die Wurzeln anschließend nur grob von
der anhaftenden Erde. In einem
kühlen, frostfreien Raum werden
die Köpfe mit Umblättern dann
kopfüber aufgehängt. Diese Methode bietet Pilz- und Bakterien-
krankheiten am wenigsten Angriffsfläche. Alternativ werden die
Köpfe mit 10 cm langem Strunk
dicht an dicht in Obstkisten gelegt

▼ **Ohne Anhäufeln wächst Kohl
langsamer, die Pflanzen bleiben kleiner. Zieht man die Erde
regelmäßig dicht an den Stängel heran, bilden die Pflanzen
zusätzlich Wurzeln, können
mehr Wasser und Nährstoffe
aufnehmen und entwickeln
sich kräftiger.**

und mit Jutesäcken abgedeckt. Kontrollieren Sie regelmäßig auf Fäulnis und belassen Sie die allmählich eintrocknenden äußeren

AUF EINEN BLICK

■ Kopfkohl

Aussaat:	Mit Vorkultur ab März, Direktsaat ab Mai
Keimtemperatur:	Ab 3 °C, optimal 18 bis 20 °C, nicht unter 10 bis 15 °C weiterkultivieren
Pflanzung:	Pflanzabstand Frühkohl 40 × 50 cm, späte Sorten 50 × 60 cm
Fruchtfolge:	Vorkultur Bohnen, Erbsen, Luzerne (Gründüngung), 4 Jahre Anbauabstand zu anderen Kreuzblütlern
Mischkultur:	Borretsch, Dill, Sellerie, Tomaten
Ernte:	Ab Juni bis zum Frost, frostharte Sorten auch im Winter ■

Blätter an den Köpfen. Sie schützen die Blätter im Inneren vor dem Austrocknen. Bei Temperaturen knapp über dem Gefrierpunkt und möglichst hoher Luftfeuchtigkeit bleiben die Köpfe bis ins Frühjahr frisch und knackig.

Zum Einschneiden als Sauerkraut eignet sich der im Sommer gepflanzte Spitzkohl am besten. Geerntet wird ab September. Dekorative, kleine Sauerkrautstanden aus Steingut mit Saftrinne und Tonscheiben zum Beschweren gibt es auch heute noch im Landhandel oder in ländlichen Haushaltswarenläden. ■

zügiger umgehen und Erntelücken zwischen Brokkoli oder Sommer-Rettichen zum Nachpflanzen nutzen. Weil die Pflanzen dazu noch im Halbschatten größerer Pflanzen gedeihen, sind Kohlrabi ein idealer Beetpartner in der Mischkultur mit Mangold und wachsen sogar zwischen Tomaten, Sellerie und Stangen-Bohnen.

Säen & Pflanzen

Bei Kohlrabi lohnt sich die Vorkultur. Wer die Aussaat im Gewächshaus oder auf dem Fensterbrett im Januar und Februar verpasst hat, holt sich die Jungpflanzen beim Gärtner. Frühe Sorten können unter Vlies oder Folie bereits ab März im Freiland gezogen werden. Sommersorten sät man Anfang April (Erntetermin Anfang Juli) und nochmals Ende April für die Augusternte.

Kohlrabi sollte man nur so tief pflanzen, dass der Wurzelansatz knapp mit Erde bedeckt ist. Zu tief gepflanzte Setzlinge reagieren mit Wachstumsstockungen, bilden gar keine oder nur kleine, holzige Knollen und neigen schon früh zum Schießen.

Kohlrabi

■ Kohlrabi (*Brassica oleracea* var. *gongylodes*) sind das Frühlingsgemüse par excellence. Wegen der kurzen Vegetationszeit gehören sie aber ebenso zu den wichtigsten Nachkulturen im Herbst. Wer 'Superschmelz' und ähnliche Riesenknollen nicht mag, greift beim späten Anbau einfach wieder

zu den Frühsorten. Diese eignen sich auch am besten für den Anbau im Frühbeet oder Folientunnel. Und weil zwischen Pflanzung und Ernte nur 8 bis 12 Wochen liegen, kann man mit der Regel, dass Kreuzblütler höchstens alle 4 Jahr wieder an derselben Stelle angebaut werden sollten, etwas großbaut

ANBAUSICHERE KOHLRABI-SORTEN

■ **Früh-Kohlrabi:**
'Azur Star' (tiefblaue Knollen, schoßfest), 'Logo' (früh treibende, schossfeste Sorten, auch für den Anbau im Frühherbst, 'Trero' (weiße Knollen, für frühesten Anbau unter Folie, unter Glas oder im Freiland)
Sommer-Kohlrabi:
'Noriko' (weiße, große Knollen mit viel Laub), 'Blaro' (blauviolette, zarte Knollen, schossfest), 'Konmas' (weiß, sehr schossfest)
Herbst-Kohlrabi:
'Blaril' (weißer Riesen-Kohlrabi, bis 1 kg schwer) 'Blauer Speck' (blauer Riesen-Kohlrabi), 'Dyna' (helle, blau melierte Knollen mit guter Lagerfähigkeit) 'Lanro' (zarter, weißer Kohlrabi für Früh- und Spätanbau) ■

Ernten

Bei allen Kohlrabi-Sorten sollte man nicht abwarten, bis die Knollen ihre volle Größe erreicht haben. Voll ausgereift, aber noch ganz zart ist das Fleisch, wenn man die Ernte eine Woche vorverlegt. Die zarten Herzblätter enthalten mehr Vitamine und Mineralstoffe als die Knollen – also nicht einfach wegwerfen, sondern klein gehackt an Salate geben oder über warme Kohlrabi-Gerichte streuen.

Pflegen & Düngen

Kohlrabi müssen zügig wachsen und brauchen dafür ein gleichmäßig feuchtes, nährstoffreiches Beet. Für den Frühjahrsanbau eignen sich am besten sandiglehmige Böden, die sich rasch erwärmen. Im Sommer profitieren die Pflanzen von lehmiger und humusreicher Erde. Holzige Knollen entstehen meist durch Wachstumsstockungen aufgrund von Wasser- oder Nährstoffmangel. Trocknet der Boden völlig aus, platzen die Knollen beim nächsten Regenguss auf. Bei warmem Wetter sollte man deshalb mindestens zweimal reichlich durchdringend gießen. Die rasch wachsenden Knollen sind auf leicht lösliche Dünger angewiesen und auch diese wirken nur bei ausreichender Bodenfeuchtigkeit. Die erste Gabe erfolgt zur Pflanzung, die zweite zur Hauptwachstumsphase 5 bis 8 Wochen später.

▶ **Blaue und Weiße Kohlrabi-Sorten sind geschmacklich kaum zu unterscheiden. Der blaue Pflanzenfarbstoff Anthocyan findet sich nur in der Schale.**

Pflanzenschutz

Kohlrabi ist durch den Kohlweißling ebenso gefährdet wie alle übrigen Kohlarten. Von Mitte Juli bis Anfang August empfiehlt es sich, die Beete mit Netzen abzudecken oder die Blattunterseiten regelmäßig auf die typischen, gelben Eigelege zu kontrollieren. Die Eier sollte man absammeln oder zerdrücken, bevor sich die gefräßigen Raupen entwickeln.

Am besten erntet man nicht nur frühzeitig, sondern auch immer nur so viel, wie man in der Küche gerade braucht. Besonders die frühen Kohlrabi-Sorten können nämlich nach der Ernte um den Wurzelansatz holzige Zellen ausbilden. Wegwerfen muss man die Kohlrabi-Knollen deshalb nicht, es genügt, wenn dieser Teil großzügig ausgeschnitten wird. Späte Sorten lassen sich in einem Raum

132

■ **Kohlrabi**

Aussaat:	Vorkultur ab März (Auspflanzen unter Folie), ins Freiland ab Mitte April bis Anfang September
Keimtemperatur:	14 bis 20 °C, später mindestens 12 °C
Pflanzung:	Früh- und Sommer-Kohlrabi mit Abstand 25 bis 30 cm, Riesen-Kohlrabi 40 cm
Fruchtfolge:	Nicht nach anderen Kohl-Arten, gute Nachfrucht nach Erbsen, Winter-Spinat oder als Vorfrucht vor späten Möhren und Winter-Porree
Mischkultur:	Bohnen, Kopfsalat, Mangold, Porree, Schwarzwurzeln, Sellerie, Spinat, Rote Bete
Ernte:	Ende April bis Ende Oktober ■

mit sehr hoher Luftfeuchtigkeit oder in einer Kiste mit feuchtem Sand (Laub vorher abdrehen) noch einige Zeit ohne nennenswerten Qualitätsverlust aufbewahren. Das gilt besonders für die beliebte, aber langsam wachsende Sorte 'Superschmelz' mit Knollen, die im Extremfall bis zu 10 Kilogramm auf die Waage bringen. ■

erhältlichen Sorten kommen meist aus England und bilden viele Seitentriebe mit weißen oder purpurfarbenen Blütenknospen die von März bis Mai geerntet werden können. Überwinterungssorten werden im Sommer gesät und im Frühjahr des Folgejahres beerntet.

Säen & Pflanzen

Wer Blumenkohl und Brokkoli selbst aus Samen anziehen will, braucht Geduld. Von der Aussaat bis zum pflanzfähigen Setzling vergehen im Frühjahr 35 bis 40 Tage. Für die Pflanzung Anfang April muss man somit spätestens Ende Februar aussäen – wie üblich zunächst in Saatschalen mit anschließendem Pikieren in kleine Töpfe oder Multitopfplatten. Für spätere Anbautermine erfolgt die Aussaat direkt ins Beet und später wird vereinzelt. Letzter Aussaattermin für die Ernte im Spätherbst oder Winter ist Ende Juni.

Brokkoli und Blumenkohl

■ Brokkoli (*Brassica oleracea* var. *italica*) oder Sprossenkohl stammt vermutlich aus Kreta oder Zypern und kam über Italien nach Europa. Dasselbe gilt für Blumenkohl (*Brassica oleracea* var. *botrytis*), den die Genueser um das Jahr 1500 mit in ihre Heimat brachten. Zwischen Brokkoli und Blumenkohl gibt es zahlreiche „Grenzgänger", diese Übergangformen sind nicht eindeutig der einen oder anderen Variante zuzuordnen. Bei Brokkoli werden außerdem drei verschiedene Typen unterschieden:

Sommer-Brokkoli ist der meist angebaute, vertraute Brokkoli mit grünen oder violetten Blütenständen und mehreren Seiten-

sprossen. Er wurde hauptsächlich aus der Sorte 'Grüner Calabreser' gezüchtet. Aber: Sorten für den Erwerbsanbau bestimmen heute den Markt und diese sind weniger für die Mehrfachernte gedacht, sondern werden hauptsächlich auf dicke, mittlere Blume gezüchtet.

Kopf-Brokkoli (Romanesco) kommt bei uns gerade erst in Mode. Die kleinen, gelbgrünen, minarettförmigen Röschen sind spiralig angeordnet und bilden einen blumenkohlähnlichen, aber sehr lockeren, spitzen Kopf.

Winter-Brokkoli ist nur in sehr milden Gebieten wirklich winterhart. Die heute noch oder wieder

Die „schnellsten" Blumenkohl- und Brokkoli-Sorten sind 50 Tage nach der Pflanzung erntereif, beim Winterkohl vergeht fast ein dreiviertel Jahr. Im Durchschnitt muss man eine Entwicklungszeit von mindestens 70 Tagen einkalkulieren. Das alleine ist eigentlich

■ **Brokkoli statt Grünkohl**
Überwinternde Brokkoli-Sorten kann man Anfang Mai direkt ins Freiland säen. Jungpflanzen verzieht man auf 60 cm Abstand. Gedüngt wird nur sparsam, die Pflanzen sollen langsam wachsen und feste Blätter bilden, nur dann trotzen sie dem Frost. ■

BROKKOLI- UND BLUMENKOHL-SORTEN

■ **Brokkoli:**
'Marathon F1' (zartblumig, für Frühanbau oder Aussaat im Juni für den Herbst), 'Extra Early Sprouting Rudolph' (Spargelkohl mit lila Knospen, für Überwinterung), 'Minaret' (hellgrüner Romanesco, für Spätanbau)
Blumenkohl:
'Odysseus' (für den ersten Freilandanbau), 'Neckarperle' (später oder früher Anbau, nicht im Hochsommer), 'Primus' (Sommeranbau) ■

schon Grund genug, statt Blumenkohl lieber Brokkoli anzubauen und dabei mehrfach beerntbare Sorten mit vielen Seitensprossen auszuwählen. Hinzu kommt, dass alle neueren Blumenkohl-Sorten sehr hohe Ansprüche an die Nährstoff- und Wasserversorgung stellen, die bescheidenen alten Sorten bilden kleine Köpfe und sehr viele Umblätter. Blumenkohl und Brokkoli verlangen außerdem einen höheren Kalkgehalt im Boden als andere Kohl-Arten. Bei der Beetvorbereitung arbeitet man daher zusammen mit der Kompostration eine Extra-Gabe Algenkalk ein (oder noch besser bereits im Herbst davor). Dazu kommt regelmäßiges Hacken und wie beim Kopfkohl das Anhäufeln. Bei Blumenkohl-Sorten, deren Umblätter nicht von selbst über die Blume wachsen, müssen die inneren, großen Blätter frühzeitig über die weißen Knospen geknickt werden, denn schon wenige Stunden volle Sonne genügen, und sie färben sich gelb oder sogar bräunlich.

Brokkoli richtig düngen

Eine Kopfdüngung mit einem schnell wirksamen, niedrig dosierten Gemüsedünger oder mit verdünnter Brennnesseljauche vor Beginn der Knospenbildung verhindert Wachstumsstockungen und sorgt dafür, dass sich nach dem Abschneiden der Mittelknospe noch viele kräftige Seitentriebe entwickeln.

Ernten

Bei Brokkoli ist der optimale Erntezeitpunkt erreicht, wenn die einzelnen Blütenknospen deutlich ausgeprägt, aber noch fest geschlossen sind. Gerade bei Sommer-Brokkoli passiert es ganz leicht, dass man diesen Termin versäumt. Schon kurze Zeit darauf wird die Blume locker und zeigt einen gelben Schimmer, der Geschmack wird „kohlig". Im Herbst kommt es dagegen auf ein paar Tage hin oder her nicht an und es ist einfacher, zarte, feste Köpfe oder Sprosse zu ernten. Nach der Ernte der Mittelblume wachsen innerhalb von 4 Wochen erntereife Seitensprosse. Nicht zu üppig gedüngter Herbst- und Winter-Brokkoli ist kältefester als Blumenkohl und toleriert Temperaturen bis -5 °C.

Brokkoli wird immer mit Strunk und Stielen geschnitten. Die dünneren Stiele können mitgegart werden, den dickeren Strunk der Mittelknospe sollte man vorher großzügig abschälen. Beim Blumenkohl schneidet man den Strunk unterhalb der Hüllblätter ab. Lässt man die inneren Hüllblätter am Kopf, bleibt der Kohl länger frisch. Beide Kohl-Arten sollten möglichst kühl lagern, ideal ist eine Lagertemperatur von knapp über 0 °C. ■

133

◀ **Brokkoli wird immer beliebter und ist viel leichter zu kultivieren als der anspruchsvolle Blumenkohl.**

▲ Links: Anders als Brokkoli bildet Spargelkohl wie 'White Sprouting Early' stark verzweigte Sprosse mit kleinen Blütenknospen. Dafür ist der Sprossenkohl völlig winterhart und kann bis ins Frühjahr beerntet werden.
Rechts: Brokkoli kann mehrmals beerntet werden. Kappt man den Mittleren Spross, solange die Blüten noch ganz fest geschlossen sind, wachsen bei vielen Sorten aus den Blattachseln der Seitentriebe neue, kleinere Sprosse nach.

▶ Brokkoli ist einfacher zu ziehen als Blumenkohl und liefert in einem sonnigen Beet mehrere Ernten. An warmen Sommertagen blühen die winzigen Blütenknospen aber rasch auf.

AUF EINEN BLICK

◼ **Blumenkohl und Brokkoli**

Aussaat:	Vorkultur ab März, Direktsaat ab Mitte April bis Ende Juni, 1 bis 2 cm tief, Reihenabstand 50 cm, in der Reihe 40 bis 50 cm
Keimtemperatur:	18 bis 20 °C, Weiterkultur 12 bis 16 °C
Fruchtfolge:	Nach Bohnen, Erbsen, Kartoffeln oder Gründüngung mit Kleegras
Mischkultur:	Tomaten, Ringelblumen, Tagetes, Salat, Sellerie, am Beetrand zu Stangen-Bohnen
Ernte:	Ab Juni bis zum Frost, Winter-Brokkoli bereits im Frühjahr

Grünkohl und Rosenkohl

■ Grünkohl (*Brassica oleracea var. sabellica*) spaltet die Genießer in zwei Lager: Entweder man hasst ihn oder man liebt das deftige Gemüse heiß und innig. Der aparten, rot-violetten Variante des gewöhnlichen Grünkohls verhalfen aber weder Gärtner noch Gourmets, sondern die Gartengestalter zu einer zu einer Renaissance. 'Redbor', eine Sorte mit mehrfach gefiederten, krausen Blättern, war fast verschwunden und kommt jetzt als Ziergemüse im Staudenbeet wieder groß in Mode. Ein Gartenbuch aus dem 19. Jahrhundert kommentiert den bunten Kohl wie folgt: „Der Plumageoder Federkohl ist weniger zart und schmackhaft und hält auch den Winter nicht aus." Das stimmt nicht ganz, denn die Pflanzen überstehen durchaus einige Minusgrade, bei anhaltendem Frost oder Nässe verlieren sie aber rasch an Attraktivität. Und auch wenn man über Geschmack bekanntlich nicht streiten kann: Es gibt gleich eine ganze Reihe von Grünkohl-Sorten,

die 'Redbor' in dieser Hinsicht weit übertreffen! Ganz anders verhält es sich beim ebenfalls wieder entdeckten Toskanischen Palmkohl. Das edle Gemüse widersteht Frost ebenso wie Hitze und überzeugt in der Küche ebenso wie als dekorative Kübelpflanze auf der Ter-

rasse. Rosenkohl (*Brassica oleracea var. gemmifera*) ist dagegen schon fast ein „Neuling", er gehört zu den jüngsten Kohl-Arten. Der "Choux de Bruxelle" wurde in Belgien gezüchtet und 1821 erstmals rund um Brüssel angebaut. Und auch hier gibt es inzwischen eine bunte Variante. Die Sorte 'Falstaff' verblüfft mit weinroten Röschen, die ihre Farbe sogar beim Kochen behalten.

▲ Palmkohl beweist im Staudenbeet ebenso wie in einem Blumenkübel seinen ornamentalen Charakter.

EMPFEHLENSWERTE SORTEN

■ **Grünkohl-Sorten für Genießer**
'Lerchenzungen' (schmale, fein gekrauste Blätter, gute Frosthärte), 'Winterbor F1' (ertragreich, sehr gute Frostresistenz), 'Nero die Toscana' (Toskanischer Palmkohl, zarte, aromatische Blätter, sehr attraktiv, in raueren Lagen Winterschutz erforderlich), 'Halbhoher Grüner Krauser' (Ernte bis Januar, vorzüglicher Geschmack)

Rosenkohl für Herbst und Winter
Herbstsorten: 'Hilds Ideal' (weiter Anbauzeitraum, frostfest), 'Wilhemsburger' , 'Cyrus', 'Lunet'
Wintersorten: 'Trafalgar' (F1-Hybride, sehr milde, fast schon süße Röschen)

Säen & Pflanzen
Alle Winterkohl-Arten entwickeln sich am besten auf nährstoff- und kalkreichen, sandigen Lehmböden, akzeptieren aber auch schwerere, gut mit Kompost versorgte, humusreiche Böden. Grünkohl und Palmkohl sät man ab Mitte Mai auf ein Saatbeet im Freien und

136

Frostschutz für Winterkohl

Aus dem gefrorenen Boden können die Pflanzen kein Wasser aufnehmen. Wechseln sich starke Fröste mit sonnigen Tagen ab, deckt man Grün- und Rosenkohl mit etwas Fichtenreisig ab, um die Verdunstung einzuschränken, sonst werden Blätter und Röschen zäh. ■

AUF EINEN BLICK

Grünkohl und Rosenkohl

Aussaat:	Anfang bis Ende Mai, 1 bis 2 cm tief, in Topfplatten oder direkt ins Beet, verpflanzen Mitte bis Ende Juni, Grünkohl 40 × 40 cm, Rosenkohl 60 × 40 cm
Keimtemperatur:	Ab 10 °C, optimal 18 bis 20 °C
Fruchtfolge:	Nach Frühkartoffeln, Erbsen, Spinat, frühen Kohlrabi, 3 bis 4 Jahre Abstand zu anderen Kohl-Arten und Rettichen
Mischkultur:	Thymian (gegen Kohlfliege), Erbsen, Kartoffeln, Rote Rübe, Salat, Sellerie und Spinat, zu Gurken als Windschutz, Untersaat mit Ringelblumen, Tagetes oder Phazelia
Ernte:	Ab Oktober bis Januar / Februar, Palmkohl laufend ab August bis Dezember ■

verzieht oder verpflanzt die Setzlinge, sobald sie vier bis fünf Blätter gebildet haben, auf ihren endgültigen Abstand.

Rosenkohl wird je nach Sorte von April bis Mai direkt ins Freiland oder ins Frühbeet dünn verteilt ausgesät und ab Mitte Mai bis Ende Juni vereinzelt, besser noch einmal verpflanzt. Wichtig: Pflanzt man zu früh, bilden sich keine festen Röschen aus, bei zu später Pflanzung bleiben die Röschen kleiner. Die Jungpflanzen tief einpflanzen und großzügig angießen!

Pflegen & Düngen

Ein lockerer, feuchter Boden und eine Nachdüngung kurz vor der Hauptwachstumsphase sorgen bei

Grünkohl für ein zügiges Wachstum. Bei Rosenkohl erfolgt die Düngergabe erst zu Beginn der Röschenbildung.

Kappt man bei Rosenkohl die Gipfelknospe, werden die Röschen zu stärkerem Wachstum angeregt. Das gilt aber nur für Frühsorten wie 'Hild's Ideal' oder die alte, winterharte Sorte 'Wilhelmsburger'. Der beste Zeitpunkt zum Entspitzen ist, wenn die unteren Röschen haselnussgroß sind. Kappt man die Spitze zu früh, werden die Röschen zwar größer, aber viel zu locker. Bei einem späteren Zeitpunkt bleibt die Maßnahme wirkungslos. Spätsorten und Hybridsorten werden nicht entspitzt und auch auf das oft praktizierte Entfernen der

◀ Bei Herbst-Rosenkohl wie 'Cyrus' oder 'Lunet' fördert das Entspitzen die Röschenbildung. Dabei entfernt man die Vegetationsspitze, wenn die unteren Röschen etwa haselnussgroß sind. Frostharte Überwinterungs-Sorten nicht entspitzen!

PRAXISTIPP

Rosenkohl überwintern

In sehr kalten Gegenden überwintert man die ganzen Rosenkohlpflanzen, indem man sie samt Wurzelballen im Frühbeet in Erde einschlägt. ■

Blätter sollte man besser verzichten, denn dadurch vermindert sich die Frosthärte und die Pflanzen können nicht mehr ausreichend assimilieren!

Ernten

Bei Grünkohl und Rosenkohl beginnt die Erntezeit Ende September – Kenner gedulden sich damit bis nach dem ersten Frost. Fallen die Temperaturen allmählich unter 0 °C, wandeln die Pflanzen als interne Frostschutzmaßnahme Stärke in Zucker um, und das macht die Blätter und Knos-

pen nicht nur milder, sondern auch aromatischer. Der Toskanische Palmkohl braucht keinen Frost. Man pflückt die weichen Blätter, sobald sie groß genug sind, und zwar immer einzeln von unten nach oben, und bereitet sie wie Wirsing zu. Noch besser schmecken sie im Ganzen gedünstet oder nur in mundgerechte Stücke geschnitten und im Wok oder in der Pfanne zubereitet. Erst am Ende der Ernteperiode zieht man die ganzen Pflanzen aus dem Boden und erntet sie dann vollends ab. ■

Mangold verwechselt. Der Kohl benötigt fast ebenso viel Wasser wie Chinakohl, bevorzugt nährstoffreiche Böden und einen warmen, geschützten Standort, ist aber weit unproblematischer im Anbau.

Säen, Pflegen & Düngen

Chinakohl und Pak Choi gedeihen gut auf feuchten, nährstoffreichen Böden in sonniger Lage. Die Aussaat erfolgt ab Ende Juli direkt ins Beet mit Verziehen der Pflänzchen im Vier- oder Fünf-Blatt-Stadium. Frühere Aussaaten im Juni, bei Tageslängen über 12 Stunden führen zu vielen Schossern. Die Vorkultur in kleine Töpfe mit späterem Auspflanzen ist ebenfalls möglich und lohnt sich vor allem dann, wenn der Platz im Beet noch

Chinakohl und Pak Choi

■ In China wird Chinakohl (*Brassica rapa* subsp. *pekinensis*) bereits seit dem 5. Jahrhundert angebaut, nach Europa gelangte er erst vor knapp hundert Jahren. Heute unterscheidet man vor allem zwei Formen. Die großen, kopfbildenden Chinakohlformen sind besonders beliebt. Eindeutig leichter zu kultivieren sind die offenblättrigen Sorten, deren Wuchsform an Römischen Salat erinnert. Unabhängig davon verbraucht ein einziger Kohlkopf von der Aussaat bis zur Ernte etwa 22 Liter Wasser. Weil

die Pflanzen aber nur flach wurzeln, sind sie nicht in der Lage, die Wasservorräte in den tieferen Bodenschichten anzuzapfen und das macht den Anbau gerade in den heißen Sommermonaten nicht ganz einfach.

Pak Choi (*Brassica rapa* subsp. *chinensis*) bildet im Vergleich mit anderen Kohl-Arten recht kleine Pflanzen. Die Blätter stehen rosettenartig um einen dicken, weißen Strunk und wohl deshalb wird Pak Choi oder Tatsoi oft mit Rippen-

ANBAUSICHERE GARTENSORTEN

■ **Chinakohl und Pak Choi**
Chinakohl: 'Bilko' (siehe Foto rechts; zylindrische Köpfe, lagerfähig, geringerer Wasserbedarf als andere Chinakohl-Sorten), 'Granat' (hohe geschlossene Köpfe), 'Hong Kong' (kurze, gedrungene, ovale Köpfe)
Pak Choi: 'Hypro' F1, 'Joi Choi' F1 (beide sehr schossfest und rasch wachsend) ■

138

■ Chinakohl und Pak Choi

Aussaat:	Ende Juli bis Anfang August, 1 bis 2 cm tief, Reihenabstand 40 cm, in der Reihe auf 30 cm vereinzeln
Keimtemperatur:	Ab 12 °C, optimal 18 bis 22 °C
Fruchtfolge:	Nach Erbsen, frühen Busch-Bohnen, Frühkartoffeln, Spinat, Gründüngung mit Leguminosen
Mischkultur:	Herbst-Spinat, Endivie, Sellerie, Rote Bete, Mangold, Kopfsalat verhindert Erdflohbefall
Ernte:	September bis Ende Oktober ■

von anderen Gemüse-Arten belegt wird. Besser pflanzt man etwas zu früh als zu spät aus, denn je größer die Pflanzen sind, desto schlechter wachsen sie an. Wie bei allen Flachwurzlern gilt: Häufig, aber nicht zu kräftig gießen, damit das Wasser nicht im Untergrund versickert. Zum Schutz vor Verdunstung sollte man die Erde zwischen den Kohlpflanzen dick mulchen. Eine Düngung bei der Beetvorbereitung ist nicht nötig. Wichtig ist aber eine Extra-Nährstoffgabe mit Kalkammonsalpeter oder Hornmehl (25 g / m²) etwa 2 bis 3 Wochen nach dem Auflaufen

Ernten

Bei Pak Choi ist selbst eine späte Sommeraussaat nach 7 bis 9 Wochen erntereif. Nach der Ernte welken die Blätter schnell, besser lässt man die Köpfe bis zum Frosteinbruch auf dem Beet und erntet nach Bedarf.

Chinakohl hat eine längere Entwicklungszeit: Von der Saat bis zur Ernte vergehen 10 bis 12 Wochen. Im Herbst deckt man die Köpfe vor kalten Nächten oder während andauernden Regenperioden mit Vlies ab. Frisch geerntete Köpfe eignen sich nicht nur gut zum Dünsten, sondern sie schmecken, fein geschnitten, ausgezeichnet als Salat. Bei sehr kühler Lagerung unter 5 °C und bei hoher Luftfeuchtigkeit bleibt der Kohl mindestens 4 Wochen lang knackig.

In der Küche zeigen sich beide Kohl-Arten ausgesprochen vielseitig. Ob als Roulade, im Gemüsestrudel und in der Lasagne, die Möglichkeiten der Zubereitung sind nahezu grenzenlos. Am besten kommt das milde Aroma aber nach kurzem Dünsten im Wok oder beim Schmoren in einer tiefen Pfanne zur Geltung. ■

▼ Herbst- und Wintergemüse wie Porree, Rote Bete, Sellerie und verschiedene Kohlarten gedeihen prächtig in einer abwechslungsreichen Mischkultur. Gerade im Spätsommer kann man ihnen beim Wachsen beinahe zusehen und sie legen noch einmal kräftig an Gewicht zu.

Hülsenfrüchte (Leguminosen)

Bohnen und Erbsen gehören zu der Familie der Schmetterlingsblütler. Die Samen reifen in mehr oder weniger dicken und langen Fruchthülsen. Ungeachtet der botanisch korrekten Bezeichung werden die jung gepflückten Erbsen- oder Bohnenhülsen in der Küche aber als Schoten bezeichnet.

Über die Herkunft der Leguminosen sind die Ethnobotaniker unterschiedlicher Meinung und vermuten den Ursprung der Pflanzenfamilie gleich auf drei Kontinenten: Südamerika als auch Afrika und Asien kommen dafür in Frage. Das erklärt aber zumindest, warum Hülsenfrüchte zu den wichtigsten Kultur- und Nahrungs-

pflanzen der Menschheit gehören. Nach Europa gelangten die Gartenbohnen und ihre zahlreichen Unterarten erst nach der Entdeckung Amerikas. Bis dahin waren bei uns nur die Feld-, Sau- oder Puffbohnen bekannt, die botanisch den Wicken zugeordnet sind. ■

▶ **Schoten haben zwei Kammern, die durch eine Zwischenwand getrennt sind. Hülsen hingegen haben nur eine Kammer. Zu den Schoten gehören zum Beispiel die Früchte von Raps oder Senf.**

Linsen, Kichererbsen & Co.

■ Linsen (*Lens culinaris*) stehen den Bohnen im Hinblick auf die Sortenvielfalt nicht nach. In den Höhenlagen, zum Beispiel auf den kargen Böden der Schwäbischen Alb, wurden selbst in Deutschland noch im letzten Jahrhundert Linsen angebaut. Meist handelte es sich dabei um flache, große und mehlige Teller-Linsen. Die in Frankreich bis heute kultivierten kleinen Berg-Linsen oder die grünen Puy-Linsen schmecken deutlich aroma-

tischer und behalten auch beim Kochen ihren festen „Biss".

Wie Erbsen und Bohnen kann man auch Linsen im Garten aussäen. Am besten erfüllen sie ihre Rolle als Stickstoff sammelnde Gründüngung, auch die Ernte zarter Sprossen als nussige Salatbeigabe ist zu empfehlen. Dagegen gestaltet sich die Ernte der Schoten und das Ausdreschen der Linsen ausgesprochen mühselig und ist

auch nur wenig ergiebig. Die aus Vorder- und Südwestasien stammenden Kichererbsen (*Cicer arietinum*) eignen sich ebenfalls für diesen Zweck. Dreschreife Schoten und einen nennenswerten Ertrag gibt es aber nur in sehr milden Lagen. Bei den Sojabohnen (*Glycine max*) sieht es ganz ähnlich aus, allerdings sind hier, im Zuge des gentechnikfreien Bioanbaus für die Verarbeitung zu Tofu, inzwischen Sorten zu haben, die bereits im September ausreifen und in wärmeren Lagen tatsächlich zufrieden stellende Erträge liefern. ■

Garten-Bohnen

■ Busch-Bohnen *(Phaseolus vulgaris)* gedeihen auf fast jedem Standort, nur sehr schwere oder sauere Erde ist nicht geeignet. Die Pflanzen werden nur etwa 30 bis 50 cm hoch und kommen, im Gegensatz zu Stangen-Bohnen, ohne Rankhilfe aus. Auf dem Markt sind Sorten mit gelben oder violetten Hülsen und mit braunen, weißen oder schwarzen Samen. Blauhülsige Sorten verlieren ihre Farbe meist beim Kochen.

Inzwischen gibt es von den unkomplizierten Busch-Bohnen erheblich mehr Sorten als von der ursprünglichen Form, den Stangen-Bohnen. Diese sind anspruchsvoller im Anbau und brauchen mehr Wärme als Busch-Bohnen. Dafür sind die Hülsen zarter und schmecken meist auch aromatischer. Die ebenfalls kletternden Prunk- oder Feuer-Bohnen *(Phaseolus coccineus)* lieben dagegen kühl-feuchtes, „englisches" Klima und ihr übermütiges Wachstum erfordert mindestens 3 m hohe Stangen. Am besten reserviert man für sie einen Rosenbogen oder nutzt sie als schnellen und preiswerten Sichtschutz für die Pergola an der Terrasse.

Säen & Pflanzen

Bohnen muss man barfuss säen! Erfahrene Gärtner wissen: Erst wenn der Boden angenehm warm und trocken ist, entwickeln sich die Pflänzchen rasch genug. Sät man in feuchte, kalte Erde, laufen sie nur zögernd auf. Spätsaaten der Busch-Bohnen können bis

Ende Juli erfolgen, bei den langsamer wachsenden Stangen-Bohnen ist Ende Juni der letzte Saattermin.

Noch eine Bauerregel besagt: „Bohnen müssen die Glocken läuten hören." Also legt man die Samen nie tiefer als 2 cm aus. Der Hintergrund: Je schneller der Keimling die Erdoberfläche durchstößt, desto geringer sind die Ausfälle durch Ackerschnecken und die gefräßigen Maden der Bohnenfliege. Damit ist die Gefahr aber längst nicht gebannt, an der Erdoberfläche warten die größeren

▲ Stangen-Bohnen brauchen viel Wärme und eine mindestens 2,5 m hohe Stütze. Die Bohnen ranken von selbst und müssen nicht aufgeleitet werden.

Nacktschnecken-Arten bereits auf die zarten Sämlinge.

Sät man die Samen in Reihen in Horstsaat, kann man dazwischen leichter Hacken und Unkraut jäten. Zum Ausprobieren: Verteilt man 30 bis 40 Samen in gleichmäßigem Abstand auf ein quadratisches Beet (Grundfläche etwa 1 × 1 m), fällt die Ernte bei Busch-

VERSCHIEDENE FORMEN VON GARTEN-BOHNEN

■ **Schwert-Bohnen:** Hülsen platt, flach
Flageolet-Bohnen: Hülsen flach-oval
Filet-Bohnen: feine, fadenlose Hülsen, die sehr jung geerntet werden
Perl-Bohnen: dünnschalige Hülsen mit kleinen, runden Samen, die sich deutlich abzeichnen. ■

Hülsen. Frühe Saaten werden meist weniger stark befallen.

AUF EINEN BLICK

Busch- und Stangen-Bohnen

Aussaat:	2 cm tief, Busch-Bohnen Mai bis Juni, Stangen-Bohnen ab Mitte Mai
Keimtemperatur:	Ab 10 °C, optimal 20 bis 25 °C
Reihenabstand:	Busch-Bohnen 20 cm, Horstsaat (alle 3 cm jeweils 4 bis 5 Samen); bei Stangen-Bohnen rund um jede Stange insgesamt 8 bis 12 Bohnensamen auslegen, Standweite der Stangen 60 cm
Fruchtfolge:	Günstige Vorfrucht sind Kartoffeln, Kopfsalat. Frühe Busch-Bohnen als Vorkultur für Wintergemüse wie Chinakohl, Endivie, Grünkohl. Nicht nach Spinat oder Kohl anbauen!
Mischkultur:	Bohnenkraut, Kartoffeln, Salat, Zucker-Mais. Nicht neben Zwiebel, Porree oder Knoblauch, Erbsen, Fenchel
Ernte:	Ab Juli bis Ende September

Pflegen & Düngen

Die flache Saat macht man durch Anhäufeln wieder wett, sobald die Bohnen 15 bis 20 cm hoch gewachsen sind. Dadurch verhilft man den Jungpflanzen zu mehr Standfestigkeit und wärmeren Füßen. Der Wasserbedarf ist nach der Hauptblüte und für die Hülsenbildung besonders hoch. Vor allem im Hochsommer lässt sich der Ertrag durch regelmäßige Wassergaben nach der Hauptblütezeit bis zur Hülsenbildung glatt verdoppeln. Vor der Blüte und nach dem

Bohnen deutlich höher aus. Ein weiterer Vorteil dieser Methode besteht darin, dass man sogar in kleinen Gärten mühelos mehrere Sätze unterbringt und laufend ganz junge Bohnen ernten kann.

Oft wird empfohlen, die Samen vor der Aussaat in handwarmem Wasser einige Stunden vorquellen zu lassen, um die Keimzeit zu verkürzen. Bei einer zu schnellen Wasseraufnahme können am jungen Keimling jedoch Schäden durch

Gewebespannungen entstehen. Besser man wartet gerade bei den ersten Saaten wirklich milde Tage ab und hält das Bohnenbeet möglichst gleichmäßig feucht, bis die ersten Blätter sichtbar werden.

Außer Schnecken und den Larven der Bohnenfliege gibt es bei allen Bohnensorten einen Hauptfeind: Schwarze Bohnenläuse machen den Pflanzen das Leben ausgesprochen schwer und vergällen den Genuss an den knackigen

▼ Stangen-Bohne ‘Matilda’ entwickelt zarte, runde Hülsen ohne lästige „Fäden“.

ANBAUSICHERE BOHNEN-SORTEN

Busch-Bohnen:
‘Caruso’ (Filet-Bohne), ‘Cupidon’ (Filet-Bohne), ‘Golddukat’ (gelbe Wachs-Bohne), ‘La Victoire’ (reichtragend), ‘Maxi’ (frühe und lange Reifezeit), ‘Negra’ (schwarze Samen), ‘Saxa’ (auch für raue Lagen),
Stangen-Bohnen:
‘Blauhilde’ (blauviolette, fleischige Hülsen), Markant’ (runde Hülsen), ‘Neckargold’ (tiefgelbe Hülsen), ‘Neckarkönigin’ (runde Hülsen, wenig regenempfindlich)
Feuer-Bohnen:
‘Preisgewinner’ (robust, Korn violett-schwarz gesprenkelt), ‘Lady Di’ (dunkelrote Blüte, fadenlose Schwert-Bohne)

ersten Erntedurchgang empfiehlt sich eine Gabe von stickstoffarmem, organischem Dünger.

Ernten

Die Bohnen sind reif, wenn sie beim Biegen glatt durchbrechen und an der Bruchstelle grün und saftig sind. Profis ernten, sobald die Samen etwa 5 mm, höchstens aber 8 bis 10 mm lang sind und beginnen, sich durch die Hülsen abzuzeichnen. Die meisten Sorten erntet man der Hülsen wegen, aber grundsätzlich kann man die Samen auch ausreifen lassen und dann als Kernbohnen zubereiten oder trocknen. Allerdings: Je öfter man pflückt, desto mehr Bohnen wachsen nach, weil dadurch die oberen Blütenansätze zum Blühen angeregt werden. Überständige, übersehene Hülsen sollten Sie daher ebenfalls abpflücken und beseitigen. Ernten Sie Bohnen möglichst nicht bei Nässe, sondern warten Sie trockenes Wetter ab.

Bohnen haben einen beachtlichen Eiweißgehalt und enthalten gleich acht lebenswichtige Aminosäuren. Für die anhaltende Sättigung sorgt auch der hohe Anteil an komplexen Kohlenhydraten. Außerdem liefern die Hülsenfrüchte wertvolle Mineralstoffe wie Kalium, Magnesium, aber auch Eisen und – besonders wichtig für Vegetarier – Zink, ein Mineral das sonst nur in tierischen Nahrungsmitteln in größeren Mengen vorkommt. Grundsätzlich sollte man alle Hülsenfrüchte, mit Ausnahme junger Erbsen und Zuckerschoten, nicht roh essen, denn unverträgliche Stoffe wie Phaseolin werden erst durch Erhitzen deaktiviert. ■

Puff-Bohnen

■ Puff-Bohnen (*Vicia faba*) sind aufrecht wachsende, stämmige Pflanzen, die bis zu einem Meter hoch werden. Auffällig sind die hübschen weißen Schmetterlingsblüten mit dem typischen schwarzen Fleck am Grund. Neuere Sorten wie 'Piccola' oder 'Imperial Green Longpod' sind besonders zart und schmackhaft. Den Namen „Saubohnen" haben sie keinesfalls verdient, obwohl Puff-Bohnen früher meist als Viehfutter angebaut wurden. Die grünen, dicken, wattigen Hülsen eignen sich wirklich nur als Schweinefutter, innen liegen vier bis acht dicke Kerne. Jung isst man sie komplett, ältere Samen drückt man nach dem Blanchieren aus der bereits etwas zähen Haut und bereitet daraus Salat. Außerdem sind die Kerne unverzichtbarer Bestandteil der italienischen Minestrone.

Im Garten erweisen sich Puff-Bohnen als äußerst robust. Sie vertragen Fröste bis – 8 °C und können in den meisten Lagen bereits Anfang März ins Freiland gesät werden – zum Beispiel als Vorkultur vor Tomaten. Der Abstand zwischen den Reihen beträgt 50 cm, in der Reihe 15 bis 20 cm. Folgesaaten sind bis Juni möglich, allerdings werden die Bohnen bei späten Anbauterminen oft stark von der Schwarzen Bohnenlaus befallen, während Frühsaaten meist nur einem geringen Befall ausgesetzt sind. Noch sicherer ist eine Abdeckung mit Vlies bis die Pflanzen 10 cm hoch sind. Die Pflanzen werden angehäufelt, sobald sie handhoch gewachsen sind. Die Ernte beginnt, wenn sich die Hülsen an den Stängeln aufrichten und die Bohnenkerne im Inneren gut ausgebildet sind. ■

Erbsen

■ Zwei Wilderbsen kommen für die heutige Garten-Erbse (*Pisum sativum*) als Vorfahren in Frage. Die eine wächst in der Macchia der Mittelmeerländer, die andere rankt im Vorderen Orient, zwischen den Flüssen Euphrat und Tigris über Sträucher oder vermehrt sich als Unkraut auf den Getreidefeldern.

Man unterscheidet zwischen Pal- und Mark-Erbsen. Das Saatgut der beiden Typen kann man leicht auseinander halten: Die Samen der Pal-Erbsen sind glatt und rund, die der Mark-Erbsen schrumpfen durch den Wasserverlust beim Trocknen und Aufbereiten des Saatguts ein, sie bekommen dadurch kleine Dellen und sehen runzelig aus.

Säen

Erbsen lagern wie alle Leguminosen in ihren Wurzelknöllchen reichlich Stickstoff ein. Sie lockern

FORMEN DER GARTEN-ERBSEN

■ **Pal-Erbsen** mit grünen oder gelben, stärkereichen Samenkörnern eignen sich gut zum Trocknen. Gründlich eingeweicht und gekocht werden sie für Erbsensuppe und Püree verwendet.

Mark-Erbsen enthalten mehr Zucker und lagern mehr Wasser in ihre Samen ein. Das verleiht den Erbsen einen besseren Geschmack und sie bleiben länger zart. Mark-Erbsen reifen langsamer als Pal-Erbsen und sind länger erntefähig. Dafür eignen sie sich nur für die frische Zubereitung. Eine Konservierung ist nur als Konserve oder tiefgekühlt möglich, denn die Körner verlieren beim Trocknen ihre Quellfähigkeit und bleiben beim Kochen hart.

Zuckerschoten sind Sorten von Mark- oder Pal-Erbsen, die bei der Züchtung auf besonders dickfleischige Hülsen ausgelesen wurden. Die Hülsen haben außerdem eine sehr dünne, innere Fruchtwand und bleiben länger zart und knackig. Bei manchen Sorten fehlt der pergamentartige „Bast" ganz, trotzdem muss man sie möglichst jung ernten, solange die Samen noch klein und flach sind. ■

mit ihrem feinen Wurzelsystem den Boden bis in tiefere Schichten. Und weil die Frühsaaten das Beet im Juni bereits wieder räumen, sind sie eine der besten Vorkulturen für späte Kohl-Arten und andere Herbst- und Wintergemüse. Erbsen sät man an Ort und Stelle, möglichst früh, sobald der Boden auseichend abgetrocknet ist. Frühe Saaten bleiben außerdem von den Maden des Erbsenwicklers verschont. Bis die Pflanzen die ersten Ranken ausbilden, sind sie nicht sehr konkurrenzstark. Wichtig ist deshalb ein möglichst unkrautfreies Saatbeet. Vor allem frühe Saaten müssen durch Gemüseschutznetze vor scharrenden Amseln und hungrigen Ringeltauben geschützt werden. Am schnellsten entwickeln sich die Pflanzen auf lehmig-sandigen, gleichmäßig feuchten Böden. Bis zur Blütenbildung lieben alle Sorten Wärme, danach sollten die Temperaturen eher gemäßigt ausfallen. Ideal sind 12 bis 20 °C. Bei

Hitze und Trockenheit, aber auch bei lang anhaltender Nässe, werfen die Pflanzen ihre Blüten und Hülsen ab.

Pflegen

In einem gut gelockerten, nährstoffreichen Gartenboden werden genügend Nährstoffe mobilisiert, außerdem sorgen die Erbsen selbst für den Nachschub. Eine Kompostgabe auf das zukünftige Erbsen-

▲ Kapuziner-Erbsen bilden hübsche, zweifarbige Schmetterlingsblüten. Die Hülsen können als Zucker-Erbsen verwendet werden, lässt man sie länger ausreifen, kann man die Körner wie Mark-Erbsen zubereiten. Wie bei vielen alten Erbsensorten werden die Ranken bis zu 2 Meter hoch. Ausgesät wird ab April, am besten an einem Maschendrahtzaun.

ERBSEN-SORTEN

■ **Pal-Erbsen:**
'Kleine Rheinländerin' (früh, 40 cm hoch, ertragreich), 'Germana' (robust auch bei schwierigen Keimbedingungen, 70 cm hoch)
Mark-Erbsen:
'Progress Nr. 9' (süßes, großes Korn, kompakter Wuchs), 'Sublima' (zuckerreiche Körner zum Rohessen, dünsten oder Einfrieren, 70 cm hoch)
Zuckerschoten:
'Zuccola' (saftig-süße, bastfreie Hülsen), 'Salzmünder Edelperle' (Körner schmecken auch roh, 80 cm hoch), 'Norli' (standfest, 50 cm hohe, sehr süße Hülsen)
Neue Mark-Erbsen für den Sommer: 'Vitara' (süße Körner, ertragreich) 'Profita' (guter Geschmack, standfest) ■

beet im Herbst und eine Mulchschicht bis zum Frühjahr sichern die Humusanreicherung auf leichten Böden. Zugleich erhält dadurch schwere, lehmige Erde bis zum Saisonstart eine luftigere Struktur. Bei niedrigen Sorten stützen sich die Pflanzen gegenseitig, die langen Ranken von Kapuziner-Erbsen oder anderen, älteren Mark- und Pal-Erbsen finden an Reisern oder einem einfachen Gerüst aus Holzpfählen und Kaninchendraht

die nötige Aufstiegshilfe. Das Anhäufeln sorgt für eine bessere Wurzelbildung in den oberen Bodenschichten und verleiht zusätzliche Standfestigkeit. Der richtige Zeitpunkt dafür ist gekommen, sobald die Pflanzen etwa 15 cm Höhe erreicht haben.

Ernten

Zuckerschoten und Mark-Erbsen sollten alle 3 bis 4 Tage überpflückt werden. Ältere Hülsen

▲ Erbsen sind gute Mischkulturpartner für Kohl. Wichtig: Abstand halten zu anderen Hülsenfrüchten wie Bohnen.

werden zäh, die Körner der Mark-Erbsen-Sorten wandeln einen Teil des Zuckers rasch in geschmacklose Stärke um. Bei den Pal-Erbsen können die Abstände etwas länger sein. Als Faustregel gilt: wenn der größte Teil der Blüten geöffnet ist, dauert es noch gut zwei Wochen bis zum ersten Pflücktermin.

Zucker-Erbsen und Mark-Erbsen sind in wenigen Minuten gar und lassen sich ausgezeichnet einfrieren. Tipp: Vorher kurz blanchieren, dann behalten sie ihre appetitlich grüne Farbe! Pal-Erbsen sind nichts für die schnelle Küche, ungeschälte Körner sind oft erst nach zwei Stunden weich. Dagegen zerfallen geschälte Palerbsen schon nach kurzer Kochzeit zu dickem Mus und müssen nicht unbedingt eingeweicht werden. ■

AUF EINEN BLICK

■ Erbsen

Aussaat:	Ab März bis Mitte April, einige Sorten auch noch im Frühsommer, 3 bis 5 cm tief
Keimtemperatur:	Ab 8 °C, optimal 20 °C
Reihenabstand:	30 cm (niedrige Sorten) bis 50 cm (höhere Sorten mit Rankhilfe), in der Reihe 3 bis 4 cm
Fruchtfolge:	Nach Kartoffeln, Kohl. Nicht nach Zwiebeln und Möhren
Mischkultur:	Knollen-Fenchel, Kohlrabi, Kopfsalat, Ringelblumen, Mairübchen
Ernte:	Ab Juni bis Mitte August (Sommer-Erbsen entsprechend länger) ■

Spargelerbse

■ Die Rote Spargelerbse oder Goabohne (*Tetragonobolus purpureus*) ist weder mit Erbsen noch mit Spargel oder Bohnen verwandt. Man nennt sie auch Flügelerbse, denn aus den leuchtenden, dunkel- bis blutroten, großen Schmetterlingsblüten entwickeln sich kantige Hülsen mit pergamentartigen Flügeln. Erntet man diese laufend ab, dauert die Blüte bis in den Herbst und entsprechend lange gibt es Nachschub für die Küche. Früher pflanzte man die hübschen Spargelerbsen als Beeteinfassung, was sich bei der 40 cm

▼ Gelbe und Rote Spargelerbsen schmücken im Juni die Gemüsebeete.

hohen, buschartigen Wuchsform geradezu ideal anbietet.

Das Wärmebedürfnis ist vergleichbar mit dem der Busch-Bohnen. Wer sich mit der Aussaat nicht bis Mitte Mai gedulden und vor allem bereits im Juni ernten will, zieht die benötigten Pflanzen ab April in 10-cm-Töpfen vor (bei einer Keimtemperatur von 19 bis 21 °C). Mit dem Auspflanzen muss man aber bis Mitte Mai abwarten (Pflanzabstand 20 bis 25 cm).

Spargelerbsen können über einen langen Zeitraum geerntet werden. Am besten schmecken die jungen Hülsen. Sie werden geerntet, sobald sie 3 bis 4 cm lang sind. Um

Enttäuschungen gleich vorzubeugen: Ihr Geschmack erinnert keinesfalls an Spargel, sondern eher entfernt an den von zarten grünen Bohnen. Auch ihre Zubereitung erfolgt anders: Dünsten Sie die gewaschenen Hülsen nur kurz zusammen mit fein gehackten Schalotten in reichlich Butter und würzen Sie mit frischer Petersilie, einer Prise Salz und Pfeffer. ■

Würzige Küchenkräuter aus dem Gemüsegarten

Klassische Küchenkräuter wie Estragon, Liebstöckel und Melisse dürfen in keinem Gemüsegarten fehlen. Das gilt auch für andere winterharte und ausdauernde Arten wie Salbei, Thymian, Oregano und Bergbohnenkraut.

Da die Anzucht aus Samen ziemlich viel Zeit in Anspruch nimmt, kauft man die ausdauernden Kräuter vorgezogen im Topf und pflanzt sie in ein eigenes, kleines Beet. Dort lassen sie sich auch leicht über Absenker vermehren. Wer aus Platzmangel damit liebäugelt, die Gewürze am Rand der Gemüsebeete unterzubringen, sollte bedenken, dass es auf schmalen, kleinen Beeten umständlich sein kann, wenn man beim Pflanzen, Säen und Ernten um die Pflanzen herum arbeiten muss. Außerdem sind alle kriechenden oder Polster bildenden Kräuter ein hervorragendes Tagesversteck für Schnecken. Wichtig: Bei nährstoffreichen Böden muss die Erde im Pflanzloch mit reichlich Sand vermischt werden. ■

Tipps für die Mischkultur

■ Schnittlauch ist mit seinem aufrechten Wuchs und den hübschen Kugelblüten als rasch wachsende, preiswerte Beetumrandung unbedingt empfehlenswert, ja beinahe unverzichtbar. Auch die einjährigen Kräuter können mit wenigen Einschränkungen am Rand oder zwischen den Gemüsereihen untergebracht werden. Die Aussaat von Kerbel, Koriander und Dill erfolgt dabei am besten in Sätzen, also mehrmals zwischen Frühjahr und Sommer, sodass immer genügend junge Blätter für die Küche zur Verfügung stehen. In der Mischkultur mit Schnittlauch erweisen sich einige Arten sogar als ausgesprochener Glücksfall.

Koriander gegen Kohlweißling

Koriander vertreibt mit seinem Duft Kohlweißlinge und Kohlblattläuse und lockt unzählige Schwebfliegen sowie andere nützliche Insekten in den Garten. Majoran fördert die Entwicklung aller Gemüsearten und verbessert den Geschmack der Fruchtgemüse, vor allem von Tomaten. Das gilt auch für Basilikum, die Kombination dieser Kräuter verstärkt weder Schutz noch Aroma, denn Basilikum kommt mit der Nachbarschaft nicht zurecht und kümmert neben Majoran. Kerbel ist nicht nur bei Schnecken ausgesprochen unbeliebt, sondern kann junge Salate auch vor dem Befall mit Mehltaupilzen schützen, wenn man das beliebte Frühlingskraut großzügig zwischen die Reihen sät.

Blattsellerie zu Buschbohnen

Schnittsellerie verleiht Kartoffelgerichten und Suppen den typischen Selleriegeschmack, schmeckt dabei aber milder und feiner als die Blätter des Knollenselleries. Der

ideale Aussaattermin ist ab Anfang Mai, in rauen Lagen frühestens ab Mitte Mai. Der Zeitpunkt stimmt mit dem der Buschbohnen überein, in einer Partnerschaft verhilft der Sellerie den Bohnen zu gesundem, schnellem Wachstum. Ebenso günstig wirkt sich Blattsellerie auf die Entwicklung von Kohl, Lauch und Tomaten aus.

Gelbsenf gegen Maden

Gelber oder weißer Senf wird meist nur als schnell wachsende Gründüngung genutzt, dabei schmecken die würzig-scharfen Blätter und Blüten in der Mischung

◄ Petersilie und Schnittlauch können auch imTopf mehrmals geerntet werden.

mit anderem Grünzeug ganz ausgezeichnet und dienen als Kresseersatz in den Sommermonaten, wenn die Kultur der Gartenkresse Probleme bereitet. In der Mischkultur mit Erbsen verhindert Senf den Befall der Hülsen mit den Maden des Erbsenwicklers. Die ausgeschiedenen Senföle verderben auch den unterirdisch lebenden Larven des Erbsenblattrandkäfers den Appetit auf die zarten Erbsenwurzeln. Gurken vertragen die direkte Nähe nicht und kümmern neben Senf genauso, wie neben Kresse, Rettichen und Radieschen.

Borretsch und Bohnenkraut

Geradezu klassisch ist die Kombination von Bohnenkraut mit Busch- oder Stangenbohnen, auch wenn sich die Schwarze Bohnenlaus nicht völlig von einer Besiedelung der jungen Triebe abhalten lässt. Auch Zitronenthymian kann einem stärkeren Befall entgegenwirken und vertreibt dazu noch lästige Ameisen aus dem Beet.

Borretsch, wegen seines an Gurken erinnernden Geschmacks auch Gurkenkraut genannt, sät man traditionell zu Einlege- und Salatgurken. Borretsch scheidet über die Wurzeln Saponine aus, diese lassen nicht nur Gurken, sondern auch andere Gemüsearten besser gedeihen. Zudem ist Borretsch ein Insektenmagnet und sorgt auch dafür, dass Zucchiniblüten sicher

◄ Der intensive Duft von blühendem Koriander lockt viele Nützlinge in den Garten.

bestäubt werden und die Pflanzen zuverlässig Früchte ansetzen.

Schafgarbe vertreibt Blattläuse

Als Heilkraut bei Magen-Darm-Problemen mögen die herben Blätter der Schafgarbe ihre Berechtigung haben, als Gewürz kommen sie kaum in Frage. Dennoch spricht einiges für den Anbau im Gemüsegarten, denn die wilde Schafgarbe fördert, übrigens ebenso wie die bunten Gartenzüchtungen, die Ansiedelung von Läuse fressenden Marienkäfern. Neuerdings fanden Wissenschaftler heraus, dass Blattläuse schon beim Anblick eines Marienkäfers oder einer Marienkäfer-Larve Duftstoffe (Pheromone) absondern, über die sie ihre Artgenossen warnen. Je mehr dieser „Angst-Pheromone" in der Luft liegen, desto schneller entschließen sich die Läuse zum Rückzug.

GÄRTNERWISSEN

■ Probleme mit Petersilie

Keimt Petersilie nur zögerlich und lückig oder entwickelt sie rasch gelbe Blätter, so ist meist kühles, feuchtes Wetter bei der Aussaat oder Pilzbefall die Ursache. Sehr viel mehr Erfolg verspricht in diesem Fall eine Aussaat des zweijährigen Küchenkrauts Ende Juli bis Mitte August, statt wie üblich im Frühjahr. Wichtig ist ein sonniges bis halbschattiges Beet mit lockerer, nährstoffreicher und während der Keimphase ständig feuchter Erde (Saatreihen bei Hitze mit Vlies schattieren!). Geerntet wird von Herbst bis spätes Frühjahr.

Was tun gegen Schädlinge und Krankheiten im Gemüsegarten

Eine regelmäßige Bodenpflege und eine natürliche Bewirtschaftung, bei der sich allmählich ein Gleichgewicht zwischen Schädlingen und Nützlingen einstellt, ist die beste Abwehrmaßnahme gegen Pflanzenkrankheiten im Gemüsegarten. Das klappt aber nicht in jedem Jahr. Je nach Witterung können sich Schaderreger manchmal schneller vermehren, als ihre Gegenspieler. Bei lang anhaltend feuchtem Wetter haben Fäulnispilze leichtes Spiel und nach milden Wintern sind Schnecken und Läuse schon im zeitigen Frühjahr auf dem Vormarsch. Dagegen helfen nur regelmäßige Kontrollgänge und bei hohem Befallsdruck frühzeitige Gegenmaßnahmen. Gleich nach der Saat oder Pflanzung aufgelegte Gemüseschutznetze verhindern den Zuflug von Kohlweißling, Möhren- und Zwiebelfliege

sowie vielen anderen Schädlingen. Eine möglichst vielseitige Mischkultur und stark duftende Würz- und Duftkräuter zwischen den Reihen verwirren die Plagegeister. Sie ermöglichen gerade in kleinen Gärten mit wenigen Beeten eine engere Fruchtfolge als üblich. Wenn alles nichts hilft, kann der vorbeugende oder sehr frühe Einsatz von Pflanzenbrühen Bekämpfungsmaßnahmen, die einen stärkeren Eingriff in die Natur bedeuten, oft noch verhindern. Ist das nicht mehr möglich, steht man oft nur noch vor der Wahl, die stärker geschädigten Gemüse auszureißen oder ein Übergreifen auf noch gesunde Pflanzen durch Pflanzenschutzmittel zu verhindern. In den meisten Fällen stehen inzwischen genügend Präparate zur Verfügung, die sich im biologischen Landbau bewährt haben

▲ Wem es gelingt, viele Marienkäfer in den Garten zu locken, hat Glück. Ist das Angebot groß genug, frisst ein erwachsener Käfer bis zu 50 Blattläuse oder andere kleine Insekten pro Tag. Die Zahl der Punkte variiert von Art zu Art und ist für die Fresslust nicht entscheidend.

und auch als Kleinpackung für den Hausgarten angeboten werden. Verzichten Sie, wenn immer möglich, auf „Chemie", denn gerade im Garten rechtfertigt auch ein kompletter Ernteausfall die Schädigung anderer Lebewesen nur im Ausnahmefall. ■

◀ Nacktschnecken machen auch vor bitteren Zichoriensalaten wie Endivie nicht halt. Erst im Herbst verkriechen sie sich und überstehen den Winter in Bodenritzen oder an einem anderen geschützten Platz. Zuvor sorgen sie noch für Nachwuchs und legen 30 bis 60 stecknadelkopfgroße, weiße Eier ab.

SCHNECKEN – EIN KAPITEL FÜR SICH

Der wichtigste Grundsatz bei der Schneckenbekämpfung lautet: Eine Maßnahme alleine reicht niemals aus. Nur durch die Kombination verschiedener Abwehrmethoden lässt sich der Befall dauerhaft reduzieren. Im Garten verursachen meist nur drei Nacktschneckenarten größere Schäden: Die Spanische Wegschnecke kann weite Strecken zurücklegen und bevorzugt frisches Grün. Die Gartenwegschnecke ist weniger wanderfreudig, sie befällt zuerst kümmernde und welkende Pflanzen. Beide Schnecken zählen zu den gierigsten Vertreterinnen ihrer Art. Aber auch die massenhaft auftretenden, kleinen Ackerschnecken können Gemüsepflanzen in einer Nacht völlig kahl fressen. Weinbergschnecken richten keinen nennenswerten Schaden an. Sie stehen außerdem unter Naturschutz!

Bewährte Maßnahmen gegen Nacktschnecken:

– Zur Vorbeugung die Erde vor der Aussaat oder Pflanzung fein krümeln und eben harken. Bodenspalten sind ideal als Tagesversteck und Eiablageplatz! Jungpflanzen einzeln wässern, Gemüsebeete nur morgens und in größeren zeitlichen Abständen bewässern.
– Absammeln: Die Dämmerung, also abends und am frühen Morgen vor sechs Uhr, ist die beste Zeit zum Schneckensammeln. Abgesammelte Tiere zerschneiden oder mit kochendem Wasser übergießen. Kadaver nicht auf dem Beet liegen lassen! Unter ausgelegten Holzbrettern oder umgestülpten Topfuntersetzern wird man jedoch auch tagsüber fündig. Der größte Teil der Schnecken verkriecht sich jedoch in der Erde oder unter größeren Pflanzen.
– Schneckenzaun aufstellen: Bewährt haben sich 25 bis 30 cm hohe Barrieren aus verzinktem Blech oder Drahtgewebe mit abgewinkelter Oberkante. Der Zaun muss mindestens 10 cm aus dem Boden ragen. Achtung: Überhängende Pflanzen bilden Brücken für zuwandernde Schnecken.

– Köder auslegen ist nur in Verbindung mit einem Schneckenzaun und frühzeitigem Absammeln erfolgreich. Beste Fangquoten erreichen Sie mit folgender Ködermischung: 50 Gramm Katzentrockenfutter mit 200 Gramm Weizenkleie mischen, mit Wasser quellen lassen. Am späten Nachmittag in Häufchen auslegen und die Schnecken noch am selben Abend absammeln. Keine Bierfallen aufstellen! Die Schnecken, die tatsächlich darin ertrinken, sind in der Minderzahl, alle anderen laben sich erst am Bier und dann am Gemüse. Für alle Lockmittel gilt: Auch die Schnecken aus dem Nachbargarten machen sich auf den Weg! Deshalb Köder nur für kurze Zeit auslegen, die Maßnahme jedoch öfter wiederholen.
– Bis die verschiedenen Bekämpfungsmaßnahmen auch langfristig Wirkung zeigen, hilft nur Verzicht. Pflanzen Sie statt hoch gefährdetem Kopfsalat besser rotblättrigen Eichblatt- und Kraussalat oder Zichoriensalate. Weniger befallen als Kohl werden Rettiche und Radieschen. Mangold, Spinat und Rote Bete sowie Buschbohnen sind meist nur beim Keimen und im Jungpflanzenstadium gefährdet. Bei Tomaten werden die Früchte runder Stabtomaten und Fleisch- oder Roma-Tomaten selten befallen. In „Schneckenjahren" hoch gefährdet sind süße Kirsch- und Cocktailtomaten. Grundsätzlich gilt: In der Not, also in Ermangelung anderer Genüsse machen sich die Schnecken auch über Gemüse her, die sie sonst verschonen.
– Schneckenkorn mit Bedacht anwenden: Bei der Anwendung von Schneckenkorn gilt: Unabhängig vom Produkt richten Sie sich streng nach der Gebrauchsanweisung des Herstellers. Als besonders umweltverträglich gilt das als Fraßstopp wirkende Eisen-III-Phosphat (Ferramol Schneckenkorn). Methaldehyd wirkt auf die Schleimzellen, die Schnecken vertrocknen. Spanische Wegschnecken werden dabei aber oft nur geschwächt. Produkte mit dem Wirkstoff Methiocarb sollten nicht eingesetzt werden, das Nervengift kann auch Kleintiere schädigen.

150

Die wichtigsten Gemüsekrankheiten und -schädlinge

Auftreten (Gemüseart)	Schadbild	Schädling oder Krankheit	
An verschiedenen Gemüsearten, vor allem Artischocken, Bohnen, Möhren und Salat	Gehemmtes Wachstum, Pflanzen welken und sterben ab. Bei Salat mangelhafte Kopfbildung, Ameisen im Beet	Wurzelläuse (*Pemphigus bursarius*)	
An verschiedenen Gemüsearten, vor allem Bohnen, Erbsen, Möhren, Kartoffeln und Salat	Junge Gemüsesetzlinge welken trotz feuchtem Boden, knicken am Wurzelab einfach ab. Bohnensamen, Rüben, Möhren und Kartoffeln weisen kleine Fraßlöcher auf und faulen	Larven der Schnellkäfer (*Agricotes* spec.)	
Auberginen und andere Nachtschattengewächse (Paprika, Peperoni, Tomaten)	Braune, welke Blätter, eingesunkene, runde Flecken mit hellem Rand	Bakterienwelke (*Clavibacter michiganense*)	
Bohnen	Triebe verkümmern, Pflanzen bilden keine Hülsen. Schwarze Läuse an Blättern und Triebspitzen	Schwarze Bohnenlaus (*Aphis fabae*)	
	Braune, eingesunkene Flecken auf den Hülsen, braune Flecken (Nekrosen) auf den Blättern	Brennfleckenkrankheit (*Colletotrichum lindemuthianum*)	
Erbsen	Kleine, runde Löcher in den Hülsen, angefressene Samen. Kotreste, gelbgrünliche Raupen in den Fruchthüllen	Raupen des Erbsenwicklers (*Laspeyresia nigricana*)	
	Auf Blättern und Trieben 1 cm große, runde Flecken mit hellbraunem Zentrum Pflanzen welken gleich nach dem Auflaufen und sterben ab	Brennfleckenkrankheit (*Ascochyta pisi, A. pinodella*)	
Gurken (siehe auch Kürbisgewächse)	Kleine, weiße Tüpfelchen auf den Blättern, später vergilben die Blätter. Auf der Blattunterseite weißfilzige, feine Gespinste	Gemeine Spinnmilbe (*Tetranychus urticae*)	
Kartoffeln (siehe auch Tomaten)	Lochfraß in den Blättern, später Triebe, die bis auf den Stängel abgefressen sind. Auf den Pflanzen gut sichtbare, gelb-schwarz gestreifte Käfer	Kartoffelkäfer (*Leptinotarsa decemlineatea*)	
Kohlgemüse (Kopfkohl, Chinakohl, Pak Choi, Kohlrabi etc.) (Fortsetzung nächste Seite)	Pflanzen welken und kümmern, knollige Verdickungen an der Basis, schlechte Wurzelbildung	Kohlhernie (Schleimpilze, *Plasmodiophora brassicae*)	

Vorbeugung	Direkte Bekämpfung
Beete nach der Pflanzung feucht halten. Pflanzenwachstum durch mehrere Gaben mit verdünnter Brennnesseljauche fördern	Bei Befall Wurzelbereich vorsichtig frei legen, mit Rainfarnbrühe oder Pyrethrum-Lösung angießen
Natürliche Feinde (Spitzmäuse, Laufkäfer, Gartenvögel) fördern. In den ersten 3 Jahren nach der Neuanlage vorwiegend Kreuzblütler wie Kohl oder Tomaten und andere, weniger gefährdete Pflanzen anbauen. Häufige Bodenbearbeitung, regelmäßige Kompostgaben	Köder auslegen: Halbierte Kartoffeln mit der Schnittfläche in den Boden drücken. Regelmäßig kontrollieren und entsorgen
4-jähriger Fruchtwechsel, gute Humusversorgung (Kompostgaben). Nur gesundes Saatgut verwenden, eigenes Saatgut vor der Aussaat in Essiglösung desinfizieren (6-prozentige Lösung aus Essigessenz). Tomatenstäbe vor der Pflanzung desinfizieren	Nicht möglich. Befallene Pflanzen entfernen und entsorgen. Zur Vermeidung der Ausbreitung auf übrige Pflanzen Kupfermittel spritzen
Regelmäßige Kontrollen	Frühzeitig biologisches Blattlausmittel auf der Basis von kaliverseifter Schmierseife spritzen (z. B. Neudosan)
Widerstandsfähige Sorten wählen, nicht bei feuchtem Wetter ernten. Pflanzen mit biologischem Pilzvorbeugungsmitteln behandeln. Weiter Reihenabstand	Infizierte Pflanzen vernichten
Nicht während der Flugzeiten der Erbsenwickler (olivbrauner Schmetterling) aussäen. Frühsorten sind weniger gefährdet. Mischkultur mit Tomaten	Bei starkem Befall gegen Ende der Blütezeit zwei Mal abends (!) mit Pyrethrum-Lösung spritzen
Widerstandsfähige Sorten wählen, weite Fruchtfolge einhalten. Saatgut in Kamillentee oder mit Kaliumpermanganat-Lösung beizen	Effektive Behandlung nach biologischen Richtlinien nicht möglich, befallene Pflanzen ausreißen und verbrennen
Blätter mit Schachtelhalm-Brennnessel-Brühe spritzen, Boden feucht halten. Frühbeetkästen und Gewächshaus gut lüften	Gärende Brennnesseljauche mit Bentonitzusatz oder Zwiebelschalentee spritzen, bei starkem Befall Pyrethrum-Lösung spritzen. Unter Glas Raubmilben einsetzen
Kieselsäuregehalt der Blätter durch Spritzungen mit Algenextrakten erhöhen	Käfer, Larven und Eigelege auf der Blattunterseite frühzeitig von Hand absammeln. Bei starkem Befall Rotenon-Pyrethrum-Lösung spritzen (Konzentration doppelt so hoch wie gegen Blattläuse, wirkt jedoch nur gegen Käferlarven, ausgewachsene Käfer werden nicht geschädigt),
Weiter Anbauabstand (4 bis 5 Jahre) zu allen Kohlpflanzen und auch Senf, Rauke etc. Setzlinge vor dem Pflanzen auf Befall kontrollieren, Algenkalk ins Beet einarbeiten (10 Tage vor der Pflanzung). Schachtelhalmbrühe über den Boden spritzen, Jungpflanzen in Schachtelhalmtee tauchen	Nicht möglich. Kranke Pflanzen entfernen und vernichten (nicht kompostieren, sondern verbrennen oder in der Mülltonne entsorgen)

152	Auftreten (Gemüseart)	Schadbild	Schädling oder Krankheit	
	Kohlgemüse (Kopfkohl, Chinakohl, Pak Choi, Kohlrabi etc.)	Zahlreiche, stecknadelkopfgroße Löcher in den Blättern, Lochfraß in Samen	Kohlerdflöhe (*Phyllotreta* sp.)	
		Bis auf die Blattrippen abgefressene Kohlblätter, mit grünem Kot verschmutzte Fraßgänge	Raupen des Kohlweißlings (*Pieris brassicae*)	
	Kürbisgewächse (Kürbis, Gurken, Melonen, Zucchini)	Weiße Punkte auf den Blättern, die sich rasch ausdehnen und zu einem weiß-grauen Belag zusammenwachsen. Bei starkem Befall sterben die Blätter ab	Echter Mehltau (*Erysiphe cichoracearum*)	
		Gelbe Gewebeverfärbungen zwischen den Blattadern auf der Blattoberseite, auf der Blattunterseite grauvioletter Belag. Befallene Blätter sterben sehr rasch ab	Falscher Mehltau (*Pseudoperonospora cubensis*)	
	Mangold, Rote Bete, Spinat	Helle Flecken auf der Blattoberseite	Falscher Mehltau (*Peronospora farinosa*)	
	Möhren	Gelb-rötlich verfärbte Blätter, Möhren sind von rostbraunen, zum Teil mit Kot gefüllten Gängen durchzogen. Besonders gefährdet: Saaten Mitte Juni bis Mitte Juli	Maden der Möhrenfliege (*Psila rosae*)	
		Bräunliche Flecken auf Blättern und Blattstielen, später dunkler Pilzrasen, Blätter sehen wie verbrannt aus Schwarze Flecken auf den Möhren	Möhrenschwärze (*Alternaria dauci*)	
	Porree (Lauch), Schnittlauch und Zwiebeln	Schabefraß an den oberen Blättern, später Fraßschäden und Kotgänge im Herz der Pflanzen (vor allem ab Juli bis August)	Raupen der Lauchmotte (*Acrolepiopsis assectella*)	
		Bis zu 5 mm große längliche, rostbraune oder gelbe Flecken auf den Blättern	Porreerost (*Puccinia* sp.)	
	Rettiche und Radieschen (Fortsetzung nächste Seite)	Äußere Schichten der Rettiche oder Radieschen meist bandförmig blauschwarz verfärbt	Rettichschwärze (*Aphanomyces raphani*)	

Vorbeugung	Direkte Bekämpfung
Boden feucht halten, Mischkultur mit Salat oder Spinat. Taunasse Pflanzen mit Algenkalk oder Gesteinsmehl bestäuben	Starken Wermuttee oder Rainfarnbrühe über die Pflanzen spritzen (2-mal wöchentlich), bei starkem Befall Pyrethrum- oder Rotenon-Lösung spritzen
Mischkultur mit Kapuzinerkresse (als Köderpflanze), Gründüngung mit Klee. Regelmäßige Blattkontrolle (Häufchen aus gelben Eiern auf der Blattunterseite). Achtung: Brennnesseljauche zieht den Kohlweißlingfalter an	Eier frühzeitig absammeln und vernichten. Im Jungraupenstadium Präparate mit Bakterien (Bacillus thuringiensis) spritzen, bei starken Befall Einsatz von Pyrethrum-Präparaten abwägen
Auswahl resistenter Sorten. Bei hoher Befallsgefahr (trocken-warme Witterung) Tee aus Wurzeln des Stumpfblättrigen Ampfers über die Blätter spritzen	Bei bedecktem Himmel stark verdünntes Fenchelöl oder Sojalecithin (Handelsname) spritzen, dabei Blätter auch von unten benetzen. Biologisches Fertigprodukt (z. B. Milsana) einsetzen
Widerstandsfähige Sorten auswählen, große Pflanzabstände, luftiger Standort, Boden regelmäßig lockern. In Regenperioden oder bei anhaltend hoher Luftfeuchtigkeit biologische Blattstärkungsmittel mit Algenextrakten spritzen	Bekämpfung nur frühzeitig möglich, ehe der Pilz ins Blattgewebe eingedrungen ist (z. B. mit Fungisan). Bei Befall von Zucchini und Kürbis im Herbst ist der Einsatz nicht mehr lohnend
Widerstandsfähige Sorten wählen, nicht zu dicht aussäen	Nicht lohnend. Eventuell biologisches Mehltaumittel spritzen
Fruchtwechsel, frühe Aussaat, Fruchtfolge (Möhren nach Lauch oder Zwiebeln säen). Beet mit Gemüseschutznetz abdecken und regelmäßig mit Zwiebel-Knoblauch-Wasser übergießen	Biologisch nicht möglich
Mindestens 3 Jahre Abstand zu Möhren, widerstandsfähige Sorten wählen, Boden regelmäßig lockern	Bei starkem Befall Kupfermittel spritzen, (vorbeugende biologische Pflanzenstärkungsmittel zeigen keine Wirkung)
Pflanzungen mit Gemüseschutznetz abdecken. Mischkultur mit Möhren, Fenchel und anderen Doldenblütlern	Gelbe Blattspitzen abschneiden, bei Kontrolle eventuelle Larven in den Blättern (Gänge) zerdrücken. Bei starkem Befall frühzeitig Bakterienpräparat (Bacillus thuringiensis) spritzen
Weiter Pflanzabstand, mäßige Düngung, mehrmals Schachtelhalmtee oder biologisches Pflanzenstärkungsmittel über die Pflanzen sprühen	Bei Überwinterungsporree alle befallenen Pflanzen im Frühling entfernen und entsorgen
Widerstandsfähige Sorten wählen (besonders anfällig weiße Rettichsorten), Anbauabstand von mindestens 3 Jahren einhalten. Sorgfältige Bodenlockerung, Algenkalk einarbeiten	Nicht möglich, befallene Pflanzen entfernen und vernichten

154

Auftreten (Gemüseart)	Schadbild	Schädling oder Krankheit
Rettiche und Radieschen	Gelblichweiße Maden in den Wurzeln, durch Kot verbräunte Fraßgänge	Rettichfliege (Kleine Kohlfliege, *Phorbia brassicae*)
Salat (Kopfsalat, Endivie, Frisée)	Blattenden vertrocknen, rötliche, schwarze, graue oder grüne Läuse zwischen den Blättern und am Strunk	Blattläuse (*Aphidoidea*)
Sellerie (Knollensellerie)	Rötlich-braune Flecken an den Knollen	Sellerieschorf (*Phoma apiicola*)
Sellerie (Knollen, Blatt- und Bleichsellerie)	Ab Mitte Juni gelbliche Flecken auf den Blättern mit kleinen, schwarzen Pünktchen. Verminderte Knollenbildung	Blattfleckenkrankheit (*Septoria apiicola*)
Tomaten, auch Kartoffeln	Dunkle Flecken an den Trieben, bräunlich-gelb verwelkte Blätter. Auf den Früchten erst gelbe, harte Stellen, die rasch zu faulen beginnen. Befallene Pflanzen brechen innerhalb von 10-14 Tagen zusammen	Kraut- und Braunfäule (*Phytophthora infestans*)
Zwiebel, Schalotten, Knoblauch, auch an Porree	Jungpflanzen welken, das Laub wird gelbgrau, stirbt ab. Die Pflanzen lassen sich leicht aus dem Boden ziehen	Maden der Zwiebelfliege (*Phorbia antiqua*)
	Kleine, weißliche Flecken auf den Blättern (Schlotten), grau-violetter Belag (Pilzsporen). Zwiebeln reifen nicht aus	Falscher Mehltau (*Peronospora destructor*)

Pflanzenpflegemittel aus Kräutern

Grundrezept Tee:
1 Kilogramm frische Brennnesseln, Wermut oder andere Kräuter (ersatzweise 200 Gramm getrocknete) mit 10 Litern heißem Wasser übergießen und 24 Stunden ziehen lassen.

Für Zwiebelschalentee 500 Gramm Zwiebelschalen und Zwiebellaub aufkochen, 3 bis 5 Stunden ziehen lassen.

Grundrezept Brühen:
1 Kilogramm frische Brennnesseln, Rainfarn, Ackerschachtelhalm oder andere Kräuter (ersatzweise 200 Gramm getrocknete Kräuter) in 10 Litern Wasser ca. 24 Stunden ziehen lassen. Aufkochen und 20 Minuten sieden lassen. Abseihen und unverdünnt spritzen.

Grundrezept Jauche:
1 bis 2 Kilogramm frische Brennnesseln, Beinwellblätter oder andere Kräuter in 10 Litern Wasser einweichen und so lange stehen lassen, bis die Jauche nicht mehr schäumt (ca. 1 bis 2 Wochen), dann abseihen. Wichtig: Jauchen grundsätzlich nur in 5 bis 10-facher Verdünnung ausbringen. Hinweis: Stark

Vorbeugung	Direkte Bekämpfung
Nach der Saat Gemüseschutznetz auflegen, Bio-Gemüsestreumittel zur Pflanzenstärkung anwenden	Biologisch nicht möglich. Befallene Rettiche entfernen und vernichten
Widerstandsfähige Sorten wählen (braun- und rotlaubige Sorten werden grundsätzlich weniger befallen). Mischkultur mit Kerbel	Spritzungen nur bis zum Beginn der Kopfbildung mit biologischem Insektizid (z.B. Neudosan Blattlausfrei, Neemprodukte)
Regelmäßiger Fruchtwechsel, Sellerie möglichst spät pflanzen, keimfreie Anzuchterde verwenden, Selleriekraut vor dem Einlagern entfernen	Nicht möglich, weder biologisch noch chemisch
Befallsfreies Saatgut verwenden, widerstandsfähige Sorten wählen. Weiter Pflanzabstand, großzügige Nährstoffversorgung	Befallene Blätter frühzeitig entfernen, bei stärkerem Befall Kupfermittel einsetzen
Tomaten bevorzugt im Gewächshaus anbauen, im Freiland durch Folienüberdachung vor Regen schützen. Für ungeschützten Freilandanbau ausschließlich resistente Sorten wählen, weite Fruchtfolge (auch zwischen Kartoffeln und Tomaten!). Beim Gießen niemals die Blätter benetzen, nur an den Fuß der Pflanzen gießen, Boden mulchen	Bei sehr großer Befallsgefahr (Gebiete mit Frühkartoffelanbau, Regenperioden), 2 bis 3-mal im Abstand von 8 bis 10 Tagen mit Kupfermittel spritzen (schädigt jedoch das Bodenleben!).
Mischkultur mit Möhren und anderen Doldenblütlern. Während der Flugzeit der Fliege (Mitte April bis Mai) die Kulturen mit Gemüseschutznetz bedecken	Nicht möglich. Befallene Pflanzen ausreißen und vernichten (Maden gehen auf andere Pflanzen über, zweite Generation ab Juli über den Boden!)
Sommerzwiebeln nicht neben Winterzwiebeln und Steckzwiebeln nicht neben Säzwiebeln anbauen. Zurückhaltende Düngung mit kalireichem Gemüsedünger. Wenig und nur am Vormittag gießen	Nicht möglich. Befallene Pflanzenreste nicht auf dem Beet liegenlassen, sondern entsorgen oder sorgfältig kompostieren (Heißrotte)

riechende Jauchen wie Brennnesseljauche können, wie auch frischer Stallmist, anziehend auf Kohlweißlinge wirken!

Ausbringung von Pflanzenpflegemitteln:

Achten Sie beim Spritzen darauf, dass die Pflanzenschutzmittel möglichst fein und gleichmäßig auf der Oberfläche der Blätter der behandelten Pflanzen verteilt werden. Dabei möglichst auch die Blattunterseite benetzen. Sehr feine Düsen am Spritzgerät verstopfen leicht und vernebeln die Spritzflüssigkeit oft sehr stark, so

dass sie leicht vom Wind abgetrieben wird. Für wenige Pflanzen reicht bereits ein einfacher Pflanzensprüher aus. ■

Literaturverzeichnis

Kristina Bauer: Gemüse. Verlag Eugen Ulmer, Stuttgart 2005.

Andrea Heistinger, Arche Noah, Pro Specie Rara (Hrsg.): Handbuch Samengärtnerei. Sorten erhalten, Vielfalt vermehren, Gemüse genießen. Studien Verlag, Innsbruck 2004, 2. Auflage.

Wolfgang Kawollek: Das Ulmer Gartenbuch. Verlag Eugen Ulmer, Stuttgart 2005.

Heidi Lorey: Gemüse für Garten und Küche wiederentdeckt. Landwirtschaftsverlag, Münster 2005.

Elke Mattheus-Staack: Taschenatlas Gemüse. Verlag Eugen Ulmer, Stuttgart 2006.

Roger Phillips, Martyn Rix: Gemüse in Garten und Natur. Droemersche Verlagsanstalt, München 1993.

Victor Renaud: Gemüse und Kräuter von A-Z. Verlag Eugen Ulmer, Stuttgart 2007.

Paul Seitz: Kompost und Boden. Kosmos Verlag, Stuttgart 1994.

Christa Weinrich: Mischkultur. Verlag Eugen Ulmer, Stuttgart 2003.

Vereinigungen und Organisationen

FiBL - Forschungsinstitut für biologischen Landbau
Ackerstrasse / Postfach
CH 5070 Frick
Tel. 0041-628657-272
Fax 0041-628657-273
Internet: www.fibl.org
E-Mail: info.suisse@fibl.org

VEN – Verein zur Erhaltung der Nutzpflanzenvielfalt e.V.
Geschäftsstelle Ursula Reinhard
Sandbachstraße 5
38162 Schandelah
Tel. 05306-1402
Fax 05306-932946
Internet:
www.nutzpflanzenvielfalt.de
E-Mail: ven.nutz@gmx.de

Stiftung ProSpecieRara
Schweizerische Stiftung zur Erhaltung des genetischen und kulturgeschichtlichen Erbes von Tieren und Pflanzen
Pfrundweg 14
CH 5000 Aarau
Tel. 0041-62 832 08 20
Fax 0041-62 832 08 25
Internet: www.prospecierara.ch
E-Mail:
info@prospecierara.chArche Noah

Arche Noah
Gesellschaft zur Erhaltung und Verbreitung der Kulturpflanzenvielfalt
Obere Straße 40
A 3553 Schloß Schiltern
Tel. 0043-2734-8626 22
Fax 0043-2734-8627
Internet: www.archenoah.at
E-Mail: info@archenoah.at

Staatliche Forschungsanstalt für Gartenbau Weihenstephan
Am Staudengarten 8
85350 Freising
Tel. 08161-714541
Fax 08161-714417
Internet:
www.fh-weihenstephan.de

Bezugsquellen für Saatgut und Pflanzen

Bio-Saatgut
Ulla Grall
Eulengasse 3
55288 Armsheim
Tel. 06734-960379
Fax 06734-960014
Internet: www.bio-saatgut.de
E-Mail: ulla.grall@bio-saatgut.de

Bingenheimer Saatgut AG
Kronstraße 24
61209 Echzell
Tel. 06035-18990
Internet: www.oekoseeds.de
E-Mail: info@oekoseeds.de

Dreschflegel
In der Aue 31
37213 Witzenhausen
Tel. 05542-502744
Fax 05542-502758
Internet:
www.dreschflegel-saatgut.de
E-Mail:
Info@dreschflegel-saatgut.de

Reinsaat
A 3572 St. Leonhard am Horner-
wald (Österreich)
Tel. 0043-2987-2347
Fax 0043-2987-23474
Internet: www.reinsaat.com
E-Mail: reinsaat@reinsaat.co.at

Sativa
Klosterplatz
CH 8462 Rheinau (Schweiz)
Tel. 0041-52 304 91 60
Fax 0041-52 304 91 61
Internet: www.sativa-rheinau.de
E-Mail: sativa@sativa-rheinau.ch

Sperli
Kirchdorfer Straße 177
26605 Aurich
Tel. 04941-998935
Fax 04941-998934
Internet:
www.samenfachversand.de
E-Mail:
office@samenfachversand.de

Hild Samen GmbH
Kirchenweinbergstraße 115
71672 Marbach
Tel. 07144-84730
Fax 07144-847399
Internet: www.hildsamen.de
E-Mail: hild@nunhems.com

Kiepenkerl
Bruno Nebelung GmbH & Co. KG
Kiepenkerl-Pflanzenzüchtung
Freckenhorster Straße 32
48351 Everswinkel
Tel. 02582-6700
Fax 02582-670270
Internet: www.kiepenkerl.de
E-Mail: info@kiepenkerl.de

Register

159

**Bibliografische Information der
Deutschen Bibliothek**
Die Deutsche Nationalbibliothek verzeichnet diese Publika-
tion in der Deutschen Nationalbibliografie; detaillierte bibliografische Daten sind im Internet über http://dnb.d-nb.de
abrufbar.

Bildquellen
Biolandhof Ellenberg: Seite 118/119
Bingenheimer Saatzucht: Seite 102 links
Hild Samen GmbH: Seite 116, 141
Ing. G. Beckmann KG: Seite 17
Kiepenkerl-Pflanzenzüchtung: Seite 67, 70, 77, 89 oben, 91, 95,
122
Pahler, Agnes: Seite 134
Redeleit, Wolfgang: Seite 21, 22, 27, 35, 37, 46, 61, 78 links, 100,
126 oben
Reinhard, Hans: Umschlagrückseite rechts, Seite 13 (2), 16, 30,
39, 72 oben, 74, 76, 78, 80, 89 unten, 98, 107, 108, 114, 116, 125,
126 unten, 127, 131, 133, 135, 144
Rheinhard, Nils: 56, 120, 130
Stein, Brigitte und Siegfried: Seite 15, 38, 102

Rupp, Christel: Umschlagrückseite links, Seite 31, 40, 44, 48,
49, 58, 59, 62, 65 (2), 67 rechts, 72 unten, 73, 75, 82, 84, 85 (2),
87 rechts, 93 unten, 112/113, 118 unten, 128, 137, 138, 140, 145,
146/147, 147, 148 (2)

Titelbild: Bodo Butz, Offenburg
Alle Zeichnungen wurden von Christian Rost angefertigt.

© 2008 Eugen Ulmer KG
Wollgrasweg 41, 70599 Stuttgart (Hohenheim)
E-Mail: info@ulmer.de
Internet: www.ulmer.de

Lektorat: Agnes Pahler, Ursula Knopp
Umschlagentwurf: red.sign, Anette Vogt, Stuttgart
Innenlayout: Cyclus Visuelle Kommunikation, Stuttgart
DTP: Cyclus Media Produktion, Stuttgart
Reproduktionen: Medienfabrik, Möglingen
Druck und Bindung: Westermann Druck, Zwickau

Printed in Germany

ISBN 978-3-8001-5362-6